生活因阅读而精彩

总经理不吼不骂

做管理120招

MBA商学院最受欢迎的管理课
终生受用的管理精髓实战指南

兰涛◎编著

中国华侨出版社

图书在版编目(CIP)数据

总经理不吼不骂做管理 120 招 / 兰涛编著. —北京：
中国华侨出版社,2013.3

ISBN 978-7-5113-3392-6

Ⅰ.①总…　Ⅱ.①兰…　Ⅲ.①企业领导学
Ⅳ.①F272.91

中国版本图书馆 CIP 数据核字(2013)第053369 号

总经理不吼不骂做管理 120 招

编　　著 / 兰　涛
责任编辑 / 尹　影
责任校对 / 孙　丽
经　　销 / 新华书店
开　　本 / 787×1092 毫米　1/16 开　印张/20　字数/310 千字
印　　刷 / 北京溢漾印刷有限公司
版　　次 / 2013 年 5 月第 1 版　2013 年 5 月第 1 次印刷
书　　号 / ISBN 978-7-5113-3392-6
定　　价 / 35.00 元

中国华侨出版社　北京市朝阳区静安里 26 号通成达大厦 3 层　邮编:100028
法律顾问:陈鹰律师事务所
编辑部:(010)64443056　　　64443979
发行部:(010)64443051　　传真:(010)64439708
网址:www.oveaschin.com
E-mail:oveaschin@sina.com

前言
QIANYAN

　　随着人才标准多样化、选择丰富化、工作分工精细化，企业在运营管理上也会出现更多的担忧，担忧选错人才，担忧福利条件，担忧执行力不到位……

　　有很大一部分企业领导者认为，现在的员工越来越难管了，不是给领导脸色看，就是不去执行上级的命令，要么就是嫌待遇低，隔三岔五地要求涨工资。那么，出现这样的问题后，领导者是否想过原因，是公司的制度出现问题，还是员工的选择性越来越多从而产生的欲望膨胀？

　　领导者何不站在员工的角度去考虑——为什么要管着员工？每个人都有逆反心理，管得越厉害，造成的弊端就越明显，负面因素一旦出现，想再修复将会难上加难。领导者何不与员工站在平等的天平上互相为对方创造利益？

　　现在的企业已不再适合"地主"形式的工作体制，"地主"形式的工作体制主要表现为不管员工做了多少，每个月都给同样的工资；不管员工的工作水平如何，永远都说员工不好；不管员工的工作进度如何，永远都不让他们有喘口气的机会。这种工作体制只会让员工变得平庸、逆反、偷懒。

　　如果把企业与员工放在天平的两端，两者的利益比例为 100:1，企业的利益与员工的利益按照 100:1 的比例同涨同跌，相信企业一定会善待员工，员工也肯定会忠心为企业工作。

那么，如何做好一个企业的领导者？如何在不吼不骂中让企业蒸蒸日上，让员工为企业作出贡献？

第一，深知用人之道。任何一个领导者都深知人才的重要意义，都知道无论是公司还是团队，要想达到提升业绩、发展壮大的目标，都必须要有足够多的人才才行。因此，不分领域，古往今来绝大多数成大事、创伟业的成功者无不精于用人之道，他们揣摩人性、把握人心，将各种各样不同类型的人才紧密团结在自己周围，让他们为自己的事业尽心尽力的本事远非常人所能及。

第二，激励换来回报。10个失败的领导者，9个不懂得激励员工。10个失败的企业，9个忽视激励员工。事实的确如此，激励是一种有效的领导方法，企业领导者如果激励有术，它能直接影响员工的价值取向和工作观念，激发员工创造财富和献身事业的热情，凝聚团队的力量，实现企业、个人的飞速增长，即便是企业遭遇瓶颈也能缔造奇迹。

第三，口才保障执行。领导者铿锵有力的言辞会迫使对方妥协，并与之达成共识；领导者慷慨激昂的言辞会帮助一方引进外资，繁荣一方经济；领导者有的放矢、言之有物，会自立威严、上下团结。身处当今瞬息万变的信息化时代的领导者，机遇与挑战并存，要想带好员工、处理好事情，就必须具备高超的语言表达能力，实现其有效的领导。

本书从以上3个方面具体为读者解析了好领导轻松管理的方法，内容详细，方法实用，是一本适合企业领导者通读的好书。

目录
MULU

上 篇
不吼不骂做管理之用人要诀篇

　　每个人都会大吼大叫，大吼大叫带来的并不是威严和员工的努力，而是反抗与员工的离去。识人用人是一门学问，更是一门艺术。只有那些最善于思考和总结的管理者才能充分掌握识人用人之道的精髓，去提高团队的战斗力，激发员工的积极性，创造非凡的业绩。

中　篇
不吼不骂做管理之激励关键篇

美国哈佛大学教授詹姆士曾在一篇研究报告中指出，如果没有激励，一个人仅发挥其能力的 20%~30%，而在受到充分激励时，其主观能动性可以最大限度地被调动起来，能力则可以发挥到 80%~90%。这个数据科学有力地证明了激励的作用不容忽视，选择行之有效的激励方法对员工加以管理，才是成功的制胜法宝。拒绝失败，请你从激励员工开始！

下 篇
不吼不骂做管理之沟通技巧篇

朱自清先生曾说过："人生不外言动，除了动就只有言，所谓人情世故，一半儿是在说话里。"对于现代管理者来说，语言表达能力的强弱对于推动工作、彰显个人魅力、完成任务等方面都有着极其重要的作用。只有与员工之间进行和谐、成功的口才沟通才能让领导者的话起到作用，才能让领导者的工作顺利进行。

上 篇
不吼不骂做管理之用人要诀篇

每个人都会大吼大叫，大吼大叫带来的并不是威严和员工的努力，而是反抗与员工的离去。识人用人是一门学问，更是一门艺术。只有那些最善于思考和总结的管理者才能充分掌握识人用人之道的精髓，去提高团队的战斗力，激发员工的积极性，创造非凡的业绩。

第一章 | 鉴别人才的 7 个要诀

"世有伯乐，而后有千里马。"一句话道出了"领导者"与"人才"之间的关系。企业的发展，人才起着决定性的作用，企业领导者要具有一双"金睛火眼"，发现隐藏在人海中的人才，只有具备充足的人才，企业才能实现跨越式的发展。

第1招 慧眼识别"隐藏"的人才

一位著名企业家曾说过："事业靠人才发展，人比资产更重要。"人才是推动企业稳步发展的重要力量，没有了充足的人才，企业很难实现跨越式的发展。

在一个企业中，最重要的资源莫过于人，尤其是人才。有的领导者不以为意，认为企业最重要的是客户。诚然，客户是企业利润的重要来源，但是，领导者要知道这一点：客户是需要靠人去发现、开发和维系的，如果没有企业中的"人"，客户是不会自己找上门来的。

"世有伯乐，而后有千里马。"这句话精辟地道出了领导者能够识别人才的重要意义。企业的发展，人才起着决定性的作用，能够像伯乐识别千里马那样识别人才，是作为企业的领导者最应该具备的才能之一，也只有会识人才能会用人。

世界上有名的大企业无不是重视人才、善用人才的典范。比尔·盖茨曾这样感慨："如果把我们顶尖的 20 个人才挖走，那么，我告诉你，微软会变成一家无足轻重的公司。"从此话足可以看出微软对于人才的重视以及人才对于微软的重要性。

用人必先识人，知人方能善任。人才是公司进行发展的基础，公司的宏伟事业离不开人才的建设，这就要求管理人员必须学会慧眼识人，为公司招募到最合适的人才。领导者在选拔人才的时候，一定要全面、公正、客观地去了解人才，这样才能辨其长处。

一个企业要想在日益激烈的市场竞争中胜利而出，靠的就是人才。只有用对了人，企业才能获得成功。

在湖北省有一个叫观音岭的地方，是重要的贡茶产地，在这个地方有一家新开的贡茶有限公司，公司的经理是一个叫顾之行的年轻人，顾之行公司里的茶叶品质都很好，但顾之行却发现公司缺少一个懂管理的人才，而且这个人才一定要对茶叶方面熟识。

有一天，朋友跟他说，他在武汉见过一个专门生产茶叶的厂长，这位厂长曾经把一个茶叶的小作坊经营到全国有名的大公司，不过这位厂长现在已经退休了。顾之行觉得这是个机会，于是他亲自登门拜访厂长，把他招来，让他做经理。

然而第一次登门拜访，厂长推脱自己年事已高拒绝了顾之行的邀请。顾之行就像是一盆冷水浇到了头上，悻悻地走了出去。从与厂长的交流中，顾之行知道这是自己期盼已久的人才。

顾之行决定要"三顾茅庐"请厂长这个"诸葛亮"出山。第二次,顾之行来的时候天公不作美,下着大雨,这一次顾之行得以和厂长促膝交谈,两人谈了一个多小时,但厂长还是没有答应他。但顾之行通过这两次的接触,更加确定了厂长就是自己要找的人才。

厂长的母亲生日的那天,顾之行买了一个很大的蛋糕,为厂长的母亲祝寿。老人家很喜欢顾之行,在得知顾之行的来意后,老人家说:"看在这个孩子这么有诚意的分上,你就帮帮他吧,我身子骨还硬朗,不用你担心。"

原来厂长之所以不肯答应顾之行就是因为母亲年事已高,顾之行说:"我的茶厂虽然在山里,但我请你是做管理的,不需要你离开武汉。"厂长只好答应出山了。后来在厂长的管理下,顾之行的公司有了脱胎换骨的变化,销售额直线上升,成为全国知名的茶叶品牌。

领导者学会识人是一项非常重要的事情,慧眼识人是每位领导者都应该做到的事情。领导者要坚持学以致用、用人之长的原则。虽然世界上不存在全面的人才,每一个人都是偏才,但最重要的就是从这些偏才中找到其闪光点,并人尽其用,充分发挥一个人的特长是十分重要的。

人才是企业的生命,没有人才,企业的生命也就终止了。领导识人要有伯乐之眼、霸王之胆,敢于开拓、善于发掘,能从一件不引人注意的小事或者一个小的细节上发现人才,这是一个管理人员必备的素质。

第2招 英雄不问出处，识人不看出身

> 古人指出："资格为用人之害。"只有唯才是用、不拘资历，才能得到真正的人才。

近些年来，职场上"重能力，轻学历"的呼声虽然日益升高，但受传统观念影响，很多领导者在选拔和任用人才的时候依然看重学历，认为学历高，能力自然也高。从某个角度来看，这种认识不无道理，学历高说明接受的教育程度高，同时也说明对方在学习的过程中是认真投入的。

但是，如果把学历和能力完全等同起来，就会有失偏颇。有的企业领导者在选拔和任用人才时，不断在招聘条件上提高学历要求，从大专升至大本，如今，连大本也难入他们的法眼，只有研究生以上的学历，他们才会考虑任用。

实际上，这样的做法是很狭隘的，会让公司流失很多优秀的、能力出众的人才。作为领导者，应该将眼光放宽，唯才是举，才能网罗真正的人才。

古往今来，有很多先辈们在这方面的做法很值得现代"将帅"们借鉴，在此举一个元世祖忽必烈的例子。

元世祖是我国历史上的一代杰出帝王，他不仅打出了中国历史上最大的版图，而且在用人上也能慧眼识才、唯才是用。其中，让18岁的安童担任丞相就是一个例证。

安童是元初"开国四杰"之首木华黎的孙子，在他13岁那年，就倚仗着

祖父的威名被"召入长宿卫，位上百僚之上"。虽然身为名门子弟，但安童从不愿意倚靠祖辈的荫庇，而是和其他孩子一样勤奋学习。正是因为这样，胸怀大志的安童表现出了与众不同的成熟和稳重。

安童16岁时，元世祖与阿里不哥在争夺王位中获胜，一举率军拘捕了阿里不哥的党羽千余人，元世祖问安童："我想将这些人杀掉，以绝后患，你认为怎么样？"

安童却说："依臣之见，自古以来，人各为其主，他们跟随阿里不哥也是身不由己，这由不得他们选择。陛下现在刚刚登上王位，要是因为泄私愤而杀了这些人，又怎么能让天下人诚心归附呢？"一个16岁的少年竟然说出这样有见识的话来，元世祖惊讶地说："你年纪这么小，怎么知道这番道理呢？其实，我只是说说，我并不打算杀他们！"

一晃两年过去了，安童已经18岁了，元世祖一直细细地观察着安童，见他处世练达、办事果断、为人稳重、足智多谋，于是就决定破格提拔他为中书右丞相。知道元世祖这一想法后，安童赶忙推辞道："虽然大元已经安定了三方，但江南还没有归属朝廷，臣年少资轻，恐怕四方会因此而轻视朝廷，还请陛下另请高明。"

但是，元世祖主意已定，毫不动摇，说："我已经考虑清楚了，你就不要再推脱了。"

用一个18岁的年轻人为丞相，在大一统的王朝中是绝无仅有的。少年得志的安童自然会招来不少人的忌妒，他们劝说元世祖不应该将实权交给一个小孩子。

元世祖语重心长地说："如果用人按资论辈，那我岂不是要等到安童三四十岁，甚至更老的时候才能提拔他？那时的安童可能已经锐气全无、才思迟钝，这将是对人才的扼杀。"

有几位权臣想削夺安童的实权，建议设尚书省让阿合马主持，而让安童居三公之位。元世祖把这件事交给大臣们讨论，最后说："安童，国之柱石，若为三公，看似给了他权职，实际上是夺了安童的实权啊，这样的做法我不同意。"

自此之后，安童一直身居要职，直到49岁因病去世，为元世祖效力长达31年，为元初国家的稳定和繁荣作出了巨大的贡献。

正是因为没有遵循人们一以贯之的"按资排辈"，而是破格提拔，才使得安童在风华正茂之年为国效忠，元世祖的英明之举不得不让人敬佩。

然而时代发展至今，不少企业的领导者在选拔人才的时候仍然会不自觉地按个人的外在因素综合出资历大小、辈分高低，再让所有人按"辈"就班，依此考虑。殊不知，这种做法会压制真正有才能的人，使组织出现僵化和凝固的情况，从而停止前进的步伐。

从这一点上讲，现代企业"将帅"们就有必要借鉴和学习一下古人了。作为领导者，忽必烈的唯才是用是很值得参考和学习的，不要只看一个人的外貌、学历等外在的东西，要深入了解其内涵，然后再判断其是否为人才。

"我劝天公重抖擞，不拘一格降人才。"古诗人龚自珍的呐喊，直至今日，依然为人们所震撼。作为"将帅"，在选拔和任用人才时，一定要将目光放在有能力且又能体现在成果上的人身上，即使他们没有较高的学历，也应该加以重用。

第3招 不可以貌取人，从行为看本性

在识别人才的过程中，有些领导者往往会被员工的外表和言辞所迷惑，委以重任，但经过时间的考证后，才会发现常常事与愿违。

人不可貌相，海水不可斗量。通过相貌和表情来了解人，是识人的一种辅助手段。但是，领导者不能因员工的外表而迷了眼睛，应该由表及里，通过现象认清他们的本质，看准员工的"庐山真面目"。如果把它绝对化，把识人变成以貌取人，会错识人才，乃至失去人才。

晋代学者葛洪在《抱朴子·外篇》中深有感触地说，看一个人的外表是无法识察其本质的，凭一个人的相貌是不可衡量其能力的。有的人其貌不扬，甚至丑陋，但却是千古奇才；有的人虽然仪表堂堂，却是"金玉其外，败絮其中"的草包。

自古以来，"以貌取人"者就不乏其人。三国鼎立时期，东吴的国君孙权是善识人才的明君，他一表人才，满腹经纶，很多人才都甘愿附在他的麾下。在孙权的带领下，东吴被治理得井然有序，呈现出一片生机勃勃的现象。但是，即使是这样的明君，在辨别人才的时候也有失误的地方。

周瑜逝世之后，孙权的身边便缺少一个善谋的智者，这时鲁肃向孙权推荐了庞统。孙权很是期待能够有人代替周瑜，为他减轻压力。然而，当鲁肃带庞统前来拜见时，孙权看到庞统的长相后，却一口拒绝了鲁肃的推荐。原来庞统的相貌极为丑陋，浓眉掀鼻、黑面短髯，庞统本来也很自卑，但在同

门诸葛亮的开导下决定出来建功立业，可没想到一出来，就遭到了孙权的"以貌取人"。

鲁肃悄悄地问孙权："主公，你为什么这么快就拒绝任用庞统？这可不是你一向招揽人才的作风啊！"孙权回头看了一眼庞统说道："你看他的长相，尚不及周瑜的 1/10，怎么看都不像一个足智多谋的人，怎么能把周瑜的位置让给他呢？而且他在我看来，他不过就是一介莽夫。"

鲁肃打断孙权的话，提醒道："主公，你错了，当年在赤壁大战的时候，若没有庞统连连献计，我们又怎能战胜曹操呢？"但孙权并没有采纳鲁肃的建议，最终还是让庞统走了。

后来，庞统又去投奔刘备，最初刘备也是犯了和孙权一样的错误，好在关羽、张飞一直在给庞统求情，刘备才答应任用庞统。在刘备麾下，庞统的才能日益表现出来，对以后蜀国的成立和发展作出了很大的贡献。

当孙权听说庞统到刘备那儿后所作出的贡献，叹息着说："我又失去了一个周瑜。"可他悔之晚矣。

作为一个企业的领导者，要想真正地识别出人才，就要进行全方位的审查，看其是否有与其职位相当的能力、是否有不可限量的前途，而不是单单靠着外貌来判断一个人的才能、智慧、学识。刚刚步入社会的年轻人，他们的话，往往都是直抒胸臆的肺腑之言，表达出了他们的真实思想和情感。企业领导者应该学会识辨，如果凭着外貌来选人才，终究会导致人才被埋没，使企业受到损失。不以貌取人是领导者必须掌握的识人原则。但是，如何练就这项本事呢？应该注意以下几点。

第一，看内在、看内涵

"察言观色"是每个企业领导者都该有的本事，领导者选用人才的时候，从一个人的行为大概能看出其追求的是什么。基本上，一个人进入了自己希望进入的角色，或多或少地会带着点儿"装扮相"，只有那些真正的人才才会像一颗蒙尘的珍珠，看上去毫不起色，没有一点儿发光点，但是深入了解之后，就会发现他们的言行都比较质朴自然，拥有内涵。

第二，看品质、看成长价值

一个人才除了自身的才华以外，首先需要有品质。联想创始人柳传志在选拔人才的时候先看品行，后看才能，选择与企业"同心同德"的人。一些年轻人才刚刚迈入职场，他们虽然处于成长发展阶段，但是与企业领导者交谈的时候总是有一种"初生牛犊不怕虎"、"出淤泥而不染"的高贵品质。

其次是要注重人才的成长价值。一位善识人才的企业领导者就是"伯乐"，他的任务就是要在"千里马"无处施展拳脚之时识别出他与"一般马"的不同之处，若是"千里马"早已在驰骋，显出英姿，又何需"伯乐"去识别呢？所以，在识别人才的时候要注重其后期的成长价值。

第三，实事求是

企业领导者在识别人才的时候需要保持清醒的头脑，不能让自己的思想被别人主导，要有自己的独特见解。

"将心比心"的道理谁都懂，不是每个人生来就拥有明星般的样貌，企业领导者不妨换位思考一下，假如自己在应聘的时候，别的老板因为外表而不重用自己，是否会觉得他人没有眼光呢？所以，在识别人才的时候，千万不要以貌取人，不让自己成为没有眼光的领导者，与真正的人才失之交臂。

第4招　扬长避短，发掘员工的擅长之处

任何人才有其长必有其短，识别一个人长处的好处在于可以扬长避短。将其安置在正确的岗位上，为公司的发展作出贡献。

对管理人员来说，能够善于发现他人的长处是一件很重要的事情，因此，领导者在选拔人才时，首先要考虑这个人有什么长处、能够胜任什么工作。《水浒传》中的军师吴用就是善于发现他人长处的领导者，在他的眼中，即使是偷鸡摸狗成性的时迁，也多次被吴用委以重任，因为吴用发现了其特长——飞檐走壁的功夫。

事实上，人各有其短，亦各有其长。很多管理人员感叹手下无人才可用，也有的管理人员庆幸人人可用。其实用人之道就在于发挥一个人的优势，避开劣势，扬长避短，让其长处能够得到最大化的发挥。

明朝时期，江苏太仓一代有个小有名气的画家叫作周元素，周元素有一个画童叫做阿留。

一天早上，周元素要出门，便交代阿留："你留在家里看好门，要是谁来了，要记住他们的样子，等我回来的时候再告诉我。"

晚上，周元素回来后问阿留："今天有人来找过我吗？"

"有，来了好几个呢！"阿留说道，他用手比画着继续说道，"第一个矮矮胖胖的，第二个高高瘦瘦的，第三个漂漂亮亮的，最后一个挂着根拐杖。"

周元素算是听明白了，于是笑着问道："除了他们，还有没有其他人来过？"

阿留憨厚地摸摸自己的脑袋，嘿嘿笑着说道："我担心人来多了会记不住，所以在拄着拐杖的老爷爷走后，我就把大门给闩上了，没再出去过，所以不知道有没有什么人再来过。"

周元素没再说什么，他向来是个宽厚的长者，所以也明白阿留，知道阿留的悟性不高，至少在记人方面毫无长处可言。

阿留的确不聪明，但是他也有长处，周元素在写字、作画的时候，一定要阿留为他磨墨、调颜料。阿留在磨墨的时候会把墨磨得很浓，用他磨的墨写的字，在日光、灯光下可以反射出光泽。阿留对色彩的辨别力比一般人强许多，周元素需要什么样的颜色，阿留总是能恰到好处地调出来，不会出差错。周元素在写字画画的时候，阿留都在一边看着，周元素画花鸟，有时候阿留会和他说，花朵的颜色应该再重些、小鸟腰部的颜色可以再丰富些，周元素采纳阿留的建议后，效果往往好得多。

有一天，周元素在桌上铺开了一张纸，动手作画，阿留在一旁看得很专心，周元素朝着他开玩笑地说道："你是不是也看出点儿什么名堂来了？你能画几笔吗？"

阿留竟然很认真地回答："这有什么难的！"周元素于是很大方地把手中的画笔交给了阿留。

只见阿留卷起了衣袖，看似认真地在纸上画起来，不一会儿，一幅出水芙蓉图就画好了。整幅画面是小池塘内的水荡漾，一片小小的荷叶在微风中摇动，一只蜻蜓正准备在荷叶上停留，最后用杨万里的诗句写道："小荷才露尖尖角，早有蜻蜓立上头。"

周元素拿起画来仔细看着，阿留画的的确是一幅好画，看上去意境开阔、构图匀称、浓淡相宜。如果不是周元素亲眼看到阿留作画的整个过程，他是怎么也不会相信这幅画是出自一个看起来傻乎乎的小画童之手。接着，周元素让阿留再画一幅，阿留点头答应，他沉思了一会儿，又很快地画出了一幅，那幅画面是微风吹拂着一株才舒展开眉眼的柔柳，燕子斜着身子从天空掠过，向着柔柳飞过来。

虽然画面上只有一株柔柳、一只燕子，但是给人的感觉是暖暖的味道，让人感受到春天，感受到充满情趣的盎然生机。阿留的画法老到、布局合理，像出自一位老练的画家之手，让周元素暗自称赞。

周元素善识人之性、用人之长，使一个在别人眼中百无一用的小画童成为了远近闻名的画家。

故事说到这里，目的是想表达每个人都有其长处，而作为企业领导者就该有周元素那样善于识辨他人长处的本事。如果他只是留意生活中没有长处的阿留，只看到其短处，不见其长，又怎么能充分发挥他的才能？

领导者要全面认识一个人，就是为了发现其长处。识人的目的是在用人，领导者应该将眼光放在每个人的长处上，善于发现他人的长处，这样员工才能用长处为公司创造价值，如果仅仅只能看到员工的不足，那么领导者的心胸也够狭窄的。所以，领导者首先要练好自身的管理功夫，修炼一双能够善于发现他人长处的眼睛。

第5招 客观评价，勿以感情论人才

选贤用能，必须保证选拔的公平公正，把个人感情和好恶全都抛开，以公司的利益为主，按照公司的岗位要求选择合理的人才，并以实践加以检验。

有的领导者喜欢听恭维话，把善于逢迎的人当作人才；有的领导者则对小圈子比较感兴趣，于是把气味相投的人当作人才；有的领导者则喜欢比较"听话"的员工，把服从自己命令的人当作人才；有的领导者则比较看重个人恩怨，凡对自己有恩的人，总是想方设法委以重任……

作为领导者，应该将职场规则作为自己的行为规范，不应该掺杂个人好恶，甚至当个人好恶与职场规则发生冲突时，也应该以公司的利益为先。如果依赖个人喜好来选择人才，试图破坏职场规则，那么则会给组织和自己带来损失。

由于人与人之间的经验、人生观和世界观等因素的不同而导致人与人之间存在着很大的差异，而很多人就是在固定的环境中形成对事物的看法，如此就会形成一种深深扎根于心里的思维方式和处世方式，也就是我们所说的"偏见"，这样的管理人员一般会依据个人意愿和个人的理解在内心里给对方作出评价。

在识人的时候，领导者不应该以个人的喜好为原则，我们在选拔人才的时候首先要以公司岗位需要的人才作为判断标准，而不去考察这个人符不符合自己的"口味"。

春秋战国时期，管仲就是一位善于识人的伯乐，据《管子·大匡》记载，齐僖公生有公子纠与公子小白，齐僖公委派鲍叔牙辅佐小白，鲍叔牙个人不是很喜欢小白的为人，于是在家称病不出。鲍叔牙是朝廷中位高权重的人，他称病在家，对朝廷的秩序产生了很大的影响。

在主公的要求下，管仲和召忽去看望鲍叔牙，质问他为什么不上朝，鲍叔牙诚恳地说："古人曾言：知子莫若父，知臣莫若君。现在国君觉得我老了，能力不够了，让我辅佐小白，就是很好的证明。"召忽说："如果你仍然不愿意复出，我可以跟君王说你病重，那么君王一定会免去你的职责。"鲍叔牙觉得是个好主意，十分认可。

但管仲却反对，他说："不行，位高权重的人本来任务就够繁忙，你这一称病，不知道积累多少军政要务需要你处理，你不应该贪图安逸，将来继承君位的还不知道是哪位公子呢，你还是早点儿复出吧。"

召忽说："继承君位的应该是小白吧。"

管仲却说："不对，虽然国人因为厌恶公子纠的母亲而厌恶公子纠，反而同情小白没有母亲。但可以肯定的是，将来当国君的除了纠就是小白，只有这两种选择。小白为人比较低调，也没有足够的小聪明，性子也很急，很少有人能够理解小白。但如果是纠为君王，他性格败坏，也会一事无成，到时候如果你鲍叔牙不出来安定国家，还有谁呢？"

召忽说："如果在百年之后，国君去世，另立的国君却不是我所拥护的人，即使能够得到天下，我也不想活着。"

管仲说："我作为百姓的儿子、君主的臣子，岂能放之江山而不顾？又岂能为了纠而牺牲？除非国家破、宗庙灭、祭祀绝，只有这样，我才去死。不是这3件事，我就要活下来。我活着对这个国家有利，我死了则是国家的损失。"

鲍叔牙说："我应该怎么做？"管仲说："你明早照常上朝就是了。"鲍叔牙答应了，在以后的日子尽心尽力地辅佐小白。

在小白还没有即位之前，管仲就看出小白在将来有可能被立为君主。在这一点上，管仲要比鲍叔牙、召忽更善于识别人才。

到后来，小白果然即位成了齐桓公，在鲍叔牙、管仲等人的护送下安全由鲁国返回齐国。在小白回国之前，鲁国国君曾经问齐国施伯对小白的看法，施伯说："臣闻齐君惕而亟骄，虽得贤，庸必能用之乎？"意思就是齐桓公性急而骄傲，虽然有贤才辅助他，小白会不会用还是一回事呢？正因为这个评论，鲁国国君才把管仲放回了齐国，从而成就了齐桓公的春秋霸业。

上面是两种识人的方法：施伯识人流于表面，只因齐桓公"惕而亟骄"而否定了齐桓公。而管仲相比则识人比较全面，他认为虽然齐桓公性急，但在经历更多的事情后，终究会有悔悟的一天。事实证明，管仲是正确的。

这两种识人的方法告诉我们，识人不能只看表面，不能以自己的好恶为评判的原则，作为领导者，一旦参与了个人的主观意识来识人，就会很难全面地认识一个人。

作为管理人员，你要记住，工作就是工作，不要把个人感情或者喜好掺杂到工作中，这是一个职场人士具备的常识。如果选拔人才以自己的好恶为主，合乎自己心意者就是人才，不合乎自己心意者就是庸才，那么领导者就会陷入了糖衣炮弹中，必将会造成不良的后果。

第 *6* 招　德才兼备者才是真人才

> 人才是"人"与"才"的结合，人之道，在于德，如果一个
> 人德行不好，即使他再聪明也不能重用。没有"德"的人才会像
> 个定时炸弹一样，随时会给企业以致命的打击。

当代企业发展的关键就在于人才，人才就好比是企业的发动机，少了它，什么都运行不了。作为企业的领导者，一定切记，用人一定要用德才兼备的人才，绝不能让小人进入企业的核心层，即使这个小人身上有很多他人难以超越的才能。

人才是任何一个团队和任何一家企业发展的根本，和其他方面比起来，人才才是企业发展的第一要素，是推动企业发展的最强大力量，也是企业必须紧紧抓住、努力开发的最核心资源。然而，现实生活中是什么景象呢？很多企业并不缺乏能力高、学历高的人，甚至有的企业精英荟萃，可是让人迷惑的是，在这样的企业或者团队里，却面临着发展动力不足的困境，甚至有的还惨遭淘汰。

仔细挖掘其中的原因，我们会发现，在这样的企业中，虽然能力高、学历高的人不稀缺，但是他们大多缺乏诸如忠诚、敬业、服从、正直、诚信等优良品德，而一个优秀的员工是必然要具备这些品质的。如果一个公司员工人品普遍低下，企业充满重重矛盾、钩心斗角、尔虞我诈、损公肥私，又怎能发展壮大呢？

在用人唯德这一点上，晚清著名军事家、政治家曾国藩就有一双能够看

清手下人的眼睛。

曾国藩提出的"德",含义十分广泛,包括忠诚、踏实、正直、勇敢等。他一再强调,要"于纯朴中选拔人才,才可以蒸蒸日上",他所说的"纯朴",指的就是朴实、诚实等优秀品质。他曾经指出:"德,就是能够在政治上忠于自己的信仰与事业,并心甘情愿地为这个信仰和事业竭尽全力;在生活作风上,要能够质朴实在、吃苦耐劳;在精神面貌上,要能够有坚韧不拔的顽强精神。"

一天午后,曾国藩的府里来了 3 个年轻人,但是曾国藩没有立刻就接见他们,而是将他们"晒"了一段时间,故意让他们在大厅中等待,直到黄昏,曾国藩才出来见他们 3 人。这 3 人都是他的学生李鸿章举荐过来的,希望曾国藩能够重用他们,为大清朝做出一番业绩。而曾国藩有意迟迟不见他们,就是想对他们 3 个人进行一番考察,来了解这 3 人。

他在暗处观察他们的一举一动,发现 3 人有不同的举动:第一个人在屋子内四处观望,第二个人老老实实地坐在椅子上,第三个人一直站在门口,静静地看着天际流云。时间久了,前两个人露出不满的神色,第三个人却一如既往,十分平静地观赏周围的景色。

这一切让曾国藩对他们有了一个大致的了解,随后便走到大厅,和他们交谈了起来。经过一番谈话,曾国藩对他们又有了新的看法:不住地观察屋子中摆设的年轻人,说起话来滔滔不绝;那个一直坐着的人,一言不发;四处欣赏风景的人,是不发言则已,只要一出口,都是些惊人的言论,见解十分之高,偶尔还会出言顶撞他。到天色渐晚之后,他们就起身告辞了。

等到他们离开之后,曾国藩对他们职位的安排心里有了数,结果让人很是意外:那个敢于出言顶撞他的人被派往军前效力;那个沉默寡言的人负责管理粮草;而那个说话滔滔不绝的年轻人,则被安排了一个闲职。

对曾国藩的安排，众人十分不解，就来问他原因。曾国藩解释说："那个和我聊得来的年轻人，在大厅等我的时候，就在四处打量屋里的摆设，以此揣测我的喜好。大家等久了，只有他抱怨最深，但见了我之后，却对我十分恭敬，可见此人是一个表里不一的人物，所以不能委以重任。而那个沉默寡言的人，虽然对我唯唯诺诺，全没半分魄力，但性格沉稳，正好可以用来管理钱粮。而那个敢于出言顶撞我的人，我让他等了那么久，他却毫无怨言，甚至还有心情观赏天际浮云，可见他的淡定从容，有大将之风，我当然要提拔他。"事实证明，曾国藩的眼光是十分独到的，被他提拔的这个年轻人，就是后来赫赫有名的台湾首任巡抚刘铭传。

曾国藩在用人上能够意识到识才、选才、用才的相互作用。对一个人才的任用，首先懂得识别，进而根据对人才的了解进行甄选人才，最后再任用人才，将他们分配到适合他们工作的岗位上。

曾国藩识才、用才的标准是以德为首，他的做法值得当今每一个企业领导者借鉴。作为企业的领导者，在选用人才的时候，就要学习曾国藩这种"先重德，再重才"的原则。假如，企业的管理人仅仅重视员工的才能，却忽视了员工的品德，只会给企业造成不可估量的损失。

意大利著名诗人但丁曾经留下一句流传千古的至理名言："一个人如果知识不全的话，可以用优良的道德品质去弥补，而一个道德不全的人，却无法用知识面去弥补。"才能的缺失可以通过后天的学习、努力、他人的教育来提升，但是道德的低劣，不论怎样都无法弥补，因为对于一个人的管理，要是在心中根深蒂固的话，就很难改变了。所以，企业的领导者在选用人才时，不要一味地重视才能。

第7招　在职员工中发掘可造之才

　　大多数企业领导者都会费心费力、花更多的时间和代价到其他地方去找人才，而忽略了对公司文化和业务都了如指掌的在职员工。

　　每个大企业当中都有很多员工，但是企业领导者还是感叹自己手底下没有可以任用的人才。其实，并非企业当中没有人才，而是很多人才被埋没在企业当中。因此，在员工中发现可塑之才，并进一步对其进行培养，成为企业领导者所必备的能力之一。

　　当今社会竞争激烈，企业之间的竞争，说白了就是人才之间的竞争。人才对企业发展的作用就像是千里良驹对万里之路，可以帮助你纵横商场。正因为如此，优秀的人才也就成为众多企业争相招聘的对象。为了得到人才，很多企业领导者大费心机，甚至不惜到其他公司当中"挖墙脚"。

　　但是，与其耗时耗力、大费周章地从冗杂的人员当中挑选人才，为什么不能换个角度思考，从手底下现有的员工当中挑选一些可以"挑大梁"的人才予以塑造，让他们成为企业发展的新动力呢？

　　松下电器公司曾经专门建立了一家中尾纪念研究所，目的就是为了纪念公司的副董事长中尾哲二郎。最初的时候，中尾哲二郎只是松下公司当中一个默默无闻的小职员，是松下幸之助在巡视车间时偶然发现的，松下幸之助觉得中尾哲二郎身上有很多别人没有的优点，认为他是一个可塑之才。

　　当时的日本正值关东大地震后的经济复苏时期，松下电器为了公司的发展，花费大量的金钱来招聘人才。开始的时候，中尾哲二郎只是在一家分公司做事情，是一名极为普通的操作工，该厂的厂长龟田从没有重用过他。

一天，松下幸之助到这家分厂考察，正巧见到中尾哲二郎正在勤奋地工作，便忍不住问他："你在这里做了多久的活?"中尾哲二郎头也不抬，说道："大概十个多月吧。请原谅我先生，不是我没有礼貌，而是我现在不能离开我的视线，我的工作，必须要一次性地装夹好，才算利索。"

松下幸之助听到他的回答，心里十分感动，离开的时候，他跟这个分厂的厂长龟田说道："你手底下那个叫作中尾哲二郎的人是一个很不错的员工，我看他操作机械十分熟练。"龟田却十分不屑地说道："那个家伙，说的话很多，连我的话也不听，有时候甚至和我大吵大闹，他能有什么真才实学呢?"松下幸之助莞尔一笑，说道，"既然你不喜欢这个员工，将他交给我怎么样呢?"

就这样，中尾哲二郎被松下幸之助带走了，后来因为他的优秀表现，很快就被松下幸之助多次提升，最后升到了公司副董事长的位子。

一个目光锐利的企业领导者应该能够及时地从员工的行为上看到他身上存在的闪亮点，那些闪亮的地方，就是员工的可造之处，这就和松下幸之助慧眼识英雄，大胆提拔、任用中尾哲二郎一样。很多的企业领导人抱怨手底下没有可以任用的人才，实际上是自己没能及时任用优秀员工。

从各种角度来看，从自己手底下的员工当中找到可塑之才，对公司来说好处多多。首先，因为这样的员工熟悉公司的情况、了解公司的业务流程，所以工作效率很高。其次，他们常年待在公司的基层，知道公司具体存在的情况，这对解决公司发展中的问题很有经验。所以，企业的领导者一定要善待自己手底下的员工，任用他们当中的人才帮助自己管理公司，这既为自己增添了可用之才，减轻了公司的财政负担，又可以为企业的发展创造出意想不到的效益。

第二章 | 知人善任的 7 个要诀

一个好的企业领导者必定有着一套好的用人之术。"知人善用"，每个人都有自己最擅长的技能，把适当的人才放在适合的位置上，发挥人才的最大价值，才是真正高明的领导艺术。

第 8 招　知人善任，为员工提供合适的位置

> 在使用人才的时候，需要注意"量体裁衣"，要给予适合人才一展拳脚的岗位。

现代企业之间的竞争，其实就是企业人才之间的竞争，拥有了人才，就拥有了在竞争中克敌制胜的法宝。作为公司的领导者，如果不懂得知人善用，只会白白浪费了人才优势。"知人善任"，这句话说起来容易，但真正实行起来就难了，特别是"善任"。善于用人的领导者，不光要考虑人才的资历以及在任用前后可能会遇到的各种问题，还须具有一定的远见和魄力，不然是很难做到"知人善任"的。

当一个企业领导者在不断感叹自己手下人才匮乏的时候，其实更应该考

虑自己是否做到了人尽其才，是否在不知不觉当中浪费了人才资源。

　　福特公司工程师哈罗德·斯伯利特曾经大力主张生产一种微型货车，他敏锐地觉察到这种微型货车将会是未来汽车制造业的发展趋势。但是，作为福特公司的领导人，亨利·福特二世还在为之前埃德塞尔开发微型货车的失败耿耿于怀，他认定自己的能力比不上自己的前人埃德塞尔，他认为他都做不到的事情，自己自然也做不到。

　　正当斯伯利特踌躇满志地提出自己制造微型货车的意见时，福特毫不犹豫地拒绝了，斯伯利特因此对福特公司失望透顶，他认为这家公司已经不能满足自己的发展要求了，于是就有了另谋高就的想法。

　　当斯伯利特离开福特公司的消息传出时，沃尔沃、通用汽车等福特的竞争对手纷纷向斯伯利特抛出了橄榄枝。最后，福特公司第一死敌——通用汽车捷足先登，得到了斯伯利特的垂青。在这里，斯伯利特研制微型货车的想法得到了该公司总裁艾科卡的全力支持。在研发新型车上，斯伯利特用了足足5年时间。其间，他也经历了无数次的挫折和失败，但是艾科卡始终对他充满了信心，对他的一切需求都供应无度。

　　5年后，斯伯利特的新型微型货车终于上市，并大受欢迎，成为通用汽车的支柱产业。斯伯利特终于在通用汽车公司完成了自己未了的心愿，他自己也从此登山了事业的高峰。

　　从上面的例子我们可以看出，斯伯利特之所以离开福特公司，是因为该公司无法满足他的岗位需求。一个不适合自己发展的岗位，谁还愿意留下呢？但是通用汽车总裁艾科卡眼光独到，为斯伯利特量体裁衣，用合适的岗位和全力的支持招揽到了他。最后，事实证明，斯伯利特没有让人失望，他为通用汽车公司创造出了他人无法超越的业绩。

英国管理学家德尼摩曾经说过："任何人都有他自己该有的位置，只有将一个人放在适合他的位子上，才能发挥出他身上的潜能。"

那么，领导者如何给员工量体裁衣呢？

第一，根据员工的性格特点

每个员工都有自己的性格特点和个人爱好，对企业的领导者来说，应该按照员工的优点和喜好来合理地分配工作。就比如，让成就欲望比较高的员工单独去做一件有挑战的事儿，并在他完成任务后及时给予肯定和赞扬，提升其工作的积极性；让有权力欲望的人，按照他们的能力担当相适应的管理职位，同时要加强员工对企业的认同感，增强员工之间的凝聚力，这样才能激发员工的工作热情。

第二，根据员工的爱好和专长

"闻道有先后，术业有专攻。"这句话是亘古不变的道理，是我们老祖宗总结出来的精华。假如我们把瓦匠调去做木匠的活，将木匠调去做瓦匠的工作，最后不仅工作效率低，也会把事情做得一塌糊涂。每个人都有自己的长处，而企业领导者该做的就是给予每个人才适合发展的道路。量才适用，需要按照不同人才身上的不同素质来安排相应的岗位职责，将合适的人才放到合适的位置上，同时，在做这些工作之前，企业领导者要注意记住人与人之间的性格、气质、兴趣和专业等之间的差距，发现他们的专长。

对许多企业来说，知人善任或许是一件难事，需要领导者花费大量的时间、精力，去观察、了解一个人才的能力范围。有时候，为了一个关键位子的适当人选，领导者会大伤脑筋，会使企业领导者行事过于小心翼翼。这种小心翼翼是必需的，否则，当发现因为用人不当而造成重大损失时，就无可挽回了。这样的教训，在企业当中并不少见。

将一个有才华的人才放到合适的位置上，才能发挥其特长，才能施展出他身上的才能。如果把不适合的人强行放到不适合的岗位上，就会造成员工既无法完成企业设定的目标，又会造成员工心中的不满，从而造成企业工作效率的降低，也是对人才资源的浪费。企业领导者必须时刻谨记，对人才就该"量体裁衣"、"知人善用"。

第9招　一个人的胸襟决定了他的世界观

> 一个人的胸怀有多大，他的世界就会有多大。人才都不是等闲之辈，他们都会有一种魄力和气场，当领导与人才相碰撞时，领导者要学会就事论事，不能公报私仇。

自古以来，中华民族最高尚的传统美德就是"宽容大度"，这种美德能够展现出一个人的个人魅力。一个企业领导者是否目光远大、心胸博大，关键就看他是否计较前嫌。有句话叫作"退一步海阔天空"，凡成就大事业的人，都是具有宽大胸怀、容人之量的人，因为他们在用人上能够不计前嫌、唯才是用。

爱德华·利伯是著名的玻璃制造商，他手里有一家规模并不宏大的企业——新英格兰玻璃公司。利伯渴望自己的企业能够发展壮大，成为美国玻璃制造业的龙头。

利伯有一个手下叫作迈克尔·欧文斯，他是玻璃公司一名普通的工人，也是当地颇有声望的工会领导人。当时的欧美社会，无产阶级的工人运动正蓬勃发展，欧文斯经常鼓动公司工人举行罢工，一起反对利伯，要求公司增加薪水、缩短工时、改善工作条件。因为罢工运动，利伯不得不将自己的公司迁到了另一个城市。但他在把公司迁走的同时，并没有开除欧文斯，反而在到了新厂后，继续重用曾经的反对者欧文斯。

原来，在罢工运动当中，欧文斯曾经代表工会和利伯进行过一次谈判。在谈判中，利伯不光发现了欧文斯血气方刚、敢想敢说的性格，同时还发现他在玻璃生产和技术革新方面是一个不可多得的人才。

当他决定重用欧文斯的时候，欧文斯不失时机地提出要求改善职工待遇，同时猛烈地批评了利伯在玻璃生产管理、技术革新等方面上的问题。利伯不但没有生气，他反而认为欧文斯有独到的见解。

到了新的公司后，利伯人尽其才，十分注重发挥欧文斯的才干，他的宽宏大度，让欧文斯深受感动，从此他们之间开始了合作历程。

过了 3 个月，欧文斯向利伯提出了很多有用的建议，这些建议被利伯全部予以采纳，他的这些建议，让公司获得了很大利益，利伯也因此更加赏识欧文斯，从而决定进一步重用他，让他担任了部门的主管。仅仅两年之后，欧文斯被利伯调到了公司业务部门主管的位子。

对于现代企业领导者来说，要想成功用人，就必须有宽大的胸怀。利伯的不计前嫌，让两个曾经在谈判桌上针锋相对的敌人变成了一对亲密无间的合作伙伴，也为公司带来了实际的利益。

作为企业的领导者，能否具有不计前嫌的胸襟，直接影响到企业的发展前途。因此，一个优秀的领导者对于有才华的反对者，就应以宽广的胸怀和大度的气量主动地去接近他们、起用他们，让他们感受到领导者的爱才之心和容才之量，从而使他们改变对自己的态度，全心全意地去做事，为企业谋求利益。

在这里还需要记住，"度量"不是先天就有的，它是在后天中修炼出来的。企业领导者在修炼"度量"的时候，千万不能着急，需要一点点地去磨合，锻炼出不计前嫌的胸襟。

第*10*招　　"压制人才发挥"是最无用的领导

> 每个人都会有考虑不周的地方，当员工向领导提出"补充意见"或者"反对意见"时，领导者要懂得分析并加以运用，而不是觉得自己的威严受到了冲击。

作为企业领导者，其措施和决策与企业发展的动向息息相关，所以用人这一环节极为重要。企业领导者面对人才对企业的发展提出意见的时候，不论好坏，都应该认真权衡，以免压制企业人才。

身为企业的领导者，每一天都要考虑很多的问题，还要考虑如何解决这些问题。但是再优秀的企业领导者，想问题都有不全面的时候，不可能事事都做到称心如意，有时候还会因为一些小的疏忽而作出一些压制人才的决定，从而毁灭人才做事情的积极性，为公司造成不可挽回的损失。

老张已经年至四十，他在企业打拼多年，终于成为公司里的科长。而小李是公司新招聘进来的助手。客观来说，老张是一个尽职尽责的科长，但他个人十分固执，而且一旦固执起来，就让人承受不住。加上老张是靠一步步地奋斗走过来的，所以他的企业思想也十分保守，对电脑等现代化办公方式也不太熟悉。

有一天，老张让新来的助手小李给国内其他分公司发一份国庆节进行降价销售的通知。小李接到任务后，通过电子邮件，几分钟就将降价销售的通知全都发了出去。但是，老张却很不放心，过了一会儿，他又将小李叫到办公室，要求他用传真把降价促销的通知再发一遍。没办法，小李只好站在传真机旁边不断重复这样的话："你好，某某分公司吗？我这儿是总部，请给我一个信号，我发一份传真过去，签收后再回传一份……"小李用了整整一个小时的时间，才将整个事情处理完毕。

这件事情过后，口干舌燥的小李回想这件事情，越想越觉得憋闷，最后在忍受不住的情况下，和老张展开了激烈的争吵，小李一冲动，脱口而出说道："造成公司人力资源浪费和工作效率低下的原因，都是像你这样食古不化的人造成的。"老张固执的脾气也上来了，就大声吼道："你要是不想干了，随时都可以走人，反正你现在也是在试用期，公司少你一个也不会有什么损失！"就这样，性子冲动的小李愤然辞职。

事后，老张回想起这件事情，觉得小李其实是很有才能的，全怪自己考虑问题不能全面地看人，才导致了小李的辞职，是自己的固执使公司损失了一个人才。

在企业的管理中，企业领导者难免会遇到和自己有冲突的员工，这个时候，企业的领导者首先要做的是要克制住自己的脾气，凡事和员工多多商议，彼此之间能够平静下来好好谈谈。领导者要思考自己有没有压制员工的举动，避免双方产生间隙，从而使很多人愤然离职，给公司带来人才损失。

企业领导者与员工相处的时候，或多或少地会听到一些对企业的意见。既然员工存在意见，就说明企业还不完善，在某些方面有欠缺。企业领导者不能对这些意见视而不见，或者对提出意见的人进行压制。企业领导者这时候应该做的是肯定员工的想法，否则这次遭到压制后，可能再也不会有人进言了，即使他们发现了企业当中更多的弊病。

企业当中，会有新想法的一般都是公司里的年轻人，领导者对他们进行压制，肯定会挫伤他们的自尊心，进而使公司失去蓬勃发展的生机。作为企业的领导者，一定要仔细地考虑他们的意见，留心企业发展中的一举一动。

一个企业领导者如果真的有压制人才的行为，这无疑是将公司推向风口浪尖。这个时候，就需要企业领导者时时刻刻、仔仔细细地思考自身问题，将要说的话、要做的事进行全方位的考虑，避免因为权衡不周，让员工有被压制的感觉，最终造成不可挽回的损失。

第 11 招 把"刺儿头"当成鞭策自己的动力

> "刺儿头"有着利与弊两方面，运用得好，"刺儿头"会给
> 企业带来利益；运用得不好，"刺儿头"就会给企业带来损失。
> 企业领导者应该发挥聪明才智，用智慧管理"刺儿头"。

仙人掌是可以药用的，但是仙人掌有很多刺，这些刺保护着仙人掌，让人们避而远之。玫瑰也是美丽的花，但是它身上的刺让人们有些忌讳，每每摘采的时候都要小心翼翼。在企业当中也有"刺儿头"一般的人，他们遇事刁难他人，不好对付。但是，如果企业领导者能够运用好"刺儿头"员工，对企业也是有益处的，就像下面的小例子。

人才往往兼具才能与个性，因此很多"刺儿头"都极有才华，或者是具有能力的专家。他们满是创新精神，对事业有勃勃的雄心，他们极其渴望成功。也许"刺儿头"和同事相处不融洽，但是却让老板欣赏，在企业是不可忽视的存在；也许"刺儿头"在同事中极富有号召力，但是与老板的关系有些僵硬，使得老板左右为难。这些"刺儿头"是企业领导者最伤脑筋的。但是如果能像前美国总统一般，将"刺儿头"当作鞭策自己前进的动力，似乎

就不再伤脑筋了。

1860 年，林肯当选美国总统，之后，一位名叫巴恩的银行家亲自到林肯的总统府拜访，碰巧看见参议员萨蒙·蔡思从林肯的办公室走出来，于是巴恩见到了林肯之后就说：“如果您要对内阁进行重组的话，千万不要将这个人选进您的新内阁当中。”

“为什么？”林肯十分不解。

巴恩解释：“因为这是个自大成性的家伙，他自认为比您都伟大。”

林肯笑着说：“哦，你是否知道，除了他以外，还有谁自认为比我伟大得多吗？”

“这个我就不知道了，”巴恩摇着脑袋说，“不过，您可以告诉我您这样问的理由吗？”

“因为我想让他们全部选入我的内阁。”林肯说。

诚然，巴恩的话并非纯粹的攻击，蔡思的的确确是个傲慢不逊、狂妄自大、忌妒成性的人，他对最高领导权有十分狂热的追求，早就有了入主白宫的想法。林肯当选总统，他只好退而求其次，想要成为美国的国务卿，林肯却仍不肯答应，最后只做了林肯政府的财政部长，蔡思对此一直耿耿于怀，但是，不得不说，蔡思在财政预算宏观调控方面是个少见的天才，林肯也因此更加赏识这个人，想方设法地避免和他发生正面冲突。

《纽约时报》杂志的主编亨利·雷蒙知道这件事情后，亲自登门拜访了林肯，告诉他蔡思正在为竞选总统而活动，并拿出了一大堆有关的资料。林肯看了之后，微微一笑，颇为幽默地说道：“亨利，你是在农村长大的吗？那你一定知道苍蝇了。一次，我的兄弟在自己的农田中耕种粮食。我吆喝马儿，他耕地，偏偏那匹马很懒惰，老是在磨洋工。但是，有一段时间，它可以跑得很快，我们差点儿都跟不上。直至到了地头，我们才发现在它身上叮了一只很大的苍蝇，于是我只能选择先将它身上的苍蝇打落。我的兄弟说：'原来是因为这只苍蝇，它才跑这么快。'"说到这里，林肯稍微停顿了一下，说道："现在正好有一只苍蝇正叮着我，它就是蔡思先生。它能让我跑得很快，我还不想打落它。"

在当今市场当中，很多企业家都像蔡思那样狂妄自负，眼里没有任何人的存在。因此，真正精明的企业领导者，对这些"刺儿头"员工，就要像林肯那样善于运用自己的智慧，利用"马蝇效应"，借此让他们能够团结在一块儿，充分发挥他们身上的优点，为公司争取最大的效益。

只要仔细分析一下，我们不难发现这些"刺儿头"员工身上有一个共同的特点：那就是他们不会轻易地满足已经取得的成绩，他们有很强的占有欲望，他们不满足自己的利益、权势、金钱。他们总是想着更加与众不同，总是想给上层领导留下更为深刻的印象。

正所谓"生于忧患，死于安乐"，那些马蝇的存在，是让自己进步的一种激励。善用"马蝇效应"的领导者，不但可以有效减少组织中的冲突，还可以让这些拥有能力的"刺儿头"们更加积极地为企业效力，为企业的发展作出更大的贡献。因此，作为一个有能力的企业领导者，对于这些各有神通的"刺儿头"，需要特殊的方法去管理。

那么，具体要有哪些方法呢？

第一，树立权威

这些"刺儿头"在各自的专业领域肯定有很强的能力。作为领导者，绝不能容许这些"刺儿头"对企业制度的破坏。从一开始，就要让这些"刺儿头"明白，不要以为自己身上有某些别人没有的优势，就可以凌驾于企业的管理制度之上。因为一个善于辞令、懂得捕捉他人心思的企业领导者，应该懂得找他们谈谈心、了解他们内心的想法。此外，还应该懂得，实际的行动永远比苍白的语言更加具有说服力。在巧妙运用企业有限的资本时，要为这些自负、狂妄的人立下一个典范，让他们明白，一个有权威、有能力的人是怎样处理问题的。

第二，用简洁的命令叮嘱

对"刺儿头"不能说太多的话，因为他们有才能，所以对待事情都是有自己的看法，说太多只会让他们心中厌烦，使领导者的形象大打折扣。所以，领导者们应该试着运用智慧和动员能力。在工作时，对这样的员工适当地"冷落"，让他们明白一个道理，有时候个人的能力跟整个团队相比，仍然是微不足道的。就好比做销售，一个人就算有通天的本事，也不可能超过团队的总业绩。领导者应该让"刺儿头"知道，地球少了任何一个人，仍然会转不停，企业少了一个人，仍然可以运作。

第三，适当安抚

情绪是每个人的影子，想要将影子除去，只有去没有光的地方。企业领导者遇到浮躁的"刺儿头"时，需要做好安抚工作。安抚是保障"刺儿头"为企业的发展付出激情和努力的原动力。

有时候，一些员工会因为磨合不好，想要离开企业，作为领导者，不能因为逞一时之快而丢失一个人才。但是，也不能盲目地去放纵员工，领导者要给自己划出一个底线，倘若真的留不住，也只能随之而去了。

第12招　团结是一股坚不可摧的力量

> 企业就像一串珍珠，作为企业领导者，要成为主线，将员工们的力量会聚在一起，让他们知道企业的目标，朝着目标共同前进，为整串珍珠的美丽现出光芒。

企业在经营的时候，领导者常会遇到类似的问题。手下员工都很优秀，但是工作起来不朝着一个方向前进。如果一味地相互较劲，这样一来，即使是最简单的工作都不一定能够做好。所以，企业领导者该让员工们朝着一个方向使劲。

"水滴穿石"的道理谁都知道，石头是坚硬的，它不可能因为一滴水的冲击力而出现一个洞，但是成千上万的水滴朝着一个方向坠落，日积月累后，自然会被磨穿。人们常说"一支筷子容易被折断，但是一把筷子就不容易折断了"，其实就是为了说明团结就是力量，聚在一起的力量坚不可摧。

企业领导者常常遇到不配合的员工，因为员工价值观的不同，所以每一个都朝着自己的方向走，最后形成了"各奔东西"的局面，对企业发展没有益处。

那么，如何能够会聚员工们的力量呢？让他们朝着一个方向使劲呢？有这样一个例子。

一个化妆品公司的销售部门总是业绩平平，为了提升工作业绩，上层将原来的部门经理辞退了，让公司精英员工老刘去收拾这个烂摊子。很多人就去奉劝老刘，对他说："老刘啊，赶紧推了吧，在你之前，销售部门已经连续换了两个经理了，你还是别当第三个了吧。"老刘只是淡淡地笑了一下，说道："在 3 个月之内，我要让销售部起死回生，你们就等着为我庆祝吧。"同事们吃惊地都瞪大了眼睛，他们实在是无法想象，老刘能有什么回天之力。

出乎同事们的意料，老刘到了销售部门后的第一个月，什么事情也没做，只是一如往常地按时上下班，同事们都很纳闷："人家都说：'新官上任三把火'，这位经理却是一点儿脾气都没有，这是为何？"

平静地度过了一个月后，老刘终于开始了他大刀阔斧的行动，他首先取消了业务员们单独外出跑业务的制度，再按照他一个月来对员工们的了解，将他们重新分成了几个小组，要求每个小组都将各自成员的优点全部发挥出来，互相学习，弥补自身的不足。这样一来，老刘仅仅用了几个月的时间，就让公司销售部的业绩足足翻了一番。可销售部的员工只觉得自己本身的工作量和先前一样，没有增加，而且突然之间扭转了局面，地位、薪酬足足提升了一个层级，心中自然是无比欢喜，工作的积极性就这样提升起来了。

其实，老刘的做法很简单，他并没有用什么高明、先进的管理办法，他做到的只是捋顺员工，让大家将劲都朝一处使，发挥了"众人拾柴火焰高"的作用。总之，一个公司、一个部门要想健康地发展，靠的是集体力量，个人的力量终究是有限的。项羽有"气拔山兮力盖世"的气概，但是面对千军万马，他的力量就有限，最终只能落个乌江自刎的下场。

如果一个部门出现了类似的情况，那么，作为领导者，绝对不要犹豫，首先做到放下自己的官架子，将自己和员工们融为一体，找到问题的根源。

如何才能找到根源呢？最简洁快速的方法就是交流。人们常说，交流是人与人相处的必经之路，再大的矛盾也能通过交流去解决。深入地交流可以了解到员工们内心的真实想法，比如，两个性格内向的人去做一件案子，但是因为出发的角度不同，案子是南辕北辙。所以，企业领导者在划分任务给他们的时候，就该当着他们的面问出内心的想法，通过交流了解到彼此的观点，之后再慢慢磨合。如此，两个内向的人才能朝着一个方向使劲。

让员工们劲往一处使，其实不是很难，关键是切入点的选择，在一个团队之中，每个人都有各自的作用，但是作用发挥不到一起，也是徒劳无功的，所以，可以运用相互补充的方式将力量会聚，朝着一个方向运作。

第13招　信赖是连接两颗心之间的纽带

信赖是人与人交往的前提，而一个企业在用人的时候，也是经过多番的思索，只有产生出信赖的桥梁，员工才会心甘情愿地与企业站在同一条战线，为企业尽心尽力地做事。

世界上永远都没有既要马儿跑，又不让马儿吃饱的事情。任用人才的关键，在于对人才的信任。比如品牌效应，想要做出品牌，首先就是让客户们信赖。只有产生了信赖，客户们下次还会光顾，商品就不怕卖不出去。同样，企业在做管理的时候，也是在经营人才，只有与员工达成共同信赖的认知，企业才会形成一股强大的凝聚力。

如果用人，却不能对这个人予以全部的信任，处处猜忌，处处予以控制，这样一来，被任用的人就很难开心、用心地工作，完成工作的积极性也不会很高。适当地向员工表示信赖，是确保人才能够全心全意投入工作的前提。

三国时，有"江东之虎"之称的孙策在年仅十几岁的时候，便手握千军万马，横扫江东，为东吴打下了基础。孙策能够在三国乱世当中运用短短数年便做出一番轰轰烈烈的事业，这跟他对员工的信任是分不开的。

孙策对员工的信任，换来了员工的忠勇。史书上曾经记载："策为人，美姿颜，好笑语，性阔达听受，善于用人，是以士民见者，莫不尽心，乐为致死。"可以说，如果不是对员工的信任，孙策是不可能在那么短的时间内取得那么大的成就的。

太史慈原为刘繇部下，后被孙策收降。当刘繇被孙策杀得大败，率领残兵败将四处逃散的时候，孙策派员工太史慈去招纳刘繇的部下。这个时候，孙策身边所有的人都担心太史慈借这个机会一去不复返。而孙策却笑着说："我了解太史慈的为人，知道他决不会这么做的。"临行前，孙策亲自为太史慈饯行，在宴会上，孙策拉着太史慈的手，问他："你这次去，需要多长时间能够完成任务？"太史慈说："不用两个月。"果然，50多天之后，太史慈带领浩浩荡荡的军队回到了孙策大营，那些人都是刘繇的残军。

人们常说："疑人不用，用人不疑。"既然将人委以重用，那就该信任他。从孙策的例子中，我们不难看出他对员工的信任。如果一个老板不相信员工，那么如何靠着一己之力去运营一个公司呢？像世界知名企业联想公司，其前任执行董事柳传志将权力交给了没有任何血缘关系的人，他没有一点儿担心，他的气魄就是来自于信任，他相信企业会在自己选中的接班人手中壮大。

曾经有人说过："信任是一种有生命的感觉，信任也是一种高尚的情感，信任更是一种连接人与人之间的纽带。你有义务去信任另一个人，除非你能证实前一个人不值得你信任；你也有权受到另一个人的信任，除非你已被证实不值得前一个人信任。"总而言之，只有对一个人充分予以信任，让员工真切地感受到领导者对他的信任，才能激发出那个人工作的积极性和创造性，进而从中获得最大利益。

那么，怎么才算是对员工的充分信赖呢？需要做到以下几点：

第一，主动拿出信任的态度

人与人的情感是相互的，如果领导者主动拿出了信任的态度，那么员工感觉到后，也会尽心尽力地为企业做事，为企业付出自己的忠诚。

第二，不用权势压人

有一句俗语："日防夜防，家贼难防。"担心手底下的员工对自己不忠诚，是一个企业领导者最直接的想法，也是企业领导者不能充分信任自己员工的根本原因。所以，对员工充分信赖"难"在思想上需要转变。领导者不仅要牢牢记住"用人不疑"这一用人准则，同时也要懂得放权，不能牢牢地攥着手中的权力不放，这样显然是对员工的一种不信任。

第三，充分信赖员工，使上下级之间感情化

要做到这一点，就需要企业领导者认真地分析员工的心理活动，尽全力地满足员工的各种心理需求。在《三国演义》中，刘备对员工十分信赖，同时也将上下级的关系感情化，他与关羽、张飞桃园三结义，得到的是他们的忠诚，就算付出生命也心甘情愿。作为当代的企业领导者，要学习刘备的用人方法，用真诚去融化他们的防备，给予他们充分的信任，使得他们全心全意地为企业和自己做事。

人生的艰难、竞争的激烈，迫使每个人都要给自己加上一些虚假的"保护色"，以此来掩饰自己真实的内心世界。褪下这层"保护色"，就需要领导者的信赖，要充分地信任员工的能力，相信他们的工作热情和为企业奉献的真诚。

第 *14* 招　兵不在多，而在于精

> 企业对于多余的人员，需要及时排除，如果不排除多余人
> 员，企业就无法健康稳定地发展。

企业用人的时候，需要秉持着"不用任何一个多余的人"的原则。不用任何一个多余的人，对企业来说有什么好处呢？

第一，可以保证企业的工作效率

随着市场经济的快速发展，"兵不在多而在于精"的企业思想越来越为企业领导人所重视。有这样一种情况在如今的企业当中并不少见：一个工作职位，明明一个人便足以应付，却偏偏同时安排了好几人共同来做。这种现象，表面上看来是企业本身的制度问题，实际上是领导者在用人上的错误。这种错误会造成企业工作效率低下的问题。所以，不用多余一个人是企业工作效率得以得升的必经之路。

第二，可以保证企业秩序井然

近些年，企业也有改革，在企业改革上，很多公司也都大力实行下岗分流的政策，削减不必要的机构和冗员，这样的做法不但减轻了财政负担，又大大提高了行政效率。精简裁员，也使许多企业逐渐由财政亏损转变为赢利，各个机关和部门变得井然有序。

唐太宗李世民在用人上长期坚持"官在得人，不在员多"的原则。他数次对自己的臣子们说："选用精明官员，虽然人少，但行政效率却极高；如

果任用那些只知道阿谀奉承而没有实际才能的人，数量再多，也无济于事。"他曾经命令房玄龄对 30 个县的行政区域重新进行划分，实行精兵简政。此外，唐太宗还亲自监督精减中央机构，将中央文武官员由原先的 2000 多人精减到 643 人。

唐太宗还积极提倡让那些真正有能力的年轻官员取代那些体弱多病的年迈官员，成为国家处理政务的重心。正是这种用人方法，大大地提高了朝廷的行政效率，于是大唐帝国上上下下政通人和，出现了中国封建社会最为繁荣昌盛的太平盛世——"贞观之治"。

古人似乎先知先觉，早已经总结出人多未必是好事的道理。做企业不是在做慈善，不是人多了，慈善就越大。也不是在进行拔河比赛，不是人多了力量才大。作为企业领导者，应该根据具体问题来分析需要用人的数量，不能盲目任用，不然会导致企业机构出现臃肿的局面。

企业的人多了，员工们的想法和看法也会变多，有些员工可能会因为一时邪念而对企业发展造成危害。如此一来，企业得不偿失。所以，最佳方法就是企业绝不用多余的人。

古人说："一个和尚挑水喝，两个和尚抬水喝，三个和尚没水喝。"这就生动地表现出人多未必能够做好事的道理。当然，在精减人员的同时，会增加剩余人员的工作量和压力，这时，可以根据工作量与剩余人员协商，是增加待遇还是增加助手。

第三章 | 赢得人心的 6 个要诀

"世间之物，唯有人心最美，也唯有人心最恶"。"赢得人心"，最重要的一点是"互相尊重"，只有善待员工，让员工的心连在一起，才能让企业成为一个温暖的家庭。

第 15 招　给予员工利益，收获员工的忠诚

> 很多东西是用金钱买不来的，在一个团队中，将心比心是团队发展的动力。

任何一个人的进取心和事业心都直接和利益相关联。有的人是为了建功立业，有的人为的就是财富。所以，想要收获忠诚，就必须要将员工的利益放在心上。

人与人之间的关系与利益分不开。一个员工一次为企业作出贡献，企业领导者可以不给予奖励，第二次作出贡献也可以不奖励，但是第三次，或者多次以后，就会发现员工在做事上缺乏了积极性。所以有时候，利益会激发员工们的潜力。同时，给予员工利益，将员工的利益放在心上，也会获得他

们的忠诚。

小张是某个服装企业的销售部经理，在企业年会上，因为小张部门业绩突出，公司给予了奖励。会议结束后，小张拿着奖金回到部门，他没有将奖金全部收入囊中，而是拿出一大部分奖励手下的员工。

员工们拿着奖金，虽然金额不多，但是各个喜滋滋的。有其他部门的经理就不明白了，于是问小张："老板发的奖金是给你的，没有说要给手下人分，你怎么舍得分一大半给他们呢？"

小张却说道："用这点儿奖金换来手下人的忠诚，你觉得我还愁拿不到更多的奖金吗？"

小张给予员工利益，换来的是他们的忠诚。对小张的员工来说，奖金是多是少不是关键，最关键的是小张将员工们的利益放在了心上。通常，真正有才能的人，提出某些利益要求，其实并不过分，他们所要求的多为处尊位、扬其名。这里的利益也是有尺度的，这些利益不过分，很合乎常理，倘若狮子大开口，那么只能说明其心思不正了。

日本的麦当劳汉堡快餐，每年都要在职工身上花费上千万日元。麦当劳采用的方法，是发给全体员工和他们家属每人一张诊断卡，随时都可以凭卡住院。给员工在东京建立卫生医院和警察医院，作为保留职工病床的基金，当职员或者职员家属生病的时候，能够立刻进入指定医院就医，避免很多次在转院途中因为来不及施救而丧命。近4年来，麦当劳没有因病住院的职员。那么，每年花费在员工身上的上千万日元是不是白花了？

答案是否定的，因为这些利益给予了员工温暖，使员工团结一致地为企业工作，能够解决员工的后顾之忧，让他们安心地为企业发展作贡献，那么花费再多的钱，对麦当劳来说都是不吃亏的。

像这样随时随地都为企业员工着想的企业，在世界范围内都是少见的。

要想收获员工的忠诚，首先要把员工的利益放在心上，适当地对员工加以恩宠，可以激发员工的工作积极性。看到员工们开心，看到员工们为企业尽心尽力地做事，作为企业领导者看到这样和谐的画面，何乐而不为呢？

第 16 招　让公司成为温暖的大家庭

> 人都是有感情的，当企业给予员工"家庭式"的管理，员工同样会给予公司家人般的关心。

科学显示，人类的情感最为丰富，而人对感情也是相互的。你对我好三分，我便对你好十分。于是，很多企业领导者利用这种心理，对员工展开了"家庭式"管理，给予员工家庭般的感觉，抚慰员工的心灵。

家庭对人们来说是一个温馨的存在，每当人们感觉疲劳、无助、孤独的时候，都会想起家庭。家庭内没有永久的矛盾和隔夜的仇恨，正因为如此，才让很多企业选择"家庭式"的管理方法。

著名企业家费雷得·德卢加有过一段自主创业的经历。1964 年，他开了一家肯德基三明治快餐店。短短几年的时间，他就将这家快餐店发展成世界上很有名气的肯德基连锁店。

那么德卢加的成功有什么诀窍呢？很重要的一点：像家人一样关心自己

的员工。

德卢加招聘员工的要求比较严格。一天晚上，他在忙完自己的事情后依照常例，亲自到肯德基店检查工作。他进入了一家肯德基的餐厅后，发现这家餐厅的柜台十分凌乱，柜上的食品放得杂乱无章。看到这种情形，德卢加自然火冒三丈，对正在干活的一名员工大声喝骂，责令他马上将整个餐厅收拾干净，并亲自帮助员工整理起来，干完活后，德卢加留下一句"下不为例"，就走出了餐厅。

第二天，当德卢加在店中查看销售纪录时，十分吃惊地发现，昨天被他批评的那名员工所在的分店，销售量远远地超出了近期销售纪录。他这时候才反应过来，那家餐厅之所以乱，就是因为那家餐厅顾客太多，但人手却不够，不是那位员工的责任，他是一个十分称职的员工，一直在尽心尽力地为企业工作。想到这件事情，德卢加心里很不踏实，觉得自己对不住这名尽责的员工。

当天晚上，德卢加专程又来到了这家店，并亲自向这位员工道歉，没想到这位员工对德卢加的道歉丝毫没有放在心上，只是随口回应了一句没关系，德卢加感觉到，这位员工并没有说出自己的心里话。

德卢加觉得这样可不行，不能让自己的员工带着情绪做事。如果不能处理好这件事，会影响到整家店的销售业绩。于是，德卢加就对这位员工进行了进一步试探，并鼓励这位员工能够将自己的心里话说出来，德卢加为自己昨晚发生的事情真诚地表示内疚。

在德卢加的引导下，这位员工终于肯说话了，他承认自己的的确确还在生老板的气，想想看，任谁无缘无故地受了这么大的气，要不生气，那才是怪事。自己辛辛苦苦、任劳任怨地为老板工作，没有得到老板的表扬也就算了，却因为误会，白白地被训了一顿。他向德卢加说出了自己的委屈，他说："您骂过我之后，我的确心里很不满，我不知道该怎样才能够发泄心里的愤懑，就在您离开餐厅后，我悄悄地到储藏间，拿了一加仑的食用油，狠狠地倒入了排水沟当中……"

这件事情引起了德卢加进一步的深思：是不是自己的疏忽、多疑，蒙蔽了自己的眼睛？进而导致判断失误，批评了一位尽职尽责的好员工呢？如果不能处理好这件事情，那损失的就不单单是一加仑的食用油了，而是一个人才。

在以后的管理当中，德卢加不光学会了如何关心员工，并懂得处处为员工着想，和员工的关系也越来越融洽，让他们更加积极地为自己的老板做事情。

领导者需要换位思考，适当地给予员工们关心和理解，让他们有种被家庭宠溺的感觉。"家庭式"管理有很多益处。

第一，员工们会更加热忱地为企业做事

家庭是家庭成员们共同栖息的地方，为家庭付出是理所当然的，运用家庭式管理，即便员工感觉累了，也会尽心尽力地为企业做好事。并且，家庭式管理让员工们的工作效率大大提高，员工们会付出自己的热情，做起事来也是事半功倍。

第二，员工内部团结一致

让员工们团结一致地为企业付出，似乎成为企业领导者比较头疼的问题，因为企业中总有那么一些不恪尽职守的员工存在。成功的企业领导者都懂得去关心自己的员工，因为他们知道自己一路由普通员工走来的辛酸，知道员工也是有感情的，知道员工也需要领导们的关心和理解。给予员工家庭般的感觉，用"家"的情感来抚慰员工的心灵，是当今企业领导者必修的课程。

第17招　向失意的员工伸出援助之手

> 天有晴有阴，人也会有开心、有失意，如果企业领导者在员
> 工失意的时候给他们开启一扇窗户，他日必定会报答。

人生的道路起起伏伏，有欢笑、有泪水、有失意。但是这些都是人生的组成部分，因为有了它们的存在，才显得生动有趣。很少有人会拍着胸脯勇敢地说，我的一生都是战无不胜、攻无不克的，只会有人说失败的次数小于成功的次数。商场如战场，有人成功，有人失败，作为企业的领导者，在遇到失意的员工时，不应该去打击他们，而是要向他们伸出援助之手。

作为企业的领导者，遇到失意的人必定不在少数，有些落泊寒酸的人，他们其实怀有大志向，但是时运不济，没有伯乐，最后穷困潦倒，自生自灭。在这个时候，最需要的就是有人能够伸出援助之手，给他们一次东山再起的机会。

这个世界上，人不可能永远一帆风顺，挫折、伤痛、懊恼、泪水，伴随着一个人的成长。如果失意了，有人会说"跌倒了，那就努力爬起来，鼓足勇气面对一切"。但是这话说起来很简单，但真正做起来就不容易了。尤其是在周围的人冷嘲热讽的时候，谁能保证自己能够握紧拳头站起来呢？但是适当予以扶持，就可获取忠心，这对企业领导者来说何乐而不为呢？

小林工作成绩突出，因而受到公司领导的重视，被派到一家分公司担任领导者。没想到，这家分公司内部分成诸多个派系，这些派系之间的内争造

成公司业绩直线下滑。小林刚刚上任，就被分到了某一派系当中。

这些派系当中的明争暗斗给公司的管理造成了很多障碍，一些派系还用上一些攻击性的手段，一步步削弱小林的管理威望。当时，小林的对立派领导是生产部的马主管。马主管做事十分认真，而且能吃苦耐劳，对公司绝对是忠心耿耿。但是马主管身上有一个很大的缺点，那就是喜欢拉帮结派，凡是自己看不顺眼的人，马主管就用尽一切办法狠整那个人。所以，在这家分公司当中，上上下下都很怕他，所有的人都不敢得罪他。

有一次，马主管犯了一个很大的错误，公司大多数的领导都希望能够将他开除。而马主管也意识到自己所犯错误的严重性，已经做好了被开除的准备。小林觉得开除马主管是一件大事，就开会商议。可在会上，所有的部门主管都好像约定好了一样，众口一词，一致认定马主管应该被开除，他们甚至列出了一大堆马主管的"罪状"。对于同事们的检举，马主管没有任何反驳。

最后，大家的目光都投到小林身上，看看他会说什么，小林说道："我认为看一个人，不能光看一个人的表面，不能只看到一个人的缺点，大家也应该看到他身上所蕴藏的优点。为什么马主管身上的优点，大家都看不到呢？马主管身上那种对工作的干劲，恐怕在座的各位都达不到，他的这种对工作的负责精神，对一个团体来说，能起到很好的领头作用。仅凭这一点，我们就应该将马主管留下来。这样的职员是不好找的。这次错误并不是他主观上犯下的错误，而是无意犯的错。这样的过错可大可小，可能他这次的错误给公司带来了不小的损失。但是请大家相信我，给马主管一次机会，我相信在以后的工作中，马主管会更加认真努力地工作，将这次公司的损失弥补回来。"

小林这一番话让整个现场都变得鸦雀无声。马主管从没有想过，给他解围的是曾经和自己针锋相对的小林，马主管顿时感动得热泪盈眶。在小林的坚持下，马主管最终留在了公司里。

小林在最关键的时候帮了马主管一把，不仅为自己留下了不念旧恶的好名声，还让马主管对自己十分感激，以后对小林十分忠心，在日后的工作中，成为小林管理好公司的好帮手。

滴水之恩，当以涌泉相报，你在最关键的时候拉他一把，他会记得欠你的人情。所以，在员工失意的时候，千万别吝啬给予他们帮助。

人人都会有失意的时候，当员工遇到困难的时候，作为企业的领导者能够帮助员工渡过难关，会让员工更加忠诚于你；落井下石，只会让员工更加记恨。

有时候，给失意的员工一些鼓励，虽然没有鲜花的艳丽，也没有太阳般的光华，但那一点点的鼓励却能像一滴雨露，滋润员工的心田。给失意的员工一点儿鼓励，就像一株风雨中的幼苗，守护黑暗中的一点儿亮光，呵护绝望时的一线生机。

第 *18* 招　善待企业发展路上的功勋者

中国有句古话："狡兔死，走狗烹；飞鸟尽，良弓藏。"如果对那些老员工不能处理好，如何能让年轻员工全心全意地为企业工作。

在很多公司，我们可以发现，一些员工岁数大了，就会被辞退，以前的功过在企业中都是昙花一现。但是，人世间都遵循了生老病死的循环，没有人可以永驻年轻，长生不老。

有些企业对待老员工们很是苛刻，但是有些企业对待老员工比新员工还要好，这样会造成的结果是前者企业人心不一，而后者企业则团结一致，员工的积极性比前者多出很多。对企业领导者来说，给老员工们好的条件是必然的，如何对待老员工也是一门学问。

那么在企业的发展过程中，如何对待老员工呢？

李嘉诚是每个商人学习的榜样，李嘉诚在创业的时候，有一批和他一起奋斗的员工，等到他功成名就之时，那些员工都一个个地老去了。李嘉诚没有将老员工们辞退，而是像亲人一样去对待他们，给予这些共同患难的老员工优厚的待遇，直到老员工们退休之后，也时刻关注他们的生活，给予贴心的慰问，这在长江实业公司是一段佳话。李嘉诚认为，企业内的老员工就是一笔财富，他们或许在行动上比不上年轻人，但是在经验上远远超过年轻人。

当今社会发展迅速，企业的员工制度和性质也发生了变化，企业流动性强，很少有哪一位员工在一个企业工作终生。这里面很大一部分原因是因为老板，他们觉得员工年纪变大，对企业的价值越来越小，做事不多，还要给予高工资，实在是浪费。

有这样一个例子，有一家美容机构，生意十分好，它是由一家名不见经传的小店发展起来的，如今已经有十几家的连锁店了。就在企业飞黄腾达的时候，问题出现了，有一款新产品推出之后，老板担心销售不好，于是就想到了给员工提成的方法。

产品是销售出去了，但是员工拿走的也不少，老板为此很心疼，钱都让员工拿走了，那怎么行呢？所以需要改变公司的管理政策，这一改就毁掉了自己经营多年的企业。老员工们纷纷提出辞职，出现这种现象的时候，老板没有检点自己在哪儿出了问题，也没有及时地挽留老员工，而是当着员工们的面说道："世界上什么都缺，就是不缺人。"

结果多米诺骨牌效应出现了，老员工们一个个都走了，同时带走了很多的老客户，而新员工也不能及时到位。就这样，一家很有希望做大的企业关掉了很多的连锁店。这样的损失应该值得很多的老板们深思。

企业领导者要善待老员工，将老员工们的利益放在心上，让老员工们教授新员工们经验，如此一来，企业才可能持续地发展。

企业的老员工当中，不乏经验丰富、德高望重的人，他们的存在，是企业一笔不可或缺的财富，如果能给他们真诚的关心，充分发挥他们身上残余的作用，说不定还可以激发他们身上的奉献余热，继续贡献才智，为企业的发展献上最后的一点儿力气。

第 *19* 招　用自己的言行做出好榜样

> 作为企业的领导者，要想管理好自己的员工，就必须要做到以身作则。用自己的言行去影响员工、感染员工。

在工作当中，企业员工可能会遇到这样一个现象，就是领导者在制定企业规章制度后，要求其他员工遵守，但是自己却游离在制度之外。这种压强式管理带来的危害极大，虽然员工们表面不敢说，但是在内心却是极为反感的。领导者不以身作则，对员工们的积极性和工作效率会带来负面影响，这样的企业，其前途难以预测。

如果领导者能够以身作则，起到示范的作用，率先遵守制定的规章制度，员工们会被领导者身上的热情和正气所感染，形成一种无声的命令，对员工的行动是一种极大的激励。因此，领导者与其天天为员工不努力工作而发愁和伤脑筋，倒不如自己一心一意地去工作；与其要求员工为企业拼命，倒不如自己率先士卒，拿出自己的激情。只要领导者自己专心工作、自己带头遵守企业的规章制度，那么还愁员工们不遵守吗？

企业领导者给员工树立学习的榜样，并不是一件容易做到的事情，这就意味着企业的领导者必须时时刻刻不断地反省自身的优缺点，用好的一面去影响自己的员工。

日本经联会会长士光敏夫曾经说过："作为企业主管，需要比普通员工付出更多的努力和心血，以激励手底下员工的工作热情。"正是他处处能够以身作则，终于成为一位受人尊敬的企业家。

1956年，士光敏夫出任东芝电器社长，当时他手底下人才济济，但由于组织系统过于庞大，分设的层次也太多，加上管理人员不善管理，使得员工做事过于懒散，最终造成了公司业绩的低下。

在士光敏夫接掌公司之后，他提出了一句"一般员工要比以前多用3倍的脑，董事则要用10倍。我本人则有过之而无不及"的口号来重新组建公司管理机构。他的口头禅是"以身作则最具说服力"。他坚持每天提前半小时上班，还要空出一小时的时间和员工一起讨论公司的问题。为了杜绝浪费人力资源，士光敏夫还曾经借着一次参观的机会给公司的各个董事上了极为生动的一堂课。

有一天，他手底下一个董事请他去参观一艘名为"出光丸"的油轮。在这之前，士光敏夫参观过油轮已经有9次，所以事先说好由士光敏夫带路。正好当时是假日，他们双方约好在"樱木町"车站门口会合。士光敏夫准时到达门口，那位董事长乘坐公司的公车，随后赶到了。双方见面之后，那位董事长说："社长先生，很抱歉让您久等了。我看，我们就搭乘您的车前往参观吧！"那位董事错误地以为士光敏夫一定是乘公司的专车来的。

士光敏夫听了他的话之后，脸上毫无表情，说道："我是坐公交车来的，我们还是搭电车去吧！"那位董事当场愣住了。

原来，士光敏夫为了杜绝浪费公司的资源，使公司的一切都合理化，于是以身示范，不乘公车，搭电车外出，给那位董事上了生动的一课。这件事情立马在公司中传开了，于是公司上上下下，立刻心生警惕，对公司的财物不敢再随便浪费。正是士光敏夫以身作则，使公司的情况逐渐地起死回生，业绩也开始提升。

公司想要形成一股正气，就需要领导者以身作则，以积极正确的行为去做示范和导向，这样不仅可以调动员工的积极性，也可以激发员工努力向上的干劲。反之，领导者抱有一种消极、观望的态度，只会削减员工们的热情，对企业的发展没有信心。

从上面的例子中可以看出，企业领导者的行为对员工的激励作用是巨大的，甚至比语言和舆论还要强大得多，也正如俗话所说："上梁不正下梁歪"、"强将手下无弱兵"。领导的表率作用永远是激励员工的最有效的方法。

领导者不可能时时刻刻盯着员工，最为关键的还是员工们自己去自觉，但是有一个前提，首先就需要领导者做好自我管理，成为员工的榜样。

第 *20* 招　没有"尊卑"，交涉时互相尊重

> 企业的领导者在与员工交涉的时候，应该使用建议的口吻，而不是命令的口吻，少一点儿权势压人，收获到的将会是员工们的忠诚和尽心尽力地工作。

"尊卑"这个词只出现在古代封建社会，那时候的人们被奴役着，被社会制度熏陶出奴性。但是如今，不存在高级和低级之分，没有人可以随意践踏他人的自尊和心灵，也没有人可以用命令的口吻指挥他人做事。在当今企业中，或许存在着员工的等级之分，权力上也有些悬殊，但是也只是一种责任上的悬殊，上下级的人格尊严是平等的，没有哪个员工喜好领导者用命令的口吻吩咐自己做事，这会导致员工心情压抑，办事效率不高。其实，好的领导者最有效的指令，是用建议的口吻下达任务。

作为企业的领导者，最重要的工作就是给自己的员工安排工作，如何确保自己的员工能够按照自己的命令，以最积极的心态去完成工作任务呢？问题的关键，是在企业领导者下达命令的方式。

著名的成功学家安东尼·罗宾的公司中，有一位叫作乔吉·可辛的中层领导者，他曾经有一个很典型的用人例子。他在工作中，从来不会盲目地表扬或者贬低自己的员工，也不会动不动给员工一些"非常好"、"很不错"等口头评价。当自己手下员工确确实实做出了成绩的时候，他能够及时地将他们的工作业绩公布于众，让公司里每一个员工都能及时地知道他们的成绩，并

以他们的成功为目标，让受表扬的人能够得到极大的满足感。同样，在员工犯错的时候，他决不会因为员工有着极重的社会地位和身份，就对他们的错误处处给予包庇，也不会处处用权力来压制他们，而是对对方晓之以理、动之以情，以柔和的管理方式和员工进行沟通。

乔吉·可辛还经常给自己的得力员工讲授安东尼·罗宾的故事，用以增加对公司的凝聚力。在具体的工作中，他处处身体力行，积极地领导自己的工作团队，以个人的形象来提升企业的工作效率。

作为企业的领导，应当以指导的方式去管理员工，这样的做法造成的效果无疑是有益的。如果他们做得不妥，就更加需要企业领导者能够就事论事、言传身教，做到点到为止，绝不能伤到属下的人格尊严。动不动就以权势压人，强行命令自己的员工应该怎么做、不该怎么做，只会影响到员工的感官，即使员工能够按照领导者的意志去做事，心里一定是千万个不服气，弄得整个企业的员工离心离德。

一位著名的管理学教授曾经说过："如果不了解自己的管理对象，你就不可能发挥领导者的作用。"这句话直接告诉全世界的企业领导者，一定要站在员工的立场来考虑问题，一定要首先了解自己的员工在想什么，进而采取沟通、交流的方式去管理，绝不能盲目地用权势去打压自己的员工。

领导者应该将自己的管理核心定位在给员工参考性的意见，而不是用权势强迫员工接受自己的思维方式，同时允许员工能够提出自己的看法，懂得尊重员工的意见，并且允许员工犯错。中国著名的企业——联想集团能够发展到今天的地步，离不开优秀人才的作用。那么联想是如何聚拢各方面人才于自己旗下的呢？

答案是：多一点儿言传身教，少一点儿权势压人。作为领导者要懂得严于律己，懂得尊重每一位员工，绝不能以权势欺压手下员工，使这些人才愿意留在联想，愿意为联想的发展奉献自己全部的力量。

不摆官架子、不靠权势来欺压手下员工，这话真正实行起来其实十分简单，只需要领导者给予员工充分的信任，不对员工指手画脚，也绝不干涉员工的行为方式。这样的管理，才能在管理中取得主动权，进而赢取人心。

奴隶制社会早已经远离我们，国家提倡平等，而企业小于国家，就更加应该注重平等的问题。员工有不足的地方，领导者应该使自己的口吻平等化，用建议的方式表达出自己的意见。

第四章 | 树立权威的 8 个要诀

"有才华的人大多有个性，有能力的人大多不服管"。企业的领导者要恩威并举，让员工服从的同时感激企业，才能让员工真心服从管理。另外，领导者在管理员工的同时也需严于律己、诚信待人，才能树立威信。

第 21 招　勿轻许承诺，说得出就要做得到

> 企业的领导者，如果不能用诚信待人，会使得员工心灰意冷，进而对企业失望。

身为领导者，就要有"君子一言，驷马难追"的魄力，如果说得出，就要能够兑现，如果没有十足的把握实现，就不要随便许诺，因为一时的承诺换来的只是员工的片刻欢喜，但时间久了，就会让员工失望。诚信待人，是在告诫企业的领导者，说出来的话就要落实，绝不能反悔，也就是言出必行。这不仅是做人的基本原则，也是作为领导者应该有的品行。

很多的企业领导者为了笼络人才和鼓励员工，会不假思索地对员工许下承诺，比如："今天要是能够超额完成任务，大家到月底就可以拿到多少多

少的分成"、"只要你们努力工作，我们公司只要一上市，大家到时候人人都是公司的股东……"可是当公司逐渐地步入正轨后，员工得到的不是承诺，而是看了一场镜中看花的戏，做了一个水中捞月的梦，如此一来，公司领导者的作为很容易在员工心中留下"不守信用"的印象，时间久了，员工就对这样的企业失去信心，不愿再在这样的企业中为这样不守信用的领导效力。

　　一个商人家中养了一些门客。有一年，年景不好，商人家里收入低，他感到如果还像以前那样供养这么多门客就有些困难了，于是只好跟门客们将实情说出，说明在未来的一年内，每位门客的供奉将会减少很多，不过承诺如果来年收成好了，一定会将欠下大家的供奉双倍补偿。

　　门客们听到这些话，有些人很不满意。没办法，商人为了留住每一个门客，只好准备实行第二套方案，到亲朋家中借点儿钱过来填补，以保证每个门客的供奉不变，但是却要求这些钱的利息由门客们分担。这个消息传开后，门客当中依然有人不满，这下商人就为难了，只好去请教一位老学者。

　　老学者听完商人的话后，微笑道："你可曾注意到面对你第一套方案不满的都是些年纪较大的门客？对第二套方案不满的多是些年轻的门客？"商人摇摇头。老学者笑着说："上了年纪的人，基本上都没什么雄心壮志了，都是些过了今天还不知道有没有明天的人，他们很在乎眼下所得。而对那些年轻人来说，他们刚刚来到你这里，正是他们踌躇满志的时候，都希望能够在你手底下大有作为，眼下的困难对他们来说不算什么，但是他们不愿意给自己加上一个负担，所以他们会反对第二个方案。所以，你给他们的待遇，不能采取一个相同的模式，对那些年岁大的人，应该保障他们眼前的既得利益，对那些年轻的人，应该看重他们未来的发展。"

　　商人按照老学者所说的，回到家里重新调整了一下对门客们的待遇，果然令大家十分满意。大家齐心协力，帮助商人渡过了这个难关。

有很多领导常常感到困惑，他们经常通过各种手段来刺激员工的工作积极性，当工作目标真的实现的时候，他们的承诺也会兑现，可为什么目标还是常常达不到呢？

在这里就要告诫企业的领导者们，任何企业的发展都要有一个清晰明确的发展目标和规划。同时，这个目标一定要立足于现实的基础上，不切实际的目标就好比水中月、镜中花。那么，作为企业领导者应该如何做到言出必行呢？从而赢得员工们的信任呢？

第一，利益的分配要因人而异

从正常的角度来看，领导者实现了对员工的承诺，就可以换取员工们对自己的信任，继而提升整个团队的合作精神和融洽的气氛。但是，这里还有一个"众口难调"的问题，也就是怎么分配员工们的利益、如何分配才能让大家都感觉满意？

在这里，企业的领导者还要掌握一个小窍门，就是要"因人而异"。这里的因人而异不是要领导者偏袒某些人，而是要根据功劳和付出的大小对利益进行分配。如果把握不好这一点，就会让员工觉得自己的领导做事不能够"一视同仁"，同样会让员工对领导失望。

第二，制定科学的企业发展战略

当团队取得了成绩之后，就要让自己的员工能够得到实际的利益，要他们知道，他们的付出会得到等价的回报。任何事物的发展都有一个循序渐进的过程，可是总有些企业领导者想着一步登天，想要一口吃个大胖子，让自己的企业迅速地获得发展。于是，这个月签下一大笔订单，就希望月月都能够这样，订单源源不断，同时要求员工们如何去做，并许下年终奖会有多少多少。总之，企业不能扎扎实实地一步步迈进，到头来，目标实现不了，给员工的承诺也实现不了，甚至让大家有种被忽悠的感觉，觉得领导说的话很不靠谱。正确的做法是，扎扎实实，不浮夸求进，任何目标都要依照现实去定。

第三，许下的承诺需要多番思考再行

都说"三思而后行"，领导者在给企业员工许下承诺的时候，必须要用心思考。有些领导做事情比较冲动，常常脑门一热，就给员工许下"空头支票"。这些未经过深思熟虑就随便"蹦"出口的承诺，可以兑现的可能性很小。一旦不能够真正地兑现，就会让员工觉得自己的领导说话很不靠谱。这样一来，就会影响到企业的发展进步。

所以，作为企业的领导者，如果不能够实现承诺，就不能轻易地去承诺。如果承诺真的许下，就要想方设法地去兑现。如果真的发生了很多棘手的问题而造成承诺要打折扣，就需要和员工及时地进行沟通，让他们知道，这一次没能实现诺言，实在是情非得已。如果只是偶尔一次因为某些特殊的原因没能实现承诺而进行及时的沟通，也不会让员工觉得你是一个不值得信赖的领导。

总之，对员工最好的承诺，就是让他们能够看到切实的利益，这是对企业领导人的最大考验。那些将口号喊得震天响的领导者，拿不出像样的成绩出来，只会让员工产生很大的不满，只有让员工觉得自己的利益得到了保障，他们才会勤勤恳恳地帮助领导完成企业的生产、发展任务。

第 *22* 招 知错不改会让错误越来越大

> 职场中，很多企业的领导者在面对错误的时候，总是抱着不理不睬的态度，这种不愿意承担和改错的态度让其失去了很多机会，也会被员工们疏远。

一位优秀的企业领导者曾经说过："有一次，我将我手下的一个员工骂得狠了一点儿，伤害了他的自尊。第二天，我认识到这个问题，知道是我做得不对，第二天我就发给他一个邮件，向他真诚地道歉，我的那个员工为此感动得不得了，在以后的工作中，他做事情十分认真，帮我处理了很多公司中的难题。现在，我觉得有了错误能跟大家主动地检讨，不会丢面子，勇于承担责任是一种职业责任感，更是一种宽广的胸襟。"

人非圣贤，孰能无过？犯错误是不可怕的，可怕的是有了错误不敢承认。作为企业的领导者，要永远地记住，犯了错误就一定要改正。同时如何面对自己的错误，是一个值得深究的话题。

一些中层领导在犯错的时候，常常不愿意正视自己的错误，没有勇气承认自己的错误，担心承认错误会让自己在员工面前失去威信。殊不知，不能正视自己的错误并勇于承担过错，只会让员工更加看不起。这样的领导，在员工面前又有几分影响力可言呢？

一个人做错了事情，最好的处理方式是主动认错，而且以低姿态认错，而不是去找一些冠冕堂皇的理由为自己辩解。

著名遗传学家弗朗西斯·柯林斯曾在美国国立卫生研究院担任人类基因组研究所所长，可谓是事业有成、前途无量。他的实验室当中有一个医学和哲学双科博士的学生向他作了一篇学术论文，并投给了杂志社。可是杂志社却认为他的文章盗用了其他学者的研究成果，因此将他的稿件退了。本来这是他员工的个人事情，但是柯林斯立刻写信给了另外几个杂志社，要求将这个双科博士生已经发表了的几篇论文全部撤回。然后，柯林斯承担起所有的责任，将那个敢于造假的学生开除了。事情到此也没完，他又写了两千多封信给相关领域的科学家，将自己学生造假的事情告诉了他们，并就这件事给他们道歉。虽然柯林斯的这一番作为让他本人和实验室的声誉受到很大的损失，但是他还是坚持这么做了。

果然，在短期内，柯林斯的声望受到了损失，但是后来所有的人都对这种勇于承担错误的精神更加钦佩，他被认为是一个道德高尚的科学界领袖，做了一件对科学界十分有益的事情。

作为企业的中层领导者，如果能够主动地承认自身的错误，本身就体现了他的责任感。任何人都有犯错的时候，犯错了就要勇于承认错误。能够坦然面对自己身上的弱点和错误，进而改正它，对今后的工作和进步将会是一件很有利的事情。对员工而言，一个敢于承认错误的领导者是一个有担当、坦荡、可信、值得尊重的领导者，会使员工更加钦佩他，对他的印象只会更好。对于死不认错的领导，他们只会更加反感。

金无足赤，人无完人，任何人都会做错事情，即使是企业的领导者也是这样。弗朗西斯·柯林斯主动承认错误的事情值得每一个企业领导借鉴。如果犯了错误还拒绝承认，这样的领导才是最愚蠢的。

一个领导者如果能够坦然面对自己的错误，并勇于承担责任，会比一味地强辩有用得多，企业员工也会对领导产生一种敬畏。

第23招　优柔寡断的领导不是个好领导

> 如果领导在作决定时表现得犹豫不决，或者拖拖拉拉、举棋不定，如此只会削弱领导者在员工心中的权威。

优柔寡断的领导者遇到什么事情时，常常要召开一次大型会议，对问题进行进一步的商讨。又或者因为害怕遭受巨大的损失，而要进一步观察局势的发展。这类领导者都是一些害怕承担责任的人，他们在一些事情上很难作出正确的决定。这种左右为难的性格，常常会进行传染，甚至使整个组织都沾染上这种毛病，让人在处理问题时常常犹豫不决，造成管理上的混乱。

这样的领导者会让员工觉得很没有魄力，即使成为领导者，也是短暂的，因为时间会证明，在一段时间后，就会发现被扔到一个可有可无的位置上，最后不得不离开，到其他公司去找工作，也会周而复始。如果不想自己被上级列入不合格员工的行列，就需要领导者能够及时发挥正确的领导能力。为此，领导者要尽力营造出一种让员工们感到必须要服从的氛围。

在上海，有一位"将门之女"，因为她独到的眼光和果断的决策，使她成为了商界的一颗明星，她就是许涛芳。她发现了防辐射服市场，通过多年的钻研和销售，最终立足商场。

2002年的时候，许涛芳刚刚毕业，当时只有21岁，也许是受到家族服装企业的影响，她对服饰十分敏感。在她留学期间，发现很多的怀孕妇女都在使用防辐射的孕妇装，敏感的她立马觉得这将是一个庞大的市场。在如花似玉的年华里，许涛芳放弃了恋爱，放弃了继承家族传统服装行业，转而创办了自己的公司，选择走一条坎坷的道路。

开创一个新行业固然可占尽先机，也正因开创之"新"，更需精准定位。与老一辈的商人比较，许涛芳并不缺少果断。在 2002 年企业创办之际，防辐射服装只是面临小人群的产品，并且原材料需要进口，单件成衣价格超过1600 元。确定了主打产品，销售渠道在哪里呢？许涛芳决定：起步阶段，专攻妇婴用品店，让准妈妈们最爱逛的小店成为"添香防辐射服"的首批销售点。

一年之后，许涛芳又加入了电子销售模式，使产品进驻网络，让"添香防辐射服"成为"孕妇装"的衍生关键词。

其实，许涛芳能够成功，关键就在于果断，如果她对市场犹犹豫豫，企业又怎么能够发展起来呢？正是这一原因，使得"添香"防辐射孕妇装打开了市场之门。

企业的领导者要常常能够征求别人的意见，收集各种信息之后，最后作出自己的决定。同时，要让上级知道自己仍在掌控着整体局面。如果一个领导者有下面一种表现，就要能够彻底改变：

第一，没有全局性的眼光，做事情主观武断，听不见别人的意见。

第二，公私兼顾，在最终的决策中，掺杂个人的好恶。

第三，对一件事情，自己没有看法，一味地听从别人的意见。

第四，前怕狼后怕虎，犹豫不断，错失时机，不能够当机立断。

第五，总是想着一劳永逸地解决问题，以为这件事情之后就万事大吉了。

犹豫不决是取得成功的大敌，优秀的企业领导者不应被其束缚住手脚，拿出魄力与果断的决心，向成功奋勇地迈进吧。

第 24 招 严格执行劳动纪律

纪律是维持秩序的必要手段，在必要的时候，用它来打击那些不服从管理的企业员工是正确的选择。但是，在杀一儆百之后，也要善于用人情去感化那些被处理过的人。

企业当中总存在着一些"害群之马"，这类人在员工中有一股无形的破坏力。就比如迟到问题，一个员工迟到了，或许在隔天的时候就会有另一个员工迟到，一个月中，从来没有出现过全体员工满勤的情况，身为企业的领导者，就要发挥领导的作用，拿出"杀一儆百"的气魄，对迟到的人进行处罚，为企业、为自己树立起权威。

这里的杀一儆百不是盲目的，通常被"杀"的员工都是有严重过失的人，这类人在员工中有煽风点火的作用。这就好比是"擒贼先擒王"的道理，如果将不遵守秩序的领头人给制伏了，还怕后面的人不引以为鉴吗？

有一个成语叫作"法不责众"，如果你对整个团队都进行指责，就会使大家产生分散责任的错觉，他们是不会受到太多的触动的。他们甚至会有这样的想法："反正出了什么事情，大家一起兜着，怕什么？"所以，面对这种情况，一定要抓一个代表出来，达到杀一儆百的作用。只有这样，才能引起其他人的警觉。

家住在广东的李女士，一年前在广东省东莞市的一家民营高科技企业担任行政人事主管一职，主要负责公司的行政、人事、办公室、后勤等各项职务。

上任之初，这家公司存在着很多问题，大多数员工在工作的时候没有热情，上班时，用公司电脑打游戏的情况常常出现。从普通的员工到一些部门的主管，他们都沉迷于游戏当中，他们都喜欢玩一些积分、升级、角色等游戏。有些员工玩得十分入迷，他们通宵达旦地玩游戏，作为员工，只要不影响工作是不要紧的，但是员工们在上班的时候偷偷玩，就不成样子了。

在李女士上任之前，该公司的管理制度也是漏洞百出，根本找不到关于禁止员工上班时间玩游戏的条例。为了进一步弄清公司的情况，李女士通过两个月时间，对公司进行了一番明察暗访，终于弄清了公司的情况。在了解了公司的情况后，接下来李女士就在公司的宣传栏上提出了动员全体员工提出修改管理制度的布告，开始修改公司的管理方法。一个星期后，李女士从布告栏上的建议中选取了一些有用的出来，特定增加了"公司计算机管理"部分，通过严明的纪律法规，严禁在公司的电脑中下载、安装电脑游戏，如果有违反的，第一次记大过，第二次扣发全年奖金，第三次开除处理。对李女士的建议，公司的领导者经过审阅后，除了对几个小问题进行了修改之外，宣布开始实行。

然而，长期懒散惯了的员工只是收敛了几天，就故态萌发，玩电脑游戏的风气依旧未能改变。李女士对此很是头疼，再经过一次调查才发现，原来员工们之所以敢于这样疯狂地玩游戏，全离不开一些"带头者"，其中包括好几个部门的领导。普通员工看到领导都这个样子玩游戏，自然是"上梁不正下梁歪"，针对这些情况，李女士下定了杀一儆百的决心。

一天早上，李女士和一些公司的执法人员到办公室进行突击检查，果然捕抓到一些正在手忙脚乱关闭游戏画面的情景，李女士毫不犹豫地对那些敢于置公司法令于不顾的主管、领导予以处分，杀一儆百的效果立竿见影，在见到了领导都受到惩罚之后，员工们再也不敢在上班的时候玩游戏了。

从上面的例子可以看出一股"跟风"的潮流：一个人玩游戏，其他人就接踵而上，有领导在上面跟着玩，自然是肆无忌惮。李女士的做法无疑是杀鸡给猴看，目的无疑是让员工们改掉上班时间玩游戏的恶习，重整工作氛围。

一味地退让，就会让员工察觉出软弱，进而对自身的威望随之殆尽。但如果能够及时地采取果断的措施，处置那些敢于扰乱纪律、不服管教的害群之马，威望很快被树立起来。反之，如果做事处处显得优柔寡断，那么，形象、威信就将会降到最低。

企业领导者应该记住，管理也要用人情感动员工。我们常说："情理法。"情排在最前头。没有人情味的管理制度，再好的管理制度也是失败的。

第 25 招　刚柔并济，让员工既服从又感激

> 管理其实是一门很深的学问，越是钻研，越能得到启发。其中，"刚柔并济"是领导者最常用的手段。

每个人都有自己的价值观，所以对待事物的态度都不相同，遇到这种情况的时候，领导者要采取双重手段，对待"敬酒不吃吃罚酒"的员工要刚柔并济，来个先礼后兵。从客观上说，人们在交际活动中，软与硬是相辅相成、密不可分的。所以，领导者要抓住员工们的心思，暗中实行刚柔并济的政策，让员工既服从，又感激。

在刚柔并济方面，曹操的造诣很高，他是怎样做的呢？

当年曹操出兵攻打南边的张绣，打了败仗，为了保存实力，只好带领部

队先行撤退，曹操部下首领夏侯惇所率领的青州部队（属于曹操嫡系部队）中的部分士兵借着这个机会到老百姓家哄抢粮食、牲畜，霸占民女、抢人钱财、杀人放火，无恶不作。面对青州兵的违法乱纪行为，身为首领的于禁当机立断命令自己的部队对祸害百姓的士兵就地剿杀，以泄民愤，好给受害百姓一个交代。没想到，青州部队倚仗自己是曹操的嫡系部队，平时优待惯了，不但不自我反省，还在曹操面前装无辜，还诬陷于禁，说他对曹操的领导不满意，要造反。曹操听到嫡系部队首领的这些煽风点火的话，怒发冲冠，马上带领着大部队向于禁兴师问罪。

于禁在遭到曹操的质问后，并没有急着为自己辩解，而是先去忙着安营扎寨，以做好防御敌人的准备。果然，在他刚刚把部队安置妥当，张绣的两路大军就杀气腾腾地冲过来了。由于他准备充分，这一次终于打退了追兵，并且又夺回 100 多里失地，打了一个大胜仗，曹操也因此反败为胜了。

在战斗结束后，曹操找到于禁，向他问及事情的来龙去脉，于禁将事情的原委一一陈述，曹操这才恍然大悟，他拉着于禁的手，连连称赞于禁是自己不可多得的将才，并且还主动向于禁道歉，深切地表达了自己的诚意。不仅如此，曹操又赏了他很多金银珠宝，还给他升了官。而对于那些诬陷于禁的嫡系部队里的官兵，曹操一点儿也不手软，统统给予军法处置。

曹操对部下赏罚得当，赏罚必行，这样做一方面充分调动了部下的积极性，让部下更加有干劲，另一方面又使部下对他敬畏有加、服服帖帖、忠心耿耿。这种刚柔并济的手段就是一种驭人之术，同时体现了曹操处世的英明之处。部下们看到他如此公正严明，自然在心中对他是更加敬佩。

在现实当中，作为企业领导者，刚柔并济、恩威并举永远都是一条好计策。

西洛斯·梅考克是美国国际农机商用公司的老板，他在用人原则上过于刻薄、坚持。如果有人违法了公司的制度，他一定依照公司的规章制度严格处罚。但这并不意味他不讲人情味儿，相反，他能够关心员工的疾苦，设身处地地为员工的利益着想。

有一天，跟着他工作十多年的老员工违反了公司的制度，跟着借酒闹事，经常迟到早退，还因此顶撞上级领导，这在公司的制度当中是绝对不能容忍的事情。当这位老员工在公司闹事的事情报告给梅考克的时候，他只是迟疑了一下，立刻提笔写下了"立即开除"4个字。

但是梅考克毕竟和这位员工有过患难之交，本想下班之后到这位老员工家中好好地对他进行一番安抚，没想到，那位老员工接到自己被开除的通知后，怒火万丈地跑到梅考克面前气呼呼地说道："当年你的公司负债累累，濒临倒闭，是我和你患难与共，3个月不拿工资，我也心甘情愿，如今就犯了这一点点的错误，你就将我开除，难道就一点儿情分也不讲吗？"

听完老员工的这番话后，梅考克平静了下来，说道："你也是公司的老员工了，公司的规章制度你又不是不知道，作为公司的骨干人员，你应该带头遵守才是。我和你的私人恩怨，不能影响到公司的规章制度，任何事情我都要按规矩办事。"

梅考克接着又仔细地询问了老员工闹事的原因。从交谈中，梅考克才知道老员工的妻子去世了，留下的两个儿子，一个孩子因为跌断了一条腿而住院，另外一个孩子因吃不到母亲的奶而面黄肌瘦。老员工在极度的痛苦当中，整日借酒浇愁，才造成了他整日上班迟到。

了解到他家中的情况后，梅考克十分震惊，他接着安慰老员工说："现在你什么都不用想，赶紧回家，为你的夫人准备后事，好好地照顾两个儿子。我们是好朋友，我是不会将你逼上绝境的。"说着掏出一沓钞票递到他手中，老员工感激得热泪盈眶，梅考克又嘱咐老员工，"安心回家照顾孩子，不必担心工作。"

老员工转忧为喜，问道："你是想撤销开除我的命令吗？"梅考克问："你希望我这么做吗？"老员工摇摇头，"我不希望你为我破坏公司的规章制度。"梅考克拍着他的肩头，笑道："这才是和我同甘共苦的好朋友，你安心地回家照顾孩子，一切的事情我会做出合理安排的。"

于是，梅考克坚决执行他的开除命令，以维持公司的纪律制度，同时将这位老员工安排到一家牧场，负责牧场的管理工作。梅考克的解决方法，在解决了这位员工的困难的同时，又解决了员工的生活困难，由此赢得了员工的心，大家都将梅考克当成了一个关心员工的好老板，是一个值得信任的领导者。从此，这位老员工更加努力地为梅考克工作，为公司创造了一个又一个的辉煌业绩。

有人曾说，作为企业的领导者要善于"以母亲的手，握着宝剑"，这是一个十分形象的比喻。意思是说，领导者既要有母亲般的慈爱和温和，时时刻刻给员工真诚无私的爱意，同时又要"手握利剑"，对员工的各种过错绝不能迁就，将恩和威放到同一高度。如果能够做到这一点，就会让员工对你又感激又尊重，决不会擅自行动。

第 26 招　与员工保持"和谐"的关系

> 企业的领导者，和员工保持最安全距离是若即若离的态度，这样做，会让员工觉得你平易近人。同时，也能感受到你身上的威严和权威。

我们常说，距离产生美。诚然，若即若离的关系，会对人与人之间的和谐相处起到一定的作用。作为一个企业的领导者，应该明白一个道理：不即不离，亲疏有度。和员工尽量保持一个"和谐"的关系，做到在工作和私下的关系不冲突、不影响。

李嘉诚的长江实业公司和手下的多个公司都是由自己的儿子和老员工们管理的。综观当代企业，很多的家庭式管理都造成经济损失。但是李嘉诚的公司经济效益只上不下，这是什么原因呢？答案就是李嘉诚在公司对待员工亲疏有度，不论是自己的儿子还是员工，犯下错误都要接受处罚，但是私下的时候，还是亲密无间的父子，或者是共患难的兄弟。这种管理方法让他在员工面前显得有威信，员工自然尽心尽力做事。

谈恋爱时，恋人之间需要保持距离感，如此才能有"距离产生美"的效应。同样，在企业管理的时候，领导者也要同员工保持距离，做到亲疏有度。当然，"亲疏有度"、"若即若离"是需要一个尺度的，倘若领导者令人"望而生畏"、"神圣不可接近"，似乎让员工们很难买账。

那么，什么样的距离才刚刚好呢？所谓距离有以下几种。

第一种，心理距离

这种心理距离其实就是内心的一种距离意识，领导者所做的一切，与群众关系密切也好，打成一片也好，都是为了保障工作有效地运行，同时也为了巩固自己的地位，以及维护自己的权威。

第二种，实际接触距离

这种距离的定位是由远近和频次来决定的。领导者和员工接触得太近或者太频繁，会给工作带来影响，让员工觉得能在领导面前肆无忌惮。

想成为一个合格的领导者，又想获得员工的尊敬，就要做到亲疏有度，在和员工保持一定距离的同时，也要让员工觉得你平易近人。

第 27 招　用规章制度提升自身的权威

> 作为企业的领导者，更应该懂得用规章制度的力量来提升自己在员工心中的权威。要让每一个员工都知道，必须按照企业的规章制度来约束自己。

我们常说："无规矩不成方圆。"没有规章制度的企业就是一盘散沙的企业。没有规章制度，或者不能按照规章制度严格办事的企业，势必不能端正员工的工作态度，也就不能改变公司的整体形象。

一个有智慧的企业领导人，不仅要懂得公司制度的建设，更要懂得很好地实施这些制度，因为制度本身就是工作管理中的一部分。不同的领导者之间有不同的管理观念，但是，相同的是，对于那些无视公司纪律的员工，一定要毫不留情地予以清除，因为这些人只会威胁企业的生存和发展。

一些有远见的领导者必须对违反公司制度的员工施以适当的处置，给他们以警示，如果他们还一意孤行，领导者就不能再听之任之，而要拿出严格的惩罚措施维护自己和制度的权威。

日本伊藤洋货行的董事长伊藤雅俊就是一个行事严谨的企业家。他给人的印象向来是彬彬有礼，有股儒雅之风。但是在企业的管理上，他却从来不靠个人感情做事。他要求员工不能因为对企业的贡献、功劳而自傲，凡是达不到工作要求的员工，他都会毫不留情地将他们清除出员工队列。

岸信一雄本来是东食公司的员工，后来跳槽到伊藤洋货行。东食公司是一家以生产食品为主的公司，所以，他对食品的经营极有经验。因此，他的出现为伊藤洋货行带来了一股发展活力。在此后的十多年当中，他为公司作出了极大的贡献。

面对取得的骄人的成绩，岸信一雄有些居功自傲，并在一些经营理念上和伊藤发生冲突。而在人际交往当中，岸信一雄更加放任自己，常常一派目中无人的形象。他的行为和伊藤洋货行的管理风格再一次形成冲突。

伊藤雅俊也无法接受岸信一雄的做法，要求他立刻改变工作态度。但是岸信一雄却对此不屑一顾，做事情依然我行我素，伊藤批评得狠了，他就说："你没有看到我的工作业绩在不断上升吗？"

在无可奈何之下，为了维护公司的制度，伊藤雅俊决定解雇岸信一雄。虽然他很心痛，但是岸信一雄的做法使企业内部形成了一种习惯势力，造成管理上出现真空的局面，如果任由它发展下去，就会给整个企业带来厄运。

当解雇岸信一雄的消息传出后，公司内部很多人感到惊讶，不少人为岸信一雄求情。可是伊藤雅俊就说了一句话："制度是企业的生命，如果不对不遵守制度的人进行惩罚，会对企业造成危害。即使这种惩罚会给企业造成一定的损失，我也是在所不惜。"

在伊藤雅俊看来，企业的领导者要懂得知人善任。而知人善任，是要看他能不能在公司的制度下发挥自己的才能，只有这样，一个企业才能形成真正的良性竞争机制。他时时刻刻地警示自己手下的员工：企业要想发展，只有实现奉献精神和自我价值观，而不是权力的滥用和毫无章法的自我主义。

规章制度是企业的秩序和行为规范，严格地遵守企业的规章制度，才能有利于企业领导者的识人、用人，才能确保企业的健康发展。任何企业的规章制度不能成为摆设，而应该以有效的手段保证它的落实。如果有人试图违反制度，就绝对不能姑息迁就。

那么，怎样才能最大限度地提升用人效果，建立起自己的威信呢？

第一，先严后宽

千万不要让自己手下的员工认为规章制度只是在领导口中，而没有任何的约束性。在企业的管理当中，一定要将丑话说在前头，遵守规章制度的给予奖励，反之则罚。经过这些奖惩，使员工养成自觉遵守规章制度的良好行为，使以后即使没有人监督，员工们也能主动地遵守企业的规章制度。

第二，制度民主化

要让自己的每一位员工知道，自己企业的规章制度是经过了一定的民主程序形成的。但是如果没能有效地告知员工怎样去遵守，那么它存在的合法性就会大打折扣。在企业的生产实践当中也有这种现象的出现，当规章制度出台之后，却不能告知每一个员工，当员工犯了错误才想起来用规章制度来处罚员工，是不对的行为。因为，"不知者不为过"。

第三，对事不对人

很多企业当中不乏出现这样的现象：某些员工违反了企业的制度，但是由于出错的是某些处于中层的领导干部，大家为了维护他们的领导威信而网开一面，免于处罚。如果这样的话，只会使得规章制度失去权威，就不能让大家信服。所以，要想有效地维护规章制度的权威性，就需要一视同仁，任何人都不能例外。

第四，从小事着手规范管理

打个比方，当员工在用餐时，领导可以随时进行突击性的检查，看他们吃饭是否卫生、是否浪费了粮食，等等。如果有这样的问题，就要他们随时纠正自己的错误。同时，加强监督，发现了错误后，告诉他们要如何去改正错误，从小事上帮助他们养成服从管理的习惯。

第五，适时改动内容

无论多么完善的规章制度，从出台的那一天开始就注定会老化，因为一个企业是不断发展的，员工也是不停更换的，同时环境也是不断在变迁的，这就需要公司的管理制度也能够与时俱进，随同企业的发展适时地作出更改。只有这样，才能发挥出作用。

制度能够激发员工的积极性，制度也能让领导者更加方便地去管理。同时，制度能强化领导者的权威，在管理上达到事半功倍的效果。

第 28 招　给员工"挡刀剑"，让员工心归所属

> 很多员工在职场上常常是如履薄冰，生怕一步走不好就坠入深渊。这个时候，如果有领导能跳出来挡住"刀剑"，绝对会让员工们感激涕零。

有这样一句俗言："人在江湖飘，哪能不挨刀。"意思是：常在河边走的人，总有打湿鞋子的时候。常年混迹于职场当中的人，犯错挨罚是常有的事情。作为一个企业的领导者，能够揽过于己身，敢于为员工的过错负责，是领导者能够顾全大局的体现。对这样的领导，相信所有的员工都能够踏踏实实地帮他做事情，以更加出色的表现来回报领导者的关心和保护。

一个人想要成就一番大业，就必须在他周围的人心中树立起一个良好的领导形象。只有这样，才能在员工心中树立起权威，让别人从内心真正地佩服你，从此更加忠心地帮你做事情。因此，一个有智慧的企业领导人除了应该懂得在员工面前保持自己的权威，还要巧妙地对员工施以仁爱，推功揽过，为员工挡下必要的责任。

李健是一家国有企业总裁的秘书，由于他办事能力极强，为人勤恳，做事卖力，将公司上上下下都打点得周到全面，所以受到领导的重视和关怀。对他的成绩，总裁看在眼里，自然十分满意，认为他是一个不可多得的人才，就多次犒劳他的功劳，并多次对他进行破格提升。就这样，李健在公司的地位可谓是如日中天。

但是，高处不胜寒，公司里很快就传出了各种对李健不利的谣言。有人说他是总经理的亲戚，所以才会对他这般关照，等等。这些谣言愈演愈烈，让李健本人十分不安。为了平息这些对他不利的谣言，李健只好尽量少出风头，偃旗息鼓，低调了很多。但是，这样一来，李健的积极性遭到打击，工作的热情消退了不少，办事效率自然大不如从前。

谣言也很快就传到了总裁的耳朵当中，总裁对这些造谣者十分气愤，于是他四处明察暗访，终于知道这是因为有人从中作梗。他便花费了一些时间，找出那些造谣的刺儿头，在公司的大会上为李健作主，将那些造谣的人狠狠地批评了一顿，并定下"再有无中生有者，立即解雇"的规定。

这次大会，让李健打消了心底的疑虑，很快以更加饱满的状态为公司做事。而公司当中，其他像李健这样的人才见到领导能够给属下作主，心中都有了底，做起事情来就更加用心了。

上面案例中的那位总裁无疑是一个精明的企业领导者，他能够在员工面临困境的时候主动站出来，为员工平反申冤，扫除他在工作中的障碍，最终为自己赢得了人心。

当然，我们提倡企业的领导者推功揽过，并不是让他们一味地迁就、照顾员工。一切的行为，都应该在坚持本公司工作的原则下进行。本着有利于员工团体的建设、调动员工积极性和创造性的原则，给员工以尊重关爱，为员工能够积极工作创建一个好的环境，以此激发他们的工作动力。

第五章 | 下放权力的 6 个要诀

　　领导者事必躬亲，总会累坏自己，善于用人，方为管理之道。一个人的精力是有限的，成功的领导却能在有限的精力内做出无限的业绩，就是因为那些精明的管理者无不懂得授权之道，大胆地任用自己的下属，心甘情愿地将权力下放。

第 29 招　懂得授权，就是懂得用人

　　　　　给部下授权，给其一个腾飞的空间，如此一来，他们就可以依托着企业，带动着企业向前快速发展。

　　三国时的诸葛亮是一个很有智慧的人，但他的智慧仅于出谋划策，却不能很好地管理蜀国。他凡事都"事必躬亲，呕心沥血"，殚精竭虑为蜀国的事业终生奋斗。但也正是因为此，他不放心放权给属下，怕属下"做不好"，因此他没能培养出一个可以独当一面的领导团队，以致在他死后"蜀中无大将"。

放权是什么？放权就是把权力的重心下移。

懂得放权，就是懂得用人。

换一种说法：领导者最大的资本是什么？当然是权力，有了权力，领导者才能实施有效的管理。但是，有很多的企业领导者却并不善于运用手中的权力，把自己的权力看得太重，什么事都不放心，都要亲自过问才行。这种企业的管理方法导致的直接后果是：领导者成了最忙、最累的人，但是管理的效果却并不乐观，是典型的出力不讨好。

美国著名的管理顾问比尔·翁肯曾提出过一个十分有趣的理论——"背上的猴子"。我们来阐述一下他的理论："猴子"指的是企业中各成员的职责，而"背"，则是领导者的职责。当员工进入企业后，领导者按照成员的职责分配给他们不同的"猴子"，员工的职责就是喂养自己的"猴子"，当然，这也是他们的权力。

显而易见的是，员工能够出色地胜任自己的职责，"猴子"健康，企业自然成功；反之，如果员工不能很好地胜任自己的职责，"猴子"不健康，则企业当然问题多多。我们来看，"猴子"的健康与否是直接操纵在企业员工手中的。

问题来了：当一些企业领导者看到一些"猴子"生了病，也就是这些员工无法胜任手中的权力的时候，这些领导者们就开始动摇了，他们担心这些"猴子"员工"照顾"不好，后来者也"照顾"不好，于是就迫不及待地将其接了过来，亲自喂养，他们觉得这样才是最保险的，可以让"猴子"尽快康复，却不知道如此的做法恰恰犯了企业领导者的用人大忌：不把权力下放给员工，自己肩上的担子越来越重，而员工却失去了成长的机会。

由此，领导者的这些员工们将不再有独立解决问题的能力，变成事事处处"听命令、等指示"，失去主动性和独立性。这些员工们会变得不再去操心怎样把工作完成得更好，"反正有领导的安排，怕什么！"领导一声令下，他们就动起来；领导不发话，他们就不知该做什么了。

松下电器公司之所以能取得如此显赫的成绩，和其独到的权力下放体制分不开。松下公司一直认为，任何一个公司要想创造非凡的成绩，都离不开全体员工的共同努力、协同进取，所以每个员工都有权力为公司的前途着想，为公司尽责尽力。

在松下公司的发展历史上，也曾出现过短期的局部失控现象。虽然在当时及时扭转了局面，可是给松下也留下了极为深刻的教训。

松下电器在那段时间里发展得极为迅速，当发展到 1400 多人规模的时候，公司总部采取的策略是把工厂的日常管理交给得力的人去负责。因为厂子没有相对独立，领导者没有太大的权力，事事都得向松下总部的领导者汇报。

权力没有下放，厂子的领导者无权可施，导致责权划分不明，问题一出一大堆。

松下高层开始反思，并寻找原因：虽然各工厂都很尽力，但走一样的路，未必会得到一样的效果。可是各工厂的待遇却是一样的，这不公平。没有充分的权力，优秀的人才发挥不了最大的功效，而平庸的人也仍然混迹其中。如此一来，懒惰、不思进取的陋习开始泛滥，直接导致工厂效益下滑。

松下总裁得出的结论是：用人，就是把权力下放给部下，给他们充分的信任，一定要相对独立，这样才会让优秀的人才得到尽情的发挥，并使他们长久留在公司。

美国著名的管理咨询专家艾德·布利斯有一句名言："一位好的领导总是有一副烦忧的面孔——在他的助手脸上。"布利斯这句话的意思是说，好的经理懂得向助手或员工授权，充分地调动他们的主观能动性去完成工作任务，而不是自己包揽一切，结果使自己疲惫不堪、面孔烦忧。

第 30 招　自由发挥，别让员工产生依赖感

> 要想实现轻松的管理很简单，别让你的员工过分依赖你，给他们足够的空间，让他们成长，不仅是对他们负责，也是对你的企业负责。

很多时候，外力不必要完全依赖，自立自强才是最重要的。在企业管理中，领导者可以给自己的员工一种外力的保护。当员工们还太弱小，不能独自披甲上阵的时候，需要领导者给予适当的保护。但请记住，这种保护只能适当，保护程度浅了，他们有可能会被企业发展的车轮所淘汰；但如果过度保护，却会容易使他们变成依赖性太强的"小鸽子"，成为永远也长不大的弱者。

概括起来，依赖别人的意思主要就是：放弃对自我的主宰。放弃对自我的主宰是一个很严重的问题，这样往往不能形成自己独立的人格。过分依赖别人的人，很容易失去自我，当遇到问题时，自己不去多想想、多动动脑筋，往往人云亦云、随帮唱影，容易产生从众心理。

从心理学的角度来讲，过分依赖别人的心理主要表现为缺乏自信心，从而放弃了对自己大脑的支配权。这类人最显著的特点是没有主见，总觉得自己能力不足，难以胜任一项任务，甘愿置身于从属地位，跟在别人背后行事。

其实生活中过分依赖别人的人随处可见。小孩子依赖性强，过分依赖父母，因为他们没有独立生存的能力；小学生依赖性强，过分依赖老师，因为他们才懂事，对一切都处于懵懂状态，老师在他们心目中无所不能。

还有一些人依赖性强，他们因为没有自信心，会对正常的生活、工作感

到漠然和不知所措，甚至会感到吃力，极度缺乏安全感。当然，他们会过分依赖自己的领导。

　　小张大学学的是电气自动化，找工作的时候，她凭借自己的文艺特长和在学校社团的经历，很轻松地应聘到了一家大型外贸公司做经理秘书。这家公司给她的福利和各方面的待遇都很不错，她也暗自感到幸运。

　　因为有了这种想法，小张很珍惜这个来之不易的机会。她努力地工作，总是尽量把自己分内的事做到最好。但是很快她却发现，在自己的周围，比自己漂亮、比自己优秀的同事比比皆是，大家都在努力地工作。

　　因此，她的心开始动荡起来，她固执地认为，自己在各方面都不如别的同事，随时会有可能被淘汰掉，于是她的自信心开始大受打击，刚到公司时的那股拼劲儿荡然无存，终日处在一种朝不保夕的惶恐状态之中。

　　在工作中，经理对她不错，什么事都刻意照顾。她觉得经理很赏识自己，并开始幻想，只要能紧紧依赖着这棵"大树"，别的都不重要。只要听话，经理会给自己创造一个发展的好机会的。

　　从这以后，她在工作的时候不再积极主动，什么事都依赖经理，等着经理给自己安排任务，等着经理告诉自己处理的方法。她觉得只要听从经理的安排，按照经理的话去做，就是最好的工作态度，经理就会喜欢。她深信唯有如此，自己才能紧紧抓住这份工作。

　　可事实上真是如此吗？

　　好景不长，没过多久，经理突然跳槽去了另外一家大公司当领导，走的时候还"语重心长"地对小张说："你是个很不错的年轻人，相信在我手下的工作经历，一定可以让你胜任很多重要的工作，好好干。"小张觉得这很像是一个玩笑，在这一刻她才发现，在上司手下做事的时候，她把上司当成了自己的全部依靠，居然没有学会一点儿可以让自己独立工作的经验。

她知道，在残酷的职场生活中，以她这样的工作经验，注定只能是一只还不太会飞的小鸽子。

领导者是员工们的主心骨。当一些企业员工初到一家公司的时候，很容易把自己的领导当作是长征中的前辈，这本来也无可厚非，但麻烦就在于他们会把领导当作是自己在这家公司扎根的全部依靠——过分依赖领导者。

这个时候，就需要领导者来把握这个度了。你教他们技能、给他们方法、告诉他们路的方向，让他们不至于如同瞎子摸路一样摸索着成长，而是快速而稳健地前进。如果能做到这些，那么恭喜你，作为领导者，你的用人绝技更精进一步了。

但是，如果这个度过了，他们变成过分地依赖于你，无论大事小事、难事易事都看你的眼色来做，自己不再思考，没有一点儿主心骨。你在企业中，他们会做；你不在企业中，他们就做不了。那么很遗憾，他们对你的过分依赖，使你肩上的担子更重，什么事都得亲力亲为；使他们自己停步不前，不再进步，甚至退化。当然，也会使你所在的企业蒙受无形或有形的损失。

第 31 招　授权员工最忌"半授不授"

领导者在授权时要切记不可以"半授不授"。如果这样做了，那么这个领导者不是聪明，而是糊涂。

"管理的绝招在于如何授权"，授权是企业管理中的重要组成部分，是领导者要学习和掌握的一门艺术。但遗憾的是，有很多领导者明明知道应该放权给自己的员工，也授予了员工一部分权力，但是却又不能完全放心地把手中的权力交给员工。

于是一个怪圈出现了：领导者在一头把权力交给了自己的员工，员工们也摩拳擦掌，准备接过这个权力大干一场，但是始料不及的是，这份权力上还拴了一根绳子，远远握在了领导者的手中。

权力介于"半授不授"之中，员工们该何去何从？领导者又该何去何从？导致这种现象的原因又何在？

这需要我们细心推敲。

我们知道，一个人的能力总是有限的，即使领导可以"日理万机"，但要把所有的事都照顾过来，而且全部办好，也是不可能的。如果硬要说有人可以做到这些，我们只能用一个词来形容——"天方夜谭"。所以好的领导者不能把权力都集中在自己一个人的手中，而是应该授权给员工，自己则以权统人。

授权是正确的用人之道，前面也讲过其好处，一方面可以让领导者的才能得到充分的发挥，更好地维护企业的运作；另一方面，可以锻炼员工的能力，为企业培养出优秀的高素质、高能力的人才。当然，从领导者自身的角度来说，这样做也可以使领导者的工作更加轻松。

我们说了"用人不疑，疑人不用"，领导者必须要信任自己的员工，尤其是将要对其授权的员工。只有这样，领导者才可以大胆放心地把权力授给员工。

应该说，有些领导者对员工授权时"半授不授"，最主要的根结就在这里。这些领导者们不太信任那些为自己鞍前马后效力的员工，担心他们能力不够，怕给他们太大的权力会把事情办砸了，当然，更怕事情办砸了很有可能要影响到自己的利益。他们很想凡事都亲力亲为，这样就不会有许多的顾忌。但是思前想后、看来看去，他们又发现，不放权给员工们也不行，因为事情太多，自己一个人精力有限，根本忙不过来。

当然，还有一类领导者是不愿意分散自己手中的权力，认为把大权握在自己的手中才放心，才能高枕无忧。但事实是，不放权，自己一个人纵然有三头六臂也忙不过来。

无论是哪一种情形的领导者，他们最终都出现了一种情况：不放权给员工不行，但是放权又不放心。于是经过综合考虑，他们采取了一种折中的办法：放权给员工，但是授权的时候半授不授，权力绳索的一头还是要牢牢握在自己的手中才对。这样多好，二者兼顾。

但是事实上真是如此吗？

诸葛亮是中国老百姓最为推崇的智者，他可谓是一代英杰，空城计、赤壁之战等战例为世人广为传颂。这样的人如果放在现代，定然也是一位传奇人物。但是一些学者却认为，如果诸葛亮也奔波在现代的职场当中，他只能是一位机智百出的专业型人才，而非一个成功的企业领导者。原因很简单，他不能很好地处理对员工的授权关系。

这不是无的放矢，诸葛亮可以说真的是为蜀汉"鞠躬尽瘁，死而后已"，他处理国家大事，虽然日理万机，但却事必躬亲。虽然最后精力有限，他也肯授权给人，把自己的很多治国之方和经验传授给了姜维，让其可以为自己分担。但他始终放心不下，授权的时候"半授不授"，使姜维始终不能放开手脚大干一场。

最终的结果我们都知道，诸葛亮死后，蜀汉终于化为梦幻泡影，付诸历史。

很明显，领导者授权的时候"半授不授"，看似可以二者兼顾，实则是一种错误的管理方式。在这种状况下，员工在领导工作中的积极性、主动性、创造性和能动性都受到了不同程度的阻力，他们会觉得自己手中有权力，想把事情做到最好，可是做的时候却又会非常沮丧地发现，权力的重心原来还是不在自己手中，自己根本就没有足够的权力来处理这件事情。

如此一来，他们办事的信心就会大打折扣，到头来怕是不能二者兼顾，反而还会在很大程度上影响企业的利益。

第 32 招　每个人的建议都有可提取的精华

> 不要小瞧你身边那些微不足道的人，有的时候，他们的建议或许就能救活企业的命。

或许你是领导者，而你身边的其他人都是你的员工，但这却并不意味着你比他们聪明。他们之所以还没有坐到你的位置上，也许是因为经验不足，也许是因为能力不足，但绝对不是因为智慧不足。你挖空心思没有想到的事，或许他们已经想到了，这个时候，就要求你放下身段，多多听取他们的建议。或许他们的建议，就是你加速企业运行的一剂猛药。

现今的企业管理理念是"用人不疑，疑人不用"，你选择了你的员工，用了他们，已经表明了你对他们的信任。所以，当你的员工提出建议时，应该欣然听取。只有你可以虚心听取员工们的建议，他们才会经常性地给你提出建议，如此你才不至于言路闭塞。

当然，员工们提出建议是一回事，但是作为一个领导者，你还是要站在领导者的角度来思考员工提出的这个建议该不该采用。有的时候，虽然他们热心地提出了很多建议，但实际上却并不可行。但是要记住，你一定要听，对于不合适的建议，你可以诚恳地告诉他们，让他们明白公司现在由于种种原因不能采取他们的建议，让他们明白公司实际上已经认真考虑了他们的建议。但是无论如何，你一定得听取员工们提出的建议，不管可不可行。

你积极主动地听取员工们的建议，久而久之，他们就慢慢学会了去自动自发地思考问题，会很快成长起来。当然，上司能够听取自己的建议，且不说可不可行，他们都会觉得自己赢得了上司的重视，心情自然大好，于是不断会涌现新构想、新观念、新建议，他们的知识面也会越来越宽、见解越来越成熟，最终也会变成睿智的经营者。

反过来，如果一个领导者一再地拒绝听取员工们提出的建议，他们就会觉得不是自己的建议不好，而是公司根本就不够重视员工的看法，这会使他们的积极性大打折扣。而且他们还会自觉没趣，自信心大受打击，一而再、再而三之后，这种出力不讨好的事，怕是再也没有人肯提出来了。

一旦出现这种现象，会导致什么样的后果我们不难想象：公司如一潭死水，只有管理层的人员坐在那里挖空心思地想提高公司效率的方法，而员工们即便有好的方法也不肯说了，他们只会死板地做自己分内的工作，没有进步，也没有发展可言。这种现象是很可怕的，至少对领导者来说、对企业来说，是一个噩梦。

所以领导者应该从一开始就要杜绝这个噩梦的发生，积极听取员工的意见。信任他们，相信他们是从心里想为公司的发展出一份力。

一家大型公司有两位经理，他们在能力方面不相上下，但是其中一位经理的员工看起来个个精力充沛，工作劲头儿十足，业绩一路飙升；而另一位经理的员工看起来则是无精打采，工作上提不起劲儿来，业绩上也没有什么进展。

这到底是为什么？为什么两位能力不相上下的经理的员工们会有如此之大的反差？我们仔细一想就不难明白，也许原因多多，但有一点却很重要，那位员工的业绩增长迅速的经理一定是一位善于听从员工意见的领导者。因为他善于听从员工们的意见，信任自己的员工，所以他的部门成了一条大河，奔流不断。员工们会因为自己的建议不断被经理采纳而开心，会更加精力十足、开动脑筋，积极主动地为业绩的增长出谋划策，成长得就格外迅速。

当然，另一位经理在这方面就做得不够了。他因为不能积极主动地听取员工们的建议，导致自己的部门成了一潭死水。在这样的情形下，业绩能快速增长吗？员工们的积极性能高得起来吗？他们能快速成长吗？

领导者若想培养人才，就必须制造一个能够接受员工意见的环境和气氛，不只是消极地沟通和安抚，而是在可行的基础上要积极地推行。也唯有如此，才能使得你的部门、你的企业在和员工们相互信任的基础上快速发展壮大起来。

第33招 信任员工，不等于放任其胡作非为

> 有些员工会因为长时间的放任、信任开始变得不务正业，没有纪律性，甚至损害公司的利益。当遇到这种情况时，我们要积极处理，挽救损失，而不能睁一只眼闭一只眼。

作为一名优秀的领导者，我们强调用人不疑，疑人不用，信任自己的员工，适当地放权给他们。但这并不是说我们就要对其听之任之，放任他们在权力范围之内做出一些不利于企业进步、不利于社会进步的事情。

从某方面来讲，信任是领导者对员工的品质、能力的充分肯定。作为一个领导者，你既然选择相信你的员工，那至少证明了在你的心里，他是一个

可堪重任的人才。所以你才放权给他，并对其委以重任。

但需要明白一点，信任是一种理解和依赖，而放任则是一种散漫和纵容，我们不能把两者混为一谈。事实上，两者就是从字面意义上来理解也是相去甚远。作为领导者，我们一定要谨记，不要从对员工必要的信任走到了放任这个极端。

对员工信任有利于我们把工作做好，有利于员工能力的进一步提高，也有利于企业的健康发展。然而，过分地放任你的员工，不仅会损害你作为一个优秀领导者的形象，而且还会把事情办坏，更甚者会使企业蒙受严重的损失。

在中国的历史上，赵高是一个知名人物。谈起史料里有名的宦官，他是第一人。赵高从一个小小的宦官起家，对于秦二世胡亥来说，他最辉煌的政绩是和李斯一起伪造了秦始皇的诏书，逼死了秦始皇的长子扶苏，另立始皇幼子胡亥为帝。

我们可以很公正地说，赵高实际上也是一个很聪明的人，不然不会玩那么深的权谋之术。

因为功劳甚大，所以秦二世胡亥对其是极为信任。胡亥相信赵高不会害自己，所以放给了赵高极大的权力，任命其为丞相。

但是胡亥错了，赵高这个时候虽然没有害他，但由于他的过分信任，使得赵高独揽朝政大权，结党营私、滥发徭役、横征暴敛。他对赵高从信任变成放纵，终于造成了天下怨声四起、民心尽失的局面。

但即使到了这个时候，胡亥还是在一味地放纵赵高，他仍然觉得赵高是自己的心腹，是值得信任之人。可笑的是，最终胡亥还是命丧于赵高之手，而一统天下的大秦王朝也最终覆灭。

这个例子也许有些过大，作为领导者，我们不可能是胡亥，而我们的员工也不可能是赵高。但这个例子所彰示的道理我们却须谨记：信任不等于放纵。你可以相信你的员工，并对他们委以重任，但是在原则问题上、在对企业的整体利益上，你一定不能失了度，使信任变成放纵。如果那样的话，可真是得不偿失了。

那么作为一个领导者，我们应该怎样防微杜渐，防止自己对员工从信任变为放任呢？

首先，我们要让我们的员工执行值得依赖的工作。作为领导者，在工作中，我们不能不管不问，不和员工进行沟通交流，而是要反复留意员工的工作状态，随时给予指导。

其次，我们要眼观大局，学会控制大局，防止整体工作中有所疏漏的环节，在员工没有觉察的情况下多对他们进行提点。尽量不要死搬教条，教导员工们要学会以变应变，帮助员工们快速成长。

最后一点，也是最重要的一点，领导者要和员工们以诚相待，哪里出现问题了，要尽心尽力帮助他们解决，充分赢得员工们的信赖感。

如此一来，作为领导者，我们就会在工作中、在放权中和员工们很快建立起良好的信任关系，而且坚不可摧。但请记住，这样的信任关系得之不易，一定要努力维持。有了这些信任，就已经够了，我们还可以再深入一点，和员工们做好朋友。但是，绝对不可以放任。

也就是说，不能让员工们做出一些不利于个人、不利于企业发展的事情。不能让我们虽然看见了，但碍于这得来不易的信任关系而睁一只眼，闭一只眼，对其不管不问。如果这样做了，那我们和胡亥还有什么分别？

信任不等于放任。在这里，我们可以给出一种很好的方案来解决这一问题，那就是监督。我们信任员工，放权给他们，但是手中还要握有大权。在我们利用大权调控全局的时候，要时刻保持清醒的状态，留心注意员工们的动向。当发现问题的时候要很明确地给员工们提出来，并加以解决。

第 34 招　不要越级对部下的部下指指点点

> 领导者的越级管理很容易在团队内部造成团队成员意识的混乱，同时也会给那些投机钻营者创造机会，使正常的管理工作难以进行，使企业内部小山头林立。

在现代化的企业当中，都有一定的管理层级，正常的管理需要领导者在下达命令和管理指令时按照管理层级逐级进行。但是在实际的管理过程中，许多领导者却往往喜欢跨越管理层级进行越级指挥，对部下的部下指指点点，而且还美其名曰提高管理效率。

一个正常的企业内部都是领导者对直系上属传达指令。然而有一天，顶头上司还没有传达指令，但是上司的上司的指令却直接传过来了。如果你是员工，你会怎么想？你肯定会有一阵子惊愕：这是怎么回事？怎么头儿不跟我们安排任务了？为什么头儿的上司要把这条指令传达给我？

你的惊愕可能会持续一阵子，然后会忽然转过弯来：是不是头儿要不干了？所以上面就不再让他传达指令？对了，也许是上面想让我接替头儿的位置呢，要不然，怎么这个指令没有传达给别人，偏偏传给了我？

你一阵子猜测揣摩，还能安心工作吗？恐怕有些难吧！或许经过这次事情之后，你就不再愿意听从上级的指挥，而是一直在等着上级的上级来指挥你。你会有很大的优越感和荣誉感，感觉受到了上上级的青睐，已经高人一等了。如此一来，你的直接上司在你面前还有威信和权威吗？

一旦领导者在员工面前失去了威信和权威，那么他以后的工作指令将很难再顺利下达。员工们会对领导者的指令质疑、评头论足、迟疑执行。更有甚者会产生对抗情绪。如此这般，领导者的工作将很难再进行下去。

由于领导者经常越过下级进行管理，会使下级失去很好的锻炼机会，从而难以快速成长。

当然，还有一点也很重要，越级管理会使企业内部的信息产生紊乱。这很容易理解，也许领导者越级指挥的时候，他的员工并不知情，还在按照自己原来的计划进行管理。两种不同的管理方案同时下达给一个小团队。如此一来，这个小团队不乱才怪。员工们都会有一个疑惑：到底该听谁的好呢？

这可以说是越级管理的一大害处。许多领导者对于上级的越级管理很是反感，但却无可奈何，于是就会产生消极怠工的心态，并以此来进行无言的对抗。如此一来，企业能不乱吗？而且这是一个恶性循环，长此下去，企业的管理只能是越来越乱。

有一天，狮王的肚子饿了，就想找个员工给自己捉只野羊回来。平常这事都是副手负责，不过正巧这会儿副手不在跟前，于是它心血来潮，独自走到一个强壮的年轻狮子跟前对它说："孩子，我肚子饿了，快去给我捉只野羊回来，我会为你加油的。"

年轻的狮子看了狮王一眼，想说什么却又没有说，低头跑了出去。

半天过去了，年轻的狮子还没有回来，狮王等得有些着急了，就开口询问副手。

副手也是一只成年的雄狮，它听了狮王的话后，长叹了一声说道："陛下，那头给您打猎的狮子可能是回不来了，它前几天被野羊的角给刺伤了，伤口刚刚愈合。我原来是想让它多休息几天的，可是……它不能违背您的意思，不过这个时候它很难斗得过野羊。"

那头年轻的狮子果然没有回来，它在猎杀野羊的时候被野羊踢到了伤口上，一命鸣呼了。

　　不要越级对部下的部下指指点点，有的时候，这样做不但得不到你想要的结果，反而可能会付出一定的代价。

　　作为一名优秀的领导者，我们应当时刻谨记越级管理的危害。可能我们站得很高，但是摸着石头一级级地向山下走，才是最安全的。

第六章　创造和谐的6个要诀

只靠领导，没有人去执行命令；只靠员工，没有人规划未来，这样的企业是不可能发展的。领导和员工都是企业不可分割的一部分，只有团结、互助，才能创造出一个和谐进取的企业。

第 35 招　不做"沉默型"的领导者

如果没有良好的沟通，那么就无法明白和体会对方的意思，最后的结果会在合作中出现很多障碍，事情很难圆满地解决。

对企业的管理人员来说，和员工们相互沟通是非常重要的，因为，领导者要作出决策，就必须从员工那里了解到相关的信息，而沟通就成了两者最为重要的渠道。同时，在决策实施的阶段，领导者更需要和员工沟通，别让自己成为了领导中的"沉默者"。

有位知名企业家说了这样一句话，他说："再好的想法、再有创见的建议、再完善的计划，离开了与员工的沟通都是无法实现的。"在现实当中，有很多的例子都阐释出了，如果工作中出现矛盾和问题，大部分的原因是由于沟通不及时或者缺乏沟通和交流致使的。所以，企业领导者要想管理好人和事，就必须和员工们交流沟通。如果一个企业的上级和下级不能沟通好，很多有价值的信息都会被埋没，那么员工就很难把事情给做好。

沟通是为了能够达成共识，实现沟通的前提就是要与员工们面对现实，世界著名的零售企业沃尔玛决心要做的就是通过信息共享、责任分担实现良好的沟通交流。

沃尔玛企业的总部在美国的阿肯色州本顿维尔市，在公司内的行政管理人员，每个星期都要花费大部分的时间去世界各地的商店，通报公司所有的业务情况，让所有的员工共同掌握沃尔玛公司的业务指标。在任何一个沃尔玛商店内，都定时公布该店的利润、进货、销售和减价的情况，并且不止是向管理人员们公布，而是向每个员工公布。

沃尔玛公司的股东大会是全美国最大的股东大会，每一次都会让更多的商店总经理和员工们参加，让他们看到公司的全貌，了解真正的沃尔玛。每次股东大会结束，总裁山姆·沃尔顿都会和妻子邀请员工们到自己的家中举办野餐会。在野餐会上，山姆·沃尔顿会和员工们聊天，讨论公司现在的发展状况以及未来的走向。为了保持行业信息的通畅，沃尔玛高层还特地注重收集员工的想法和意见，通常会带很多人去参加"沃尔玛公司联欢会"等。

山姆·沃尔顿认为，这么做就是让员工们了解公司的业务和发展的情况，共享公司信息，让员工更好地完成自己的工作，同时也是和员工们交流和联络感情的核心。沃尔玛正是通过信息共享和分担责任完成了与员工沟通和交流的需求，达到了公司的目的。

安东尼·罗宾曾说过："沟通是一门艺术。你不拥有这项基本技巧就不可能获得事业上的成功，这项基本技巧就是沟通能力。"所以，别让自己成为一个沉默的领导者，应该与员工和各阶层人员相互沟通。

都说交流是通往心灵的桥梁，企业领导者要想知道员工心中所想，最直接的方法就是主动和员工交流，知道他们的心思，如此才能更加有效率地完成工作。

第36招　理解抱怨的员工，帮他们解决抱怨

当员工遇到困难时，会短暂地抱怨一下，这时我们要拿出耐心来听员工抱怨，并帮助员工解决问题。如果仅仅只是听，而不去帮助员工解决，抱怨会最终发展为怨恨。

领导者在工作中或多或少地会面对员工们的牢骚、怨气。面对无道理的牢骚，领导者可以一笑置之，但是员工的牢骚话有一定道理，那么就要引起重视了。企业领导者面对员工的牢骚，千万不能把它当作一桩小事情，不能把抱怨当作员工的幼稚和愚蠢的表现。一般来说，员工不会因为心存抱怨提出辞职，但是他们会在抱怨的时候因无人听取的情况下选择辞职，所以，领导者一定要认真倾听，拿出应有的耐心。那么，作为企业的领导者，需要如何处理员工的抱怨呢？

第一步，想要处理好抱怨，先接受抱怨者的心态

很多公司都希望员工少拿点儿钱，多做点儿活，领导希望员工永远言听计从，但是员工希望自己的领导少管自己一点儿。所以，作为企业的领导者，就得接受抱怨者的心态了，稳住员工，让其努力为企业工作。

第二步，全方面地了解客观的抱怨

在企业当中，产生抱怨的因素有很多。比如，员工喜欢抱怨领导为什么总是分配给自己难的任务；喜欢抱怨工资少，等等。那么，企业领导就得将内心的想法告诉员工。比如分配难的任务其实是想锻炼员工，让员工从中汲取经验，学习更多的东西；而给予的工资少，是公司财务状况有问题，必须要有足够的资金保证企业能够运营，等等。

所以，当听到员工们抱怨的时候，企业领导者就要了解客观的原因，进行多层的分析，最后采取措施，让员工了解原因。

第三步，抱怨的原因需要区分出来

员工抱怨的原因有两种，一种是常规性的抱怨，比如工资低、工作辛苦等，这一类抱怨并不激烈，只需要沟通就能缓解，同时这类抱怨是无法消除的。第二种是突发性抱怨，这是企业领导者必须注重的问题，这种抱怨来自企业制度变化和临时性事件，所以必须及时果断地处理。

第四步，用平和的沟通去化解抱怨

对企业领导者来说，其态度对员工影响甚大，面对抱怨的员工，就得去沟通，用平和的心态去处理问题。人与人之间是相互尊重的，这也体现出当代很多企业都运用人性化管理的原因。通过交流，可了解到员工抱怨的原因，才能准确做出解决方案。

作为企业的领导者，一定要有耐心，培养耐心是每个领导者的必修课程。耐心能够使领导者和员工之间的关系更加和谐，耐心能够使人与人相处融洽，拿出自己的耐心，就相当于拿出了自己的真心，只要员工有自己的感知，就一定会了解领导者的良苦用心。

第 37 招　别把员工的建议当成空气

> 当一个人处在混沌之中，自己是很难察觉到的，不过作为外人，却能很容易地发现问题所在。

有些人追求十全十美，原因是他们不是十分完美的人。企业领导者在处理问题的时候不会什么都明白，也是通过一步步地去学习才让知识层面提高的。什么样的企业领导者算是成功的呢？

企业领导者对待工作的时候要拿出比一般员工更谦虚的态度，多多学习别人的长处，为自己积累经验，进化自己的才能，只有这样才能到达更高的巅峰。如果企业领导者自以为是，面对员工的意见甚是反感，那么最后会发现自己正一步步地失去权威和员工的支持。

孔子曾经说过："三人行，必有我师焉。择其善者而从之，其不善者而改之。"意思是说，几个人在一起，必定有值得自己去学习的人，同时，要虚心学习别人的长处，把别人的缺点当作是一面镜子，看看自己是否也有类似的缺点和错误。如果有的话，就该及时地改掉，没有的话更好。孔子生活在几千年前，他悟出了这样的道理，作为后人的我们，又怎能不虚心听教呢？所以，每一位企业领导者都应该养成不耻下问的学习态度，对员工的意见，好的话就去学习，不好的话要指出，如此才能抓往员工的心，与员工站在同一线上。

微软集团的第一个华裔副总裁叫作李开复，李开复对比尔·盖茨十分崇拜，比尔·盖茨为 IT 行业作出的贡献不仅仅是神话般地存在，他更让 IT 行业迈入了新纪元。

李开复表示，他对比尔·盖茨很欣赏，他举了这样一个例子："我有一个朋友在微软，他的工作就是帮助比尔·盖茨准备演讲稿。这个朋友告诉我，比尔·盖茨每次演讲之前，都会自己先对演讲稿进行批注，并且认真地去准备和练习。所以，比尔·盖茨的演讲都会圆满地结束，演讲说得十分好。每次，比尔·盖茨演讲结束后，都会下来和我的朋友交流，问问他'哪儿讲得好'、'哪里讲得不好'，比尔·盖茨会拿个本子记下自己哪儿做错了、下次应该注意什么什么之类。"

当一个人在事业上取得了成功，却还能这么敬业、这么谦虚、这么愿意去学习，这是十分难能可贵的，因为，很多人成为了领导人之后，心理膨胀，变得高傲自大，觉得自己是个了不起的人。在一些公司或者企业里，有些领导人给员工发工资全凭着自己的心情，因此与人显得格格不入，最后和员工的关系弄得僵硬。孔子还说过这样一句名言，他说："四时行焉，百物生焉，天何言哉？"意思就是指天之于万物，虽然是居功至伟，却从不夸耀自己。作为企业的领导者，要明白"尺有所短，寸有所长"的道理，不应该四处去炫耀自己的本事，应该谦逊好礼，多虚心地向员工和其他人学习请教，面对员工指出来的缺点，要虚心地悔改，把员工们的建议放在心上。

承认自己的能力没有员工强并不是一件很丢面子的事，其实，发现和培养人才是企业领导者的重要表现。曾经有位领导者说，他的能力和智慧都一般，但是有一点是其他人无法比的，那就是他能把比自己聪明的人留在自己身边做事，这和他的性格有很大的关系。在他的身边，员工们的思想自由，不会因为上级和下级的关系察觉到上级的缺点而不敢去说，他们会勇敢地说出自己的意见，而这位领导人也虚心地去听，以至于整个公司都融成一团。

这种虚心向员工学习的精神，真的能够让员工们产生敬意。

有句话叫作"当局者迷，旁观者清"，企业领导者自身的缺点，想要发现却很难，但是员工们将其缺点看得透彻，提出来的建议都是精华所在。所以，企业领导者应该要将员工们的建议放在心上。

第 38 招　让员工了解企业的真实状况

> 企业领导者给予员工知情权是一件极其重要的事，它关乎企业的发展动向，关乎企业员工的努力目标。将企业的具体状况告知员工，会将员工的心聚集在一起，做起事来事倍功半。

人们常说："员工能与企业同甘共苦，那么企业必定是优秀的。"作为企业的领导者，最希望的就是员工能够团结一致，为企业作出奉献。但说起来容易，实现起来就有难度了。

特别是在企业出现严重危机的时候，更应该开诚布公，让员工知道企业面临的真实情况，这有助于领导者和员工能够团结一致、同心同德。所以，给员工知道企业发展情况的权利是赢得员工支持、大力促进企业团结的有利方式。

20 世纪 90 年代初，波音公司的产品产量大幅下降，企业出现了前所未有的危机。为了让企业走出发展的低谷期，波音公司的领导者们经过一阵商议，决定采取"以毒攻毒"的方式，将企业的危机原原本本地让全体员工明白。通过讨论，波音公司决定通过自暴惨状的方式刺激全体员工，以求获取全体员工的支持。

为此，波音公司先行拍摄了一部靠虚拟方式进行播放的新闻片子，画面是：在一个天色灰暗、让人备感压抑的天气里，公司很多的员工垂头丧气、拖着沉重的步伐，从工作了多年的工厂黯然地离开了，而厂房上还挂着一块"厂房出售"的牌子。公司的播音喇叭正在进行广播："今天是一个特殊的日子，它宣告着波音企业的终结，波音公司已经关闭了最后一间厂房。"

员工们看到这部虚拟的片子之后，都强烈地意识到市场竞争的残酷无情，市场经济的浪潮随时都可能会将企业吞没，只有团结一致地拼搏，才有可能在这大浪潮中杀出一条属于自己的路，开创一片天地。否则，这部虚拟的场景就有可能变成现实。

这个时候，波音总公司的老总就告诉公司的各位员工："如果我们公司不进行彻底的改革，这一天仍将到来。"波音的前总裁菲利普·康迪特也说："我们的根本目的是为了确保在 10 年之后还能在电话簿上查到自己的公司。"

当员工们得知公司陷入了前所未有的危机当中时，深知如果不积极面对，危机只会更加严重。所以，员工们更加努力地工作，同时注意节约公司的每一分钱，充分利用每一分钟，从而使得波音工厂的飞机制造业迅速发展。仅在当年，波音飞机制造厂制造飞机的成本就减少了上亿美元，经营成本也降低了 1/5 到 1/3。

当波音公司的发展出现危机时，企业的领导者选择的并不是掩盖公司面对的危机，而是让企业的员工都感受到危机，以此激发出员工的忧患意识和艰苦奋斗的精神，终于帮助企业顺利地渡过难关。

在企业的经营过程当中，企业难免会出现很多难以解决的问题，但这个时候千万不能隐瞒，要将真实的情况告知每一位员工。如果领导者不能将公司的有用信息告诉员工，就有可能让员工陷入困境。对于大多数员工来说，知道公司的实际情况永远比不知道得好，即使他们听到的是坏消息。因为这个时候，员工都能够根据实际的现实情况而不是按照自己的想象来处理问题。及早地公布真实情况，可以让员工尽快地适应新生活。

同时，开诚布公，让员工知道公司的实际情况，可以让员工以为老板将自己视为自家人，这就可以激发员工内心的自豪感和企业主人翁意识，可以更好地让企业员工为企业发展奉献自己的力量。

第 39 招　最真实的声音来自领导者的倾听

员工内心的声音可能是抱怨，可能是生活问题，可能是工作受挫，可能是对公司的建议，不管是怎样的建议，这些声音都是最真实的声音，也是领导最值得尊重的声音。

对企业领导者来说，倾听是最有效、最直接了解员工内心想法的通道。有句话叫作"旁观者清，当局者迷"，很多时候，企业领导者被眼前的过眼云烟给迷住了双眼，做事的时候犯下迷糊，等到补救的时候不仅浪费了资源，也在员工心中失去威信。所以，企业领导者想要更好、更直接地管理企业，就得学会积极地去倾听，让员工打开话匣子。

领导者在倾听过程中会发现企业存在的弊端，能够及时地采取措施去解决，不至于造成不可挽回的结果。人们常说"三个臭皮匠，赛过诸葛亮"，有时候，多个员工的想法和意见，就胜过一个企业领导者。

当然，倾听员工的话题有很多，有的是对企业制度的不满，有的是企业对同事的不满，但归根究底还是表现出了矛盾的缘由。很多时候，员工对领导者心怀不满，不是因为繁重的体力工作，而是觉得自己的意见不能得到重视。而领导者注意倾听员工的不满和意见，也可以帮助他们宣泄心中的不满。往往他们说出了心中的不愉快的时候，就会有如释重负的感觉，心里的压力也就轻了。

孙女士是一家公司的销售部经理，她的员工娜娜是一个性格活泼的女孩。同事们私底下都说，这个不知道忧愁为何物的女孩就是企业的开心果，因为她总是能够给大家带来欢乐。但是，孙女士近来发现，娜娜一反常态，每天到公司上班后，就闷闷不乐地坐到自己的座位上，谁也不愿意搭理。娜娜的情绪十分低落，同事们跟她开玩笑，她也是全不放在心上，心不在焉的。

刚开始，孙女士并没有放在心上，以为一个女孩偶尔有点儿小情绪，过几天应该就会好了。可是几天过去了，娜娜的情绪非但没能好转，反而有一点儿恶化的情形，甚至因为发小脾气和客户大吵大闹了起来，被客户投诉到孙女士这里。

孙女士意识到，不能这么任由娜娜消沉下去，她决定要和娜娜好好地谈一谈。在孙女士的耐心劝导和安慰下才知道，娜娜在感情上遇到了挫折。上个星期，她刚刚和有了 7 年感情的男友分手了，这对娜娜来说是一次非常大的打击。这几天，她的情绪已经到了失控的地步。

在倾诉的过程中，孙女士一直在静静地听着。听完之后，她什么都没有说，而是将娜娜拥入自己怀里，娜娜这段时间的委屈也在这一刻全都发作了出来，眼泪不由得流了下来。等她哭过了之后，娜娜告诉孙女士，自己心里舒服多了，孙女士就建议娜娜请几天假，出去散散心，好好地调整一下自己的情绪，以快些走出感情的低谷期。

娜娜按照孙女士的建议，终于坚强地走出这次感情的阴影。对于孙女士的那次耐心倾听，娜娜更是十分感激，并在之后的工作中表现出极大的热情。

企业领导者应该对员工的不满采取措施，消除其内心的疙瘩，以便员工发挥正常实力，为企业作出奉献。孙女士在处理娜娜的问题上就运用了倾听的方式。孙女士放下了自己的"官架子"，通过倾听的方式了解了员工内心的真实思想、感情，然后采取合适的解决方式给员工一个自我宣泄和调整心态的机会，如此既帮助娜娜走出了感情的低谷期，又赢得了娜娜的尊重，让她更加努力地为自己工作。

对于一个企业领导者来说，跟员工进行有效的沟通，并不意味着要对员工说多少真心话。领导者要想成为一个善于倾听员工心里话的好领导，就要能够认真仔细地和员工谈话，并及时地作出反馈，只有通过倾听员工的心声，从而了解员工的心思，才能让自己的管理工作避免盲目性。

谁都有心里不痛快的时候，当心中生有郁结时，谁都希望能有一个倾听者来倾听、安慰自己，这个时候，企业的领导者应该果断承担倾听者的角色，让员工心生感激，进而让员工将领导者当作知己来看，这样一来，员工会以出色的工作业绩来回报领导者的倾听和安慰。

第40招　创造一个平等沟通的氛围

> 想要进行有效的沟通，需要以相互信任为基础，这就要求领导者信任手下员工，员工也要相信自己的上级。

在企业的管理方式上，美国的惠普公司采用的管理方式是"走动式方式"。这种管理方式是一种不拘泥于形式的管理，很有企业特色。

在惠普公司，办公室的布局十分特殊，全体人员都在一间宽敞的办公室当中，各级部门当中用矮屏分隔，成为企业管理模式上的最大特征。这种管理模式可以让企业领导者在自己公司部门当中随意地走动，或者总是能够出现在员工的视野当中，使员工和员工之间保持着亲密的合作关系。

这种宽敞式的办公方式可以让整个惠普公司的领导者及时了解每个员工的问题和看法，让员工感受到家庭的温暖，以此加强彼此间的信任和相互尊重。

在和员工的沟通当中，领导者千万不要人为地在自己和员工之间设置各种屏障、分隔。惠普公司那间敞开的办公室就在给公司创造出员工之间人人平等的气氛，同时也打开了领导者和员工之间进行沟通的大门，并以此作为了解自己员工的方式。

相互沟通，带来了领导和员工之间的相互了解，同时也带来了相互之间的合作。所以，沟通是一个目标明确、增强团队凝聚力的一个过程。另外，良好、有效的沟通，是公司领导对员工关怀的体现，也是尊重的直接表现方式。

小丫今年 20 岁，是一个文静乖巧的女孩，平时说话、走路的声音都很轻。小丫本来是在企业做策划的，但是却被部门经理调去做销售。

小丫到了销售部后，一个星期下来，没有卖出一样东西。对此，部门经理很是生气，觉得小丫就是一个废物，对企业没有一点儿的帮助。于是，小丫被无情地辞退了。

过了两年之后，商场上出现了一个做策划的女强人，部门经理听说后，想出重金聘请。好不容易见到女强人后，才发现原来是自己曾经辞退的小丫。一个连销售都不会的小女孩，怎么会在两年之内跃升为女强人呢？

原来，小丫不是不会销售，而是很害羞，每每有顾客来的时候，她说话都极其小声，细声细语的让顾客很不习惯，所以没有卖出一件商品。小丫的这种性格只适合在企业背后指导、出谋划策，为企业想出优秀的方案。部门经理很是后悔，于是问小丫当初为什么不对他说留下来，小丫却说道："我需要的是一个平等的沟通氛围。"

从上面的例子中，我们了解到，整个过程中，全部都是由部门经理占据了主导地位，小丫没有一点儿发言的余地。部门经理不给小丫说话的机会，又怎么能了解到小丫的真实想法呢？

如果在一个企业当中没有和谐的沟通氛围，公司的一些基本决策是不能很好地传达下去的，同时公司下面的情况也就不能如实地向上层传递，公司内部的各个部门就会发生冲突，进而导致工作效率的降低。

中国有句古话，叫作"相由心生"，说的是一个人要是拥有一颗正直、真诚的心，是可以从他的相貌、声音、说话语气等外在的表现展露出来的，无形中让人觉得容易被人接受，沟通起来就更加顺畅。在和员工交流的时候，企业领导者要注重诚恳的态度。中国有句俗言："种瓜得瓜，种豆得豆。"你用什么样的态度待人，别人也就会用同样的态度待你。

要想建立一个具有合作精神的团队，首先就要建立一个平等、和谐的环境。要想在公司员工之中形成一种平等、和谐的沟通氛围，就要做到企业的领导者不要常常将自己摆得高高在上。平等的范围能激发员工的活力，可以让员工知道自己的贡献已经得到上级的重视和认可，才能更好地承担更多的责任。

第七章 │ 修炼雅量的 6 个要诀

俗话说"宰相肚里能撑船"，即使你只是最普通的企业管理者，也一定要让自己具备容忍的雅量。"顺我者昌，逆我者亡"是一种非理性化的强硬思维，用这种思维去做管理，注定无法长治久安。

第 41 招　领导需要有领导者的雅量

> 一个企业的领导如果能做到容人容事，那么对于被"包容"的人来说，就会产生出一种被尊重感，也容易激发出"不干出一番成绩就难以报答"的想法。

人非圣贤，孰能无过？面对员工犯下的错误，领导者是坦然面对、一笑了之，还是大发脾气、将他炒鱿鱼，这是区分一个领导者优秀与否的重要标准之一。很多时候，优秀的领导都能给员工一个改正自身错误的机会，让员工知道自己究竟错在什么地方了，以便以后引以为戒。

宋太宗时期，有一位名叫孔守正的人因为对朝廷立有大功，因而被封为殿前都虞候。一天，他和同为武将的王荣一起在北陪园侍奉宋太宗酒宴。由于二人都是性格豪爽之人，在酒宴上你一杯，我一杯，大声谈论着彼此战场上的英雄事迹。

没过多久，孔守正就喝得醉醺醺的了，于是就和王荣在宋太宗面前争论起各自的功劳大小。两个人越吵越生气，越吵越大声，甚至毫不顾忌在场的宋太宗，完全忘记了作为臣子的礼节和本分。这种情况下，侍臣就奏请宋太宗将二人抓起来送到吏部治罪。宋太宗没有同意，只是下令将二人送回府去。

第二天，二人酒醒了以后，回想到自己在宋太宗面前的失礼，惊慌不已，便赶忙前往大殿向宋太宗请罪，宋太宗笑着说："朕昨天也喝醉了，完全想不起来还有这些事情了。"二人顿时感激万分，发誓以后会更加努力地为朝廷效力。文武百官听闻此事以后，也纷纷佩服并感念宋太宗的宽容之心。

很显然，作为一个国家的最高统治者，宋太宗在面对两个臣子酒醉之后在自己面前争功的事情，心里肯定会不高兴，但是当二人酒醒以后跑来请罪时又假意说自己也喝醉了，宋太宗的这个做法不仅保住了朝廷的体面，同时也让二人得到了警醒，可谓一举两得。

另外，通过这个故事我们还可以得出一个结论：当好一个明君实非易事，要想成功地驾驭文武百官，没有过人的度量是无法控制整个局面、获得成功的。同样的道理，一个优秀的领导者只有具备了这样的胸怀，才能担当起权衡整个大局的责任。

作为一个领导者，只有全面、客观地去看待一个人，宽容员工的缺点，善于发挥员工的优点，才能最大限度地调动员工的工作积极性，从而激发他们的创造力，为公司的发展作出努力。

天空收容每一片云彩，不管它们的美丑，所以天空广阔无比；高山收容每一块石头，不管它们的大小形态，所以高山无限壮观；大海收容每一滴水滴，不管是否清浊，所以大海一望无际。包容不仅是一种境界，更是一种精神，是需要一定的底蕴的。如果说领导者的工作是一门艺术，那么容人容事的雅量就是打开这扇艺术大门的万能钥匙。

第42招　培养人才是好领导的重要体现

作为领导，如果你一直都只是任用比你水平低的人，那么你会成为巨人，但公司会沦为侏儒公司。相反，如果你任用比你水平高的人，那么你会和员工和平相处，共同成长。

在职场上，我们时常会发现这样一种现象：一些有才能的人都比较恃才傲物，让领导者感到费心费力。同时，那些有才能的人又会让有些领导者感到自身地位的岌岌可危。这个时候，作为一名领导者，就一定要具有能容得下比自己能力强的员工的心胸。

作为企业的领导者，就算你的员工能力比你强，你也要有勇气去承认和接受这个事实。因为，说不定哪一天他就会成为你的领导。可是当他还是你的员工时，你就应该明白该如何去利用和发挥他的能力。另外，那些有能力的人之所以还是员工，就说明他们自身还有所欠缺，或者只是单方面的能力比较强，综合能力还有待提高，等等。既然如此，一个精明的领导就应该懂得如何去充分利用能力比自己强的员工。

李经理正在办公室里阅读员工们提交的提案，看过后心里感到很不是滋味。"为什么自己就做不出如此好的提案呢？"他反复地问着自己。这原本只是再非常普通不过的事情了，可是李经理难以释怀，甚至还在心中幻想自己的位置会被员工所取代。在这种心理的作祟下，他把员工这个非常好的提案给否决了。

其实，像李经理的这种做法在现实生活中并不少见。这种由于忌妒而产生的破坏性行为，其实是自我信心不足和心胸狭隘的一种表现。如果长此以往，事情必定会走向一个恶性循环。而心胸开阔地去接受别人的成功，是作为一个领导者首先应该具备的素质。这个世上，没有人能够做到什么事情都比别人强，能让能力比你强的人为你所用，岂不是更为高明的人吗？

楚汉相争，楚霸王项羽的兵力要远远多于刘邦，可最终却是刘邦统一了天下。之后，刘邦在洛阳大摆庆功宴，他在宴席上曾说过这样一句话："夫运筹于帷幄之中，决胜于千里之外，吾不如子房；镇国家、抚百姓、给馈饷、不绝粮道，吾不如萧何；连百万之军，战必胜，攻必取，吾不如韩信。此三者，皆大杰也。吾能用之，此所以取天下也。项羽有一范增而不能用，此所以为我所擒也。"

从这段话中，我们可以看出刘邦在管理及用人方面所表现出来的大智慧，他深知自己在很多方面都比不上自己的下级。他之所以可以打败强大的楚霸王项羽而一统天下，就是因为他懂得重用一些在某方面能力比自己更强的人，而刚好是这一点，刘邦表现出了一个领导者最值得他人称颂的品格和能力。

其实，在企业中，领导者承认自己的员工比自己能力强并不是一件丢人的事情，因为发现和培养人才是管理力度的一个重要表现。作为一个领导者，你可以不必事事都懂，只要你懂得管理技巧，让各方面能力强的员工来帮你完成工作，那么你就是成功的。但是，要想做到这点，你还须注意以下几点。

首先，作为企业的领导者，可以给那些能力比较强的员工多安排一些极富挑战性的工作，这样一来，就能充分调动他们的工作积极性，并在最大程度上发挥他们的潜力。

其次，当领导者遇到一些能力强但喜欢自作主张的员工，可以多制定一些制度去约束他们，多和他们保持沟通交流，以达成某些工作上的共识。

最后，如果领导者遇到一些员工因为能力强而过分张扬，从而遭到其他员工反感的情况时，不妨采用鼓励培养的方法，善意巧妙地去帮助他们改正自身的这个缺点，使团队形成团结合作、积极进取的良好氛围，如此才能培养出更多优秀的人才。

懂得用欣赏的眼光去看待能力强的员工，并允许员工偶尔犯些错误的领导者，才能让企业更富有创造力和吸引力，并最终达到成功的顶峰。

第43招　"一山"容"二虎"，联手双赢

> "一山不能容二虎"这句话早已经不适应现在的职场，"拼个你死我活"的时代已经过去，现在的职场，每个人看重的都是双赢或者多赢。

一个人想要走过一片广阔的草原是很艰难的，可是如果是两个人结伴，哪怕是彼此关系恶劣的两个人一起搀扶着走完大草原，也会容易简单许多。

日常生活中，我们常常会看到很多类似于这样的现象，例如，饮料行业的可口可乐和百事可乐之间；鞋业的阿迪达斯和耐克之间；照相机行业的柯达和佳能之间；快餐食品行业的肯德基和麦当劳之间，等等。这些品牌之间

不仅彼此激烈竞争着，同时还相互依存着，就如同一枚硬币的正反两面一样，对立统一，缺一不可。

但是在现实中，有的企业的领导似乎无法容忍员工的威望和能力超过自己，这些"小气"的领导们认为"一山不能容二虎"。他们会认为有这样的员工存在是对他们的领导权威和职位的一种挑战和威胁，所以就会把对方当成是敌人进行排挤和对立。结果可想而知，不是有一方要离开，就是落得个各自惨败的结局，严重的还会导致整个团队的人心涣散、自己的声誉受损。

其实，作为一个企业的领导，他的最终目标是要带领整个团队走向成功，而他所应该做的事情实际上是确定工作方向，并帮助员工做好他们相对应的工作，然后再给予员工们一定的支持。只有员工把工作顺利地完成了，领导才能算是成功了。由此可见，领导不仅不应该随意地发号施令，反而需要得到员工们的帮助。

法国足球队曾经矛盾不断，其中，前锋球员亨利和中场球员齐达内之间的矛盾最为激烈。正所谓"一山容不下二虎"，每当这两个人同时在球场上出现时，其他的球员就会感到十分为难。虽然表面上亨利还是十分尊敬齐达内这个前辈，但在心里，他却根本看不起齐达内，亨利认为齐达内根本没有能力担任法国足球队的领袖，还称法国队之所以表现不好就是因为齐达内的低迷状态。

对于球场上存在的两个核心人物，亨利觉得非常不满："我和齐达内的位置根本不冲突，可是我也不得不承认，只要他在场，我就会被迫地过分靠前，这样就会限制我的发挥。"经过统计，亨利在国家队的进球，基本上都和齐达内没有任何关系。对于这样的情况，齐达内也深知自己的尴尬处境。

2006 年，亨利在接受媒体访问的时候曾经说过："我们现在面临着世界杯预选赛的重要任务，这个时候一定要有一个真正靠得住的领袖才行。"亨利所说的"靠得住的领袖"其实说的就是自己，他很早就想让整个球队去围绕他设置战术，而不再是去围绕齐达内。

　　然而，就在 2006 年的世界杯赛场上，正当所有人都认为矛盾不断的法国足球队根本走不了多远的时候，奇迹出现了，法国队成功战胜了巴西队。而制胜的关键，就是齐达内妙传和亨利射门之间的完美配合。用解说员的话："他们俩太了解对方了！"进球之后的亨利激动地跑向了齐达内，两个人紧紧地拥抱在一起。

　　更令人感到神奇的是，在接下来的法国对葡萄牙大战中，亨利和齐达内之间又有了一次合作，亨利为法国队获得了点球，而站在罚球点上的正是齐达内。很明显，亨利和齐达内之间的矛盾已经成功化解了。最后，齐达内成功地射入了点球。

　　亨利和齐达内之间的巧妙配合，让法国队再次走向了巅峰时期。

　　事实上，这个道理在商业世界中也是一样的，只有强强联合，才能把事情做得更好。不仅如此，作为一个领导还要学会把目光放得长远一些，就算是"一山"，也要容得下"二虎"，甚至是更多。只要能够管理好这些能力强的员工并实现强强联手的合作，就一定能够带领整个企业走向更好的发展道路。

第 *44* 招　饶恕员工的冒犯，宽待自己的心

工作中，如果为了一些小事情便生气动怒，实在是得不偿失。更何况，饶恕不应该只是一时的行为，而应该当成是一种永久的习惯、一种人生的态度。

我们常常会看到一些刚刚走进社会、年轻气盛的职场新人，他们总会有意无意地冲撞到自己的领导。有的领导在被员工冲撞以后会大发脾气，甚至还会故意给对方"穿小鞋"，度量如此小的人，又如何能掌握好自己的员工们，笼络他们的人心呢？

作为一个领导，如果员工无意中做错了某件违背你意思的事情，或者是打乱了你的工作计划，如果你不懂得妥善地去处理，无法容忍别人无心的过错，只会一味地发火，那么就只会让对方的负面情绪加剧，从而导致整个局面变得越来越糟糕，再不然就是对方为此怀恨在心，为以后的相处埋下了隐患。

当然，饶恕也是一门讲究艺术的学问。历史上的明君，大多都深知这其中的道理，他们要么礼贤下士，积极听取别人的建议，要么勇于听取他人的批评，不会因此对他们加以惩罚。如果遇到破坏自己心情的事情，即便会有所不快，可想到大局，考虑到应该以事业为重的时候，就会把心中暂时的不快给丢弃。然而，饶恕员工的冒犯有的时候却是说起来容易，做起来难，不弄明白饶恕的艺术学问，还真的不行。

汉文帝时，袁盎曾经担任过吴王刘濞的丞相一职，他门下的一个从史和他的侍妾私通。袁盎知道了以后，并没有对外宣扬，而是假装并不知道这件事。可是有人却用这件事恐吓那个从史，从史惊恐之余就跑了。袁盎得知这个消息以后，不但亲自带人把他给追了回来，同时还把那名侍妾赐给了他，并且还如同往常一样待他。

汉景帝时，袁盎被封为太常，并奉命出使吴国。这个时候，吴王正在策划叛国事宜，想要趁机把袁盎杀掉。于是，就派了上百个人包围了袁盎的住所，袁盎对这件事没有丝毫察觉，刚好那个从史在围守袁盎的军队中担任校尉司马，所以就买了很多好酒好菜，将这些围守的士兵给全部灌醉了，从史趁机进入袁盎的房间，把他喊醒，并让他赶紧逃走。袁盎非常好奇来人的行为，于是就问道："你为什么要冒着生命危险来救我呢？"从史回答："我就是之前那个和你侍妾私通，被你饶恕的从史啊！"袁盎恍然大悟，连夜逃离了吴国。

其实，救了袁盎的不是别人，正是他自己当年的"饶恕"呀！

但是，需要注意的一点是，在职场中，领导对员工不能没有宽容和忍让之心，但也不能一味地去宽容和忍让，不去给予一定的惩罚和警示。作为一名领导，要在该说道理的时候说道理，在该严肃批评的时候给予批评，而不应该用宽容和忍耐作为借口，纵容自己员工的行为，否则就会像东郭先生一样，有可能会被自己救下来的狼给伤害，只有如此，才能成为一个优秀的领导者。

第**45**招 心宽如海，有理也要让三分

> 领导者在和下属交往的时候一定要懂得宽容和理解，把握好尺度，从而获得下属的尊敬和拥戴。

现实生活中，总有一些人常常会为了一些芝麻大的小事争得你死我活，谁都不肯示弱，以致大打出手，造成了很坏的后果，从而导致无法收场。等到事后彼此冷静下来回想一番，才发现如果自己当时能够稍微忍让一下，彼此也就会相安无事了。实际上，有理的人越是表现得谦让有礼，就越能显示出他胸襟坦荡、令人钦佩。

实际工作中，当领导者在和下属之间发生争论已经到了一触即发的时候，占理的领导者应该有"得饶人处且饶人"的气度，千万不要穷追猛打，把下属逼入死角。因为如此一来，反而会将彼此的矛盾冲突进一步扩大。

美国著名的钢铁大王查尔斯·史考勃在一次午休时间路过自己钢铁厂的一个角落时，发现有几个工人在抽烟，而就在他们旁边竖立着一块写有"禁止吸烟"的大牌子。

史考勃想了一下，就面带微笑地朝着吸烟者们走了过去，并十分友好地分发给他们几根雪茄，然后幽默地说："各位先生，如果你们可以在外面把这些雪茄抽掉，那我将会感激不尽。"转眼间，几名吸烟的工人就把烟火给掐灭了，并一脸歉疚地对史考勃表示感谢。

当史考勃发现自己的工人在严禁吸烟的地方吸烟，并没有对他们采取责骂或者惩罚的方式，而是运用了充满人情味的方法让他的下属乐于接受自己的批评。在这个小故事中，钢铁大王史考勃可以说是占住了一个理字，可是他不仅没有得理不饶人，反而做出了让步，结果就是他的工人不但主动改正了自己的错误，而且还对他感激涕零。

在我们的日常工作中，常常可以看到有些领导者在批评下属的时候很有些"得理不饶人"的感觉，好像不把对方说得连连认错就不肯放手，结果就导致受到批评的下属不是不当一回事，就是口服心不服，满脸不开心，把心中的怨气带到工作中。

就算是在下属做错事的情况下，领导者也要懂得给对方留一点儿余地，给对方一个台阶下，如此一来，下属就会因你的宽容大度而感动。那么，作为一个领导者应该怎样才能做到得理饶人呢？

首先，要有一颗宽容的心。每个人都喜欢和心胸宽广的人交往，讨厌和心胸狭窄的人为伍。得理不饶人的领导者在和别人交往的时候非常喜欢斤斤计较，就算是一件很小的事情，他们也会说个没完没了。这样的领导也许会让下属感到害怕，但难免会受到下属们背地里的责骂。

其次，要给予一定的理解。懂得理解别人的领导者在人际交往中往往更具有人格魅力，下属都喜欢和这类人交往，而不愿意和那些胡搅蛮缠的领导者打交道。

最后，要学会点到为止。如果下属不小心犯了错误，领导在进行批评和惩罚的时候一定要讲究方式方法，懂得适可而止。如果领导者一直不依不饶，没完没了，完全不顾及下属的颜面和尊严，就很容易引起大家的公愤。就算领导者很得理，也要懂得适可而止。

第 *46* 招　宽纳善意的谎言，制止恶意的谎言

> 善待员工的一些谎言，也是领导者所要具备的能力之一，允许
> 员工在一些无害的情况下说谎，其实也体现了一个领导者的度量。

美国短篇小说《最后一片叶子》中讲述了这样一个故事。

穷画家琼珊得了重病,在病房里看着窗外对面树上的常春藤叶子不断被风吹落，她认为最后一片叶子的凋谢代表自己的死亡，于是她失去了生存的意志。医生认为再这样下去琼珊会死去。画家贝尔曼在听完苏艾讲述室友琼珊的事情后，夜里冒着暴雨，用心灵的画笔画出了一片"永不凋落"的常春藤叶，让琼珊重拾生存的意志，对生命充满希望。

画家用精心勾画的一片绿叶去装饰那棵干枯的生命之树，维持一段即将熄灭的生命之光，将濒临绝望的人从死亡边缘拯救回来，这是谎言的极致。

在管理中，管理者经常会用一些善意的谎言去作为管理手段，下属在工作中也会用说出善意的谎言，面对善意的谎言，管理者应该如何面对？如果说撒谎是一种管理手段的话，那么这种管理手段在我国古代的经典管理案例中可以说是数之不尽，例如曹操、刘备都是善于说谎的高手。优秀的领导者要善于处理员工说出来的谎言。

当领导者在面临员工说出来的谎言时，首先要弄清楚这个谎言的缘由和造成的结果，很多时候，员工撒谎很有可能是有一些工作中的难言之隐。所

谓"觉人之诈而不行于色者，其乐无穷"。

有人曾经问过淘金工，要如何才能获得金子？淘金工回答："找到金矿，把沙子去掉，剩下的就全都是金子。"这个回答很有些"禅"的意味，它向我们说明了在日常生活中求真求善的最佳方法和途径。

在企业中，一个成熟而又理性的领导者会用一种平常的心态去看待员工的谎言，不管对方是为了什么目的说出来的，他都知道，所有的谎言在说出来的时候都是有原因的。当一个人在特殊的情境里说谎，那也是情有可原的。因而，他会去坦然面对这一切，并且还会保持一颗清醒的大脑，不被谎言所迷惑。

很多时候，能够把谎言当成是日常生活中的一个重要组成部分去正视它，可能还会在一定程度上给予我们自身保护。作为一名领导者，明知员工在说谎，也要先弄清楚对方究竟是在什么样的情境下才去说这个谎，并用一颗包容的心去对待和处理这些或有意或无意的谎言。但是，对于那些恶意的谎言，一定要及时地加以制止，否则，就会给企业带来难以估计的损失。

第47招　勿抓住员工的"小辫子"不放

> 任何事情都会有它好的和不好的一面，但是我们应该去看事情积极的一面。如果只是一味地抓着别人的缺点和问题不放，又如何能发挥出人才的主动积极性呢？

古人把不拘泥小节看作是一个人能否成就大事的关键，他们提倡的是要胸怀大局，不纠缠于一些小细节，注重人的才能，并非是他的缺点。能够宽容别人的缺点和过错，不因为人才有哪一方面的缺点就弃用。《列子·杨朱》就曾提道："要办大事的人不计较小事；成大功业的人，不追究琐事。"

同样在处理事情的时候，如果只是一味地强调小细节，不懂得抓住问题的关键去处理工作、不明白从哪里下手去做才是正确的就不能妥善地解决问题。所以不管是在用人方面还是做事方面，都应该抓住重点，不要为了一点儿小事情而妨碍到整个全局的发展。要懂得"金无足赤，人无完人"的道理，既然要用的是一个人的才能，而非是他的过失，那么为什么还要总是抓着别人的小辫子不放呢？

安德鲁·卡内基刚从英格兰来到美国的时候，只是一名临时工，但是他后来却成为了美国最大的钢铁制造商。曾经有一段时间，有43位百万富翁为他努力地工作。在那个年代，100万美元可是一笔巨大的财富，就算是在今天也是很大一笔钱。

对此，有人曾问卡内基，他究竟是如何待人的？卡内基回答："待人就像是挖金子，如果你想要挖出一盎司的金子，就要先挖出成吨的泥土。然而你要找的并不是泥土，而是金子。如果你打算在人和事中寻找缺点和错误，你会找到很多。可是我们要找的是金子，所以要找出每一个人积极的一面。"

同样的道理，作为企业的领导，要能做到宰相肚里能撑船，要学会容忍员工的过错。因为任何人都会有犯错的时候，不应该总是抓着员工的小辫子不放，抓得多了，难免会伤害到员工的自尊心，不利于公司的团结。

员工如果有错，当领导的批评一下就可以了，要适时地给对方一个台阶下，千万不要做得过分，失去了对方的信任。员工和领导之间想要达成共识，就必须坦诚以对，齐心才能做到齐力。

中 篇

不吼不骂做管理之激励关键篇

  美国哈佛大学教授詹姆士曾在一篇研究报告中指出，如果没有激励，一个人仅发挥其能力的 20%~30%，而在受到充分激励时，其主观能动性可以最大限度地被调动起来，能力则可以发挥到 80%~90%。这个数据科学有力地证明了激励的作用不容忽视，选择行之有效的激励方法对员工加以管理，才是成功的制胜法宝。拒绝失败，请你从激励员工开始！

第八章 | 以身作则的 6 个关键

企业管理者的举动好比风，员工的举动好比草，风往哪边吹，草就会往哪边倒。管理者的以身作则对员工有着潜移默化的感染力和影响力，这种力量是一种无声的命令，也是一种非常有效的激励方式。

第 *48* 招 记住，你是员工的效仿标准

> 以自己的行动教导他人，他人就会接受你的教化。自己做不到却以言论教导他人，说一套做一套，他人不仅不听你的教导，反而会生出是非。

在一家企业、一个单位，甚至一个部门当中，领导者是员工最直接、最有效的效仿标准，其一言一行往往决定着员工们的行为方式。

美国大器晚成的女企业家玫琳·凯非常注重企业组织中经理的榜样作用，她认为："经理作为一个部门的负责人，其行为受到整个工作部门员工的关注。人们往往模仿经理的工作习惯和修养，甚至可以说是如法炮制，而不管其工作习惯和修养是好还是坏。"

事实上，领导者的行为本身就是一把尺子，而员工就是用这把尺子来衡量自己的。领导者处处为员工树立一个高标准的榜样，员工们才会做得更好。拥有了好作风的领导和员工，公司就不愁得不到发展壮大的机会。反之，领导者的行为不检就会有上梁不正下梁歪的危机，那么企业想稳立市场就是一件极其困难的事。

一个真正优秀的领导者绝对不是以下达命令的方式管理员工的，而是要在工作中为员工起到表率作用，用自己的行动感化员工、带动员工，这可以在潜移默化中达到说教无法达到的效果，即得到员工由衷的认可和尊敬，进而激起员工的工作动力，使员工任劳任怨地为企业作出更多贡献。

仅短短 3 年的时间，在某一大型电子企业就职的王皓就从一名默默无闻的科技研究部的部长晋升为公司的高级主管，薪水翻了几倍。他有什么管理秘诀吗？对此，王皓给出的回答是："哪有什么秘诀，无非是我善于以身作则罢了。"

身为一名部长，王皓没有天天坐在办公室里挥东指西，也没有像别的领导一样双手交叉在胸前视察员工的工作进度，而是每天把工作日程安排完后，就会在流水线上直接参与产品的生产情况，争取把每一个工作细节都了解透彻。每当来了新员工不会做时，他都会上前手把手地教给他们，或坐在一边和他们一起干流水线上的工作。当手下看到王皓如此认真工作时，他们也就会认真地把工作做好。

有一次，王皓所管理的部门中由于一个员工的疏忽，导致产品出现大批量的质量问题，面临客户要求退货，甚至解约的危险，作为部长的王皓承受的压力可想而知，但是他并没有一味地责怪那个犯错的员工，而是亲自带队，带领员工尽力努力修复出现问题的产品。每天下班，他并不拖延员工的下班时间，而是自己和一些组长加班。员工将这些看在眼里非常感动，也主动留下来加班。就这样，通过几天的努力，这批产品最终在客户验货之前赶了出来，并且顺利通过了对方的质检。

正是凭借着这种以身作则的智慧，王皓博得了员工们的认可和拥戴，从部长到主管，再到高级主管，他领导下的员工们做起事来都争先恐后，毫不畏缩。有如此优秀的领导和得力的员工，这家公司如鱼得水，发展飞快。

看到这里，有人不禁会提出疑问：为什么员工们会受到领导者的影响呢？要解释这一问题，就不得不提一句古话："近朱者赤，近墨者黑。"从遗传学来说，一个人的秉性是无法改变的，但是当一个人走进新的工作环境里，首先会以学习为主，所以领导的一言一行都会受到员工的关注和效仿。

教育学家陶行知说得好："好学是可以传染的，一人好学，可以传染起许多人好学。就地位论，好学的教师最为重要。想有好学的学生，须有好学的先生。换句话说，要想学生好学，必须先生好学。唯有学而不厌的先生才能教出学而不厌的学生。"在企业中，员工就是"学生"，领导者则是"先生"。

因此，如果你想做好员工的激励工作，想做一个优秀的领导者，就要少一些口头教化，多一些实际行动，以身作则，使自己拥有良好的工作作风和品质，给员工们提供一个可以效仿的标准，相信这种方法定能调动员工的积极性，使管理工作卓有成效，而且这也是领导者自我进步的最便捷之道。

以身作则并不是一件难事，它体现在工作中的每一个细节里。为此，你不妨时常拿以下这些问题问问自己："我希望自己的团队具有哪些品质呢？那么我的个人习惯能够体现我所期望的团队品质吗？""我希望员工对客户说话正确得体，可是我说话时是否达到了同样的标准呢？""虽然我一整天都坐在办公室里，但我的着装是否能和直接面对客户的员工一样端庄得体呢？"……

第*49*招　对员工说"跟我来"而不是"给我上"

> 领导者的任务是告诉追随者们应该选择哪一条路、应该朝哪个方向前进。当遇到问题、困难和风险，在大家四顾茫然时，领导者还应该及时地喊一声"跟我来"！

现实工作中，有些领导者在与员工一起共事时，总是习惯指挥员工怎样做，遇到问题就退避三舍，关键时刻没有实力和勇气承担责任，把"包袱"扔给员工，让员工自己来做，当员工做不好时又只会指责员工无能，殊不知这样不仅不能有效地激励员工，而且只能受到员工们的怨恨和抵制。

的确，当一支队伍陷入黑暗时，想要看到光明，就必须要有一个善于牺牲自我的领袖，站在员工的最前面身先士卒，为下面的人作出"跟我来"的表率，而不是对员工喊"给我上"。只有这样，下面的员工才能从心里折服，心甘情愿地付出，你才能带领团队齐心奋进，才能吹响胜利的号角。

色诺芬将军不仅是古希腊优秀的哲学家，而且还是一名优秀的军事家，26岁时，他便经常在沙场上带兵作战。在一次战斗中，色诺芬将军的军队被敌人两面夹击，前面是战斗力极强的土著人，后面是波斯的追兵，情况十分危急。此时，军队只有加快速度抢占制高点才有可能赢得一丝生机。

色诺芬将军骑在马上，大声地鼓励他的军队："亲爱的士兵们！请你们加快速度！快一点，再快一点吧！要知道你们现在是在为希腊而战，为你们的妻儿而战！稍加努力，前方的路就会畅通无阻！"

正在此时，一位士兵站出来反驳道："色诺芬将军，您一直骑在马背上，而我们却拿着沉重的盾牌步行，早已疲惫不堪，想走也走不动啊。"

听了该士兵的话，色诺芬立即跳下马背，拿过他的盾牌，然后徒步前行。这一下，士兵们再也没有话说了，士气高昂地向前冲击，最终他们先于敌人到达了制高点，成功地进入底格里斯河边肥沃的平原。

企业是一个整体，领导者的举动就像一个导航仪，导航仪驶向何方，员工就会走向何方。在关键时刻，领导者只有为员工作出榜样，起到表率作用，才能有效地激励员工。色诺芬将军的这种举动是值得每一个企业管理人员学习的。

关键时刻说声"跟我来"是一种勇于奉献的精神，是一种勇于承担责任的表现。一位伟人曾说过这样一段话："人生所有的履历都必须排在勇于负责的精神之后。责任是使命，责任是动力，一个具有强烈事业心、责任感的人，才可能有强烈的使命感和强大的内在动力，才能做好本职工作，才能勇于担当；而一个没有事业心和责任感的人，是不可能勇于担当的。"

如果你还在为自己不会管理而烦心，为没有机会做领导者而抱怨，那么你不妨先问问自己以下3个问题。

1.在面对困难时，我是退避三舍，还是迎难而上？

2.在面对风险时，我是逃之夭夭，还是勇于挑战？

3.在面对失败时，我是将责任推诿给别人，还是勇于承担责任？

你是否能够做好领导者、做好员工的激励工作，就决定于此刻的选择。

第 50 招　以身作则比"命令式"更有效

> 在执行工作时，如果领导者能亲自执行自己的想法，从而让员工看到效果，那么肯定会获得意想不到的管理成果。

俗话说"己所不欲，勿施于人"，意指只有自己愿意去做的事，或者自己行为上行得了的，才可以要求别人去做；如果你自己也不愿意做，或者做不到，那么这种事情就不要要求别人去做。同样，作为现代企业的领导者，要想得到企业员工的认可和拥护，你就必须真抓实干、亲身示范，给员工制定的制度必须首先自己要做到，对员工禁止的自己也绝不违犯，用自己的行动激励员工。

事实上，如果企业的领导者只迷恋于"发号施令"，习惯于用现成的材料、擅长于听汇报、看成绩，不愿亲自动手干，不深入实际调研，那么员工们做起事情来肯定没有劲儿，而且领导者长此以往还会因为对工作实际把握不准造成决策的偏向，最终难以掌控全局，导致管理工作的失败。

因此，我们应该看到领导力是一个综合体，领导者要想对员工产生权威影响，既需要善于驾驭指挥能力，也需要有业务工作能力，也就是说既要能领导又要能亲自干，两者兼具则有助于完美推动工作，达到激励员工的效果。

一次，东芝公司的一位业务员向士光敏夫反映说公司有一笔业务，可是怎么也谈不下来。原因是，客户方主管经常出差，很多次上门拜访都无功而返。士光敏夫听后对业务员说："啊！请不要泄气，我上门试试。"

　　听到董事长要亲自"出征"，业务员吓一大跳，他一是担心董事长不相信自己说的话；二是担心董事长亲自上门拜访买家主管，万一主管又不在，这不是太让董事长丢面子了吗？便说："董事长，您不必亲自为这些具体小事操心，我多跑几趟总会碰上那位客户的。"但士光敏夫执意要去。

　　第二天，士光敏夫在业务员的陪同下来到买家主管的办公室里，不出所料，果然没有碰到那位主管，但是士光敏夫并没有离开，而是一直坐在那里等。半天后，那位客户终于回来了，当他得知等候他的人竟然是士光敏夫时，连忙说道："对不起，对不起，让您久候了。"士光敏夫微笑着说："贵公司生意兴隆，我应该等候。"

　　那位主管知道自己的公司并没有多大的交易额，但是堂堂的东芝公司董事长却能亲自上门与他洽谈，觉得特别荣幸，所以很爽快地达成了交易。最后，这位主管热切地握着士光敏夫的手说："本公司无论如何一定买东芝的产品，但唯一的条件是董事长不必亲自来。"这位随同士光敏夫前往洽谈的业务员目睹此景后深受教育。

　　士光敏夫亲自"出征"的举动不仅顺利达成了一笔交易，而且他这种耐心而巧妙的营销技术也教育和激励了他的员工，带动他们毫无怨言地努力工作，这也是东芝公司能稳居全球销售市场前列的重要因素之一。

　　古曰"禁胜于身则令行于民"，这句话就是我们常说的"只要以身作则，就能令行禁止"。领导者不仅要执行原则，而且是原则的维护者，就像是一面旗帜，要笔直站立才能给员工力量，成为员工的榜样，从而带动员工前进的脚步。

第 51 招　执行力：正人先正己

　　　　成败在于执行，一个领导者的成功，5%在战略，95%在执行。因此，领导者的执行力是最需要坚持的品质之一。

　　企业的发展不仅需要好的管理策略和体系，更重要的是领导者的执行力，领导者的执行力是带动企业发展和员工进步的重要因素。领导者的作用发挥得好，是高层融入基层的一座桥梁，若是领导者的作用发挥不得当，就是横在高层与基层之间的一堵墙，势必不利于工作的开展。

　　的确，当你以一个管理人员的身份伫立在企业中时，如果你只是站在一旁指挥，没有让员工们看到你的执行力，那就是典型的"只许州官放火，不许百姓点灯"，这样的规章制度再冠冕堂皇也只不过是废纸一张，这样的领导在员工心里是没有威望的，自然就不能够激励员工尽职尽责、全力以赴地去工作。

　　执行，是战略的重要组成部分，它贯穿于组织经营管理的始终。培养强大的执行力，不仅仅能让你真正了解自己做事的能力，更重要的是为了让员工看到你的能力，用你的执行力影响员工、带动员工。

　　对个人而言，执行力就是办事能力。作为一个领导者不是享受成果，而是要身体力行地做事情，执行更大更重的责任。比如，给下面的员工规定了新的制度，首先自己要做到，让员工看到你的执行力，他们才能遵守你制定的制度。

　　事实上，衡量一个领导者是否优秀，不仅要看他讲得如何，更重要的是看他做得如何。一个善于激励员工的领导者绝对不会坐而论道，在口头上语出惊人，而是会实际行动起来，做一名真正的实干家，为员工作出好的表率。

有位大型企业的总裁从开始创业到现在拥有上百亿的资产，他一直把"正人先正己，其身正，不令而行"作为自己的座右铭，放在办公桌上勉励自己，坚持以自身的执行力，做好员工们的榜样。

由于企业很大，每次开会都有很多人员，所以难免有人会不守时而在会议中迟到。为了解决这个问题，总裁定下了一条制度：谁开会迟到，谁就要被罚站 10 分钟。这是一项很严肃的规定，所有的人无论是因为什么原因迟到，都要毫无理由地执行。

结果，第一个因迟到被罚站的人是该总裁之前的一位老领导，这个局面使所有的人都很尴尬。要是罚站的话，这位老领导年纪大了，体力可能不支，而且他脸面也过意不去，但是规定面前人人平等。于是，总裁小声地对老领导说："您先在这儿站 10 分钟，今天晚上我到您家里给您站一小时。"

不仅如此，总裁本人也被罚过 3 次。当然那 3 次都是在他无法请假的情况下出现的，比如有一次被关在了电梯里，等赶到会议室时已经晚了，总裁没有做任何解释，而是自觉地站了 10 分钟，结果该集团开会迟到现象从此绝迹。

要求别人执行的，首先自己要执行；禁止别人做的，自己坚决不做。案例中的这位总裁就是这样打造自己的领导力的，他严格遵守自己公司的规章制度，亲自向员工作出了表率，试想，连公司的最高领导都能以身作则，其他的员工又怎么能不遵守制度呢？这就保证了制度的有效执行，这就是真正的执行力。

"其身正，不令而行"，可见作为一个领导者，起决定作用的不是权力，而是自身的执行力。领导者的执行力对员工有着潜移默化的感染力和影响力，这种力量是一种无声的命令，没有比执行力更有效果的激励方式了。

在企业中，如果领导者能切记自己的职责与信念，把"执行力"带入工作细节中去，以身作则成为员工们的楷模，那么这种执行力势必会点燃员工的工作激情，培养员工积极向上的工作态度，如此企业也就能发展壮大。

第52招　领导者的热情感染着每一个人

> 一个人没有激情，就不能把工作做好，一个毫无激情的领导所带出来的员工，必定是一群没精打采、毫无效率可言的员工。

热情虽不能代替好的策略和缜密的思维，但是我们千万不要小看热情的榜样力量。对于领导者来说，肩负着带动全体员工在企业中成长的责任，所以这种对工作发自内心的热忱显得更为重要。这是因为，领导者所表现出来的工作热情是一种精神力量，这种工作的热情会传染给身边的每一个人，可以给员工积极工作的动力，可以激起员工的工作热情，进而更愿意为企业努力和付出。

一位著名的营销家说过这样一句话："无论你有多高的才能、有多少知识，如果缺乏激情，那就等于是纸上谈兵，终将一事无成。如果智能稍差、才能平庸，但能对自己的工作充满激情，那么，你就不会为自己的前途操心了。"这即是说，对工作充满高度的激情，我们就可以取得不同凡响的成绩。

的确，热情是推动个人进步和企业发展的动力之源，这种力量就像一个巨大的"发动机"，能在工作中转化为巨大的积极能量。事实上，那些优秀的领导者都会用自己对工作的热情带动员工们对工作的热情，会用自己的工作激情激活员工的工作激情，从而打造出更好的工作效率。

乔丹·伯德是一位著名的企业家，他是以小小的巧克力发迹的，如今他的巧克力公司已经成为上市企业，他领导的员工多达 5 万人。他之所以能够做出如此辉煌的成就，是因为他高昂的激情吸引进了大批的优秀人员。

当年刚开办巧克力公司的时候，伯德根本什么都不懂，而且当时巧克力只是他喜欢的一种食品，他创办这家巧克力公司只是希望能够多赚一些钱而已。由于伯德对工作没有热情，巧克力公司的效益日渐下降，伯德知道自己再不努力，整个公司就会垮掉。后来，他开始了与巧克力同呼吸、共命运的奋斗历程。他开始改变自己，尝试着去了解各种不同的巧克力以及每种巧克力需要添加的成分，在实践过程中，他慢慢地对巧克力着迷了，他搜集各类与巧克力有关的书籍，出席各种巧克力的研讨会，尽可能地熟知一切巧克力知识，意在制作出世界上最好吃、最好看的巧克力。

在伯德看来，巧克力不仅是一种食物，而且还是一件美丽的艺术品。他与别人说的每一句话都离不开巧克力，并把所有的知识告诉他的每一个员工，他还经常教导他们："我们能让美观而美妙的巧克力给人们带来无限快乐，还有比这更美好、更有意义的事业吗？"伯德对巧克力和工作着迷的激情打动了每一个员工，他们的思想也不再定格于仅仅将巧克力制出来，而是更加关心如何才能制出更好的巧克力，这种工作的热情已经成了乔丹·伯德公司员工的一种信仰。

乔丹·伯德在事业上有所成就，与其说是取决于他的才能，不如说是取决于他的工作热情、取决于他对巧克力的喜爱。当他满怀激情地工作时，这股热情传递给了身边的每一个员工，鼓舞和带动他们一同努力，不断克服困难、解决问题、超越自我，从而获得了更多的乐趣，取得了出色的成绩。

既然领导的热情对员工具有如此强大的感染力和影响力，那么，作为一个企业的领导者，应该如何以身作则，以饱满的热情来激起员工更高的工作热忱，推动员工们不断追求更高的目标呢？我们不妨一起来学习一下。

1.热爱自己的工作

如果一个领导者能够热爱自己的工作，就会对工作充满高度的激情，带着爱去对待工作，这种爱可以感染员工，激发员工对工作的热情。比尔·盖茨有句名言："每天早晨醒来，一想到所从事的工作和所开发的技术将会给人类带来的巨大影响和变化，我就会无比兴奋和激动。"这句话阐释了比尔·盖茨对工作的激情，受到他的感染，"激情"也一直被作为微软的企业精神延续着。

2.将每一件事都做好

一个热爱工作的人会把自己的热情融入工作的每一件事情中去，包括最微不足道、最不起眼的小事，而不仅仅是在某一件大事上。其实，在工作中，大事与小事并没有任何差异，而且大多时候，基层员工们从事的正是一件件的小事，如果你能带着激情把每一件小事做好，那么员工自然也就会效仿，热情地做好每一件小事，如此就能在平凡的岗位上做出不平凡的业绩，企业自然就得以发展壮大。

第53招　认识员工眼中的错，非自己脑海中的错

> 很多领导者都认为，作为领导，形象和权威是至关重要的，承认错误是很让人丢面子的一件事。如果连做错了事都不肯承认的话，结果只会是一错再错，那么又有什么形象和权威可言呢？

很多领导者在犯了错误的时候却把责任推掉，虽然保全了自己一时的形象，不过却也失去了最为重要的资源，那就是员工对自己的信任。一次的回避，对自己的形象维护是有利的，但如果一旦养成习惯，就很容易露馅，员工对你的品质与工作能力必然会产生明确的判断。这个时候，你就会成为一个众人口中的"伪"英雄，并且永远也不会成为一个团队的精神领袖，永远也不会成为员工眼中的榜样，那么"以身作则"这4个字的激励箴言也就无从谈起了。

事实上，犯错误并不丢人，关键是勇于承认错误并加以改正。在员工面前公开承认自己的错误并不是一件丢脸的事情，而是一种敢于负责任的表现。一个敢于在员工面前承认错误的领导不仅不会因为错误而丢失在员工心中的威信，反而会得到员工更进一步的尊敬与爱戴，而且会在员工中起到意想不到的激励效果。

勇于认错，不仅是一个领导者应有的一种素质，也是一种提高员工士气的有效方法。其实，许多大公司的领导者都具备这样的特质。

2001年，美国戴尔公司的许多业务骨干、技术先锋都想跳槽，这对公司来说是一个巨大的灾难。于是，公司CEO迈克尔·戴尔下令调查原因，然而

结果却出乎意料，原因竟是出自戴尔本身：多数员工认为戴尔性格腼腆、感情淡薄、不近人情，所以员工们对他没有多大的亲切感以及忠诚感。

结果反馈上来之后，戴尔对自己进行了深刻的反思，几天后，他当众对手下 20 名高级经理认错：承认自己过于腼腆，有时显得冷淡、难于接近，承诺将和他们建立更直接的联系。员工对"极度内向"的戴尔公开反省非常震惊——如果戴尔都可以改变自己，其他人有什么理由不效仿呢？就这样，这一场人事危机就在戴尔的道歉中慢慢地化解了，2005 年，戴尔被《财富杂志》评为"美国最受赞赏企业"的首位。

当有记者问戴尔有什么管理公司的秘诀时，戴尔说自己并没有什么高招，只是能够坦然承认自己的错误并加以改进罢了。有人说："那么，腼腆是错吗？"戴尔的回答是："如果员工说是，那就是。"随后，他给出了这样的解释："认错要认员工眼中的错，不是认自己脑中的错。"

由此看来，领导者对待错误的关键在于态度，低头认错比抬头辩解要划算得多。员工不会因为你对错误的遮掩和固执而仰视你，同样也不会因为你的坦然认错而小看你。相反，勇于认错会让员工看到你的坦诚和改正错误的勇气，如此他们也就能在工作中勇于认错和改错。

一位哲人说："认错是一种美德。"大多数人都愿意指出别人的错误而拒不承认自己的错误，所以大多数人都是庸人。所以，领导者更要学会以身作则，坦然地承认自己的错误，与员工建立良好的信任关系，这无疑是一种良好的激励艺术。

当然，领导者向员工认错也是有一定技巧的。要目的明确，要把一件事情的重点凸显出来，抓住要点、认清对象，将事情的原委向员工讲清楚并加以改进；其次，认错时一定要态度诚恳，考虑员工的感受。用员工喜欢的方式认错，而不是用自己喜欢的方式，如此才能被他们接受，令他们深受感染。

第九章 ｜ 物质奖励的 6 个关键

员工为企业服务，站在生活的立场是取得薪资报酬，以维持和改善日常生活。企业领导者采取适当的物质奖励激励，对于强化企业管理、调动员工积极性是十分必要的，这往往是激励员工的起点和基础。

第54招 物质奖励比口头称赞效果要好

很多领导者认为，给员工低薪酬可以降低成本支出，提高公司的利润。事实上，这是一个严重的误区，因为当员工没有达到相对满足的物质水平时，他们是不可能全力以赴工作的。

《史记·货殖列传》说："天下熙熙，皆为利来；天下攘攘，皆为利往。"是说人们忙忙碌碌所追求的就是一个"利"字。的确，物质是人类生存的基础和基本条件，物质利益对于人类具有永恒的意义。无论对谁而言，更高的收入总是很有诱惑力的。

所以，领导者在对员工的激励当中，万万不能忽视或低估物质激励，而且首要任务就是满足员工的物质需求。薪酬作为金钱的直接体现，是激励员工的起点和基础。只有满足了员工最基本的生存需求，其他更高层次的激励才有发挥作用的空间。对于"拼命往上"的人、"赚钱狂"和追求成就者，"薪酬激励"更为有效。

优秀的领导者总是在员工要求增加工资前做好充分的考虑，他们会积极主动地调查市场，及时地给员工支付相应的报酬，并且尽量保证自己员工的报酬比其他公司要高，这样就可以让员工将个人利益与公司利益结合起来，将宝贵精力和智慧用于实现最好的结果，而不是计较个人的报酬。

星巴克公司创建于 1987 年，仅仅 20 多年的时间，它就从小作坊变成在五大洲有 5000 多家连锁店的企业。如此飞快地成长得益于星巴克董事长霍华德·舒尔茨，出身贫穷的他总是把员工放在首位，坚信把员工利益放在第一位，自然会有良好的财务业绩，对员工进行了大量的物质上的投资。

与零售业其他同行相比，星巴克雇员的工资都是十分优厚的。星巴克每年都会在同业间做一个薪资调查，经过比较分析后，每年会有固定的调薪，保证自己的薪资不低于其他公司。舒尔茨还给那些每周工作超过 20 小时、家境比较困难的员工发奖金，可能钱不是很多，但会力争使员工家里的长辈、小孩得到足够的照顾，这让员工感到公司对他们非常关心，他们对此心存感激，对顾客的服务也就越周到。

20 世纪 90 年代中期，星巴克的员工跳槽率仅为 6%，远远低于快餐行业钟点工的 14% 到 30% 的跳槽率，曾有媒体说："如果舒尔茨是这个咖啡帝国的国王，那么员工们就是他忠实的臣民。"多年来，星巴克公司连续被美国《财富》杂志评为"最受尊敬的企业"、"最受员工喜爱的企业"，这可以说是实至名归。

除了给予员工合理的薪酬外，领导者还要及时发现在工作上做得正确或者做得优秀的人，并且尽量在第一时间内给予奖励。由于工作努力而受到物质奖励，这会使员工认识到领导在注意他们的表现，他们会有被承认的满足感和被重视的激励感，进而保持高昂的工作热情和责任心。

员工做对了或者做好了工作，即使只是一个很小的成功，领导者如果能够立刻给予奖赏，而且明确地指出他们做对了什么。这样一来，即使是很小的数额也会给他们带来一种极大的荣誉感和自豪感，这就可以有效地鼓励员工像以前一样甚至比以前更加勤奋地工作，保证和累积更大的成功。

你需要明白，领导者对员工进行物质奖励的主要目的是使员工的努力有所得、有所获，使员工感到自己的价值得到了领导的认可和赞赏，要尽量使报酬支付的形式简单化、过程简洁化，让人一目了然，因为事情弄得越复杂，越容易招致员工的不满和争议，这样一来，激励的效果就大打折扣了。

第 55 招　你舍得对员工"下血本"吗

> 用财富作为鼓励手段，也能极大地调动起员工的积极性，诱导其工作热情，为企业效力。

当有员工做出一些令企业受益匪浅、引以为荣的事情时，领导者应该懂得及时地给他们以重奖，给他们实实在在的好处，让他们意识到你对他们的努力是看在眼里、记在心里、落实在行动上的，以调动他们的积极性，促使他们更加努力干好工作。

而且，常常"立功"的人大多是一些工作中的拔尖人物，他们才智出众、工作勤奋、成绩喜人，他们的效率是衡量工作效率的一个标杆，他们是众多员工的一个榜样力量。如果有功者的努力得不到领导者的肯定，那么其他员工还会努力地为你工作吗？干劲不足的员工看到立大功的人都没有得到什么，自然不会产生羡慕心理，更不会有什么干劲了，这就形成了一种恶性循环，很难发挥激励作用。反之，对他们进行重赏，可以创造一个"先进光荣，落后可耻"的气氛，这样才能在企业中形成榜样效应，有利于提高企业内部的整体效率，保证企业立于不败之地。

玫琳·凯是一个被报刊称为"娇小女人"、"像木兰花一样好看可爱的女人"，她同时也是一位成功的女老板、化妆品业中的女强人。玫琳·凯的成功和重视对员工的重赏是分不开的，在这一点上，她也堪称典范。

为了激励公司推销员搞好推销，玫琳·凯规定：凡连续3个月推销3000美元产品的推销员，可以获得一辆乳白色的"奥兹莫比尔"轿车。诸如此类的奖品随着推销产量的增加而逐级增加，一直到一等奖是一辆粉红色的"凯迪拉克"轿车，头奖则是一个镶着钻石的黄金制作的黄蜂，并且在隆重的"美国小姐"加冕仪式上颁发。这些奖励是真正的重奖，而且与崇高的荣誉连在一起，这无疑大大刺激了推销员的积极性，玫琳·凯化妆品公司的销量与日俱增。

玫琳·凯之所以推出这种重赏奖励，来自于她在史丹利公司工作时的一段经历，那时有些女推销员工作非常出色，因此获得"推销皇后"的奖励，玫琳发誓第二年也要赢得奖赏，后来这个目的真的达到了，可是玫琳·凯得到的奖品却只是一个诱鱼用的水中手电筒，这让她觉得失望极了，哭笑不得。

由此，玫琳·凯深刻地认识到，在公司里，奖励员工的时候绝对不能马虎了事，必须要能舍得下"血本"，要真心体现出优秀推销员的价值。她是个富有想象力的人，于是就有了粉红色"凯迪拉克"和金黄蜂的出现。

奥兹莫比尔、凯迪拉克和金黄蜂……一个公司能如此豪爽地犒劳自己的员工，令人震撼。如此行事，员工又怎能不用心做事？怎能吝啬付出？这就会形成人人力争上游、争先恐后去立功的良好局面，制造出一批又一批而不是一个或几个立功者，企业兴旺发达也就不是什么难事，因此，你就要舍得对员工"下血本"。

第 56 招　奖金的多少应根据业务能力设定

奖金是对员工的工作肯定，合理的奖金制度应该根据员工业务完成额度的多少来决定，这样才能让员工充满动力、充满目标。

奖金是员工绩效和薪酬管理中最为重要的手段，在传统的企业管理中，奖金一般都是平均分配的，人人有份或者轮流"坐庄"。在这种情况下，向员工们发放奖金虽然也是一种物质激励方法，但是实际效果却往往不够理想。在工作中，你是否有这样的经历？得到了奖金，你很高兴，但是你发现那些工作不如你勤奋的人也得到了相同的奖金，你会怎么想？是不是会觉得自己所做的和所得到的毫无关系，很快就会不在意自己的工作是否努力？

事实上，一套奖金计划能否成功的要素之一便是：使员工相信经过自己的努力可以获得相应的奖励。因此，只有为员工提供有竞争力的工资，并将员工的奖金与业务目标挂钩，才能发挥财富激励的最大效果。

在爱立信公司，业绩与员工工资没有特别的关系，但与员工的奖金却有很大关系。爱立信员工的奖金与公司的业绩成一定比例，但并非正比例。他们的奖金一般可达到员工工资的60%，对于成绩显著的员工，还有其他补偿办法。

员工在爱立信得到提薪的机会一般有几个，职务提升、考核优秀或有突出贡献。被评为公司最佳员工者和有突出贡献的员工都有相应的奖金，突出贡献奖、最佳员工奖、突出改进奖的奖金额度一般不超过其年薪的20%。

爱立信每年要进行绩效评估，员工队伍的工作也分为几个档级。一般员工按照公司的目标应达到良好，可能有5%~10%的员工工作不太好，通过调整还是可以接受的；还有不到5%的员工确实达不到目标。对这两组人员可能采用激励程序，经理会告诉这些员工：你的工作表现不好，要马上改进。对于做得非常好或者有突出贡献的员工，如果还有潜能的话，可能会提升他们去担任更高的职务。对大部分做得不错的人，公司会保留他们在原岗位上继续工作。

爱立信对公司里每个职务的薪金都设立一个最低标准，即下限。当然，规定下限并非为了限制上限，而是为了保证该职务在市场上的竞争力。据介绍，一般职务上下限的差异为80%左右，比较特殊的职务可能会达到100%，而比较容易招聘的职务可能只有40%的差异，总之有确切的数字可以证明你的成绩。

电讯业巨头爱立信公司正是这么做的，所以他们的员工才会具备那么强大的生产力和忠诚度。建立和完善"奖金与工效挂钩"的绩效管理机制，通过这种机制合理分配员工奖金，充分体现了"各尽所能、按贡献分配"的原则，也就意味着对企业的贡献越大就能拿到越多的奖金，这种激励方法定会使员工的工作积极性空前高涨、企业效益明显增长、企业凝聚力大大增强。

"凡事预则立，不预则废"，如果你已经下定决心运用奖金的办法来激励员工，下一步你就需要建立一套有效的奖金计划，以更好地发挥奖金制的激励作用。以下一些要点，可以使你的奖励计划更加有效。

1.奖励标准要科学合理

奖金计划的奖励标准必须根据员工的实际状况来制订，而且必须制订得科学而合理，使员工通过努力可以完成，如果太难实现，就很难发挥激励作用；太容易实现，奖金的分量又会降低；另一方面，员工对于整个工作过程可以控制，自己的努力程度越高，工作绩效也相应提高，从而增加报酬。

2.计划要明了且易于计算

奖金计划要明了且易于计算，这一方面可以使员工心知肚明，减少疑惑，增加对企业的信任。另一方面，对于领导者而言，也清楚明确，便于管理。

例如，对于一个工厂里的工人来说，这一天超额生产了多少产品，他马上可以算出来会得到多少奖金，如果已经超过了定额，他会加快进度，提高效率，以便拿到更多的奖金。对于领导者而言，也可以通过计算快速得知员工可以拿到多少奖金，及时给予鼓励，这样的奖金计划再有效不过了。

3.设立有效的依据标准

奖金计划所依据的标准必须固定，要规定什么情况下这样的标准有效。一旦确定了标准，领导者便不能随意提高标准或者降低；奖金标准还必须明确具体，给出一个明确的衡量指标，绝对不能含含糊糊，比如要求属下"尽你的所能"，这样即使有奖金计划，也难以发挥有效的激励作用，还有可能引发与员工之间的矛盾。

4.不断完善规章制度

哲学上说，世间没有不变的事物。在公司发展的道路上，在实施奖金计划的实践中，新问题、新情况必然层出不穷，旧的规则可能会因此而出现各种各样的漏洞。作为领导者应该加以合理性的补充或是大胆进行改革，让制度随着公司的发展而发展，而不应该是一成不变的，否则激励效果会大打折扣，影响公司的发展。

第*57*招 暗地里给员工一个意外之喜

> 暗地里送惊喜是一种值得推广的激励手段，这种没有规则可循、偶然的奖金更能让员工喜出望外、刻骨铭心。

暗地里给员工一个惊喜，可以给员工一个表示：对于他的工作表现，领导的心里是非常清楚的，得到惊喜的员工在感激之余自然会加倍努力。而且，这种隐蔽的奖励方式不会对其他人产生不良刺激，不会引起其他员工的不满。即使有时候你给每个员工都暗地里送了惊喜，可是每个人都认为只有自己受了特殊的奖励，结果下个月大家都很努力，争取下个月的奖金，这岂不是一件难得的乐事吗？

国外一些领导者就擅长此方，奖励的理由是各种各样，有奖励个性特点的，如员工工作认真而勤奋、踏踏实实、热爱本职工作、有能力、富有创造精神，等等；也有奖励工作业绩的：超额完成任务、本月无残次品、质量检查认真负责任，等等。也可以根据一次、偶然的事情实施奖励，如，某员工提出一项合理化建议，检修工细心避免了一个小事故，某员工表现出了爱公司如家的行为，等等，不一而足。

其中，信治郎就是这样的管理高手。信治郎是日本桑得利公司的董事长，他是一个善于激励员工的企业家，他经常会在一些特别时刻奖赏员工，而且他发奖金的方式也很特别，这些出人意料的方式常常让员工感到十分惊喜。

一名销售人员取得了不俗的销售业绩，信治郎决定奖励他一笔钱。年终时，他把对方单独叫到了办公室，对他说："由于本年度你工作业绩突出，公司决定奖励你，这是给你的红包，请你收下！"

该员工非常高兴，谢过信治郎后便要走，信治郎突然说道："回来，我问你件事。今年你有几天在公司，陪了你妻子多少天？"该员工回答："今年我在家不超过10天。"信治郎惊叹之余，从抽屉里拿出了一个红包递给该员工，对他说："这是奖给你妻子的，感谢她对你的工作无怨无悔地支持。"

该员工谢过信治郎之后，正要退出办公室，信治郎又问："你儿子多大了，你今年陪了他几天？"该员工回答说："我儿子不到6岁，今年我没好好陪过他。"信治郎又拿出一个红包，递给该员工，说："这是奖给你儿子的，告诉他，他有一个伟大的爸爸。"

该员工热泪盈眶，千恩万谢之后刚准备走，信治郎又问道："今年你和父母见过几次面？尽到当儿子的孝心了吗？"该员工难过地说："一次面也没见过，只是打了几个电话。"信治郎感慨地说，"我要和你一块儿去拜见伯父、伯母，感谢他们为公司培养了如此优秀的人才，并代表公司送给他们一个红包。"

这名员工此时再也控制不住自己的感情，哽咽着对信治郎说："多谢公司对我的奖励，我今后一定会更加努力。"正是因为信治郎给予的这种惊喜，桑得利公司的诸多员工们大受感动，并努力工作以回报公司。

每个员工都希望自己所做的事被领导认可，希望自己点滴的努力和进步能够被领导肯定。时常关注自己手下的员工，不时地给他们一个意外惊喜。能够出人意料的话，一定会起到更强烈的激励作用，他们工作起来会更加卖力。

不过，什么时候送惊喜是灵活多样的，可以是临时或定时的，每周、每月、季度奖等都可以，支配资金的数量也可以灵活掌握，数量可多可少。一般说来，平时奖金数目要小一些；季度、年终奖金数目要大一些；偶然做的好事数额要少一些；具有好的工作作风，给公司带来巨大收益，数额可以大一些。

当然，用暗地里送惊喜的方式并不排斥明奖的作用。明奖和暗奖各有优劣，应两者兼用，各取所长。比较好的办法是大奖用明奖，小奖用暗奖。例如年终奖金、发明建议奖等用明奖方式，因为这不宜轮流得奖，而且发明建议有据可查，无法吃"大锅饭"。月奖、季奖等宜用暗奖，可以更好地发挥激励作用。

第 58 招　福利是企业对员工的长期承诺

> 福利项目设定得好，能给员工带来方便，解除员工的后顾之忧，提升员工对公司的忠诚度，比高薪更能有效地激励员工。

福利是薪酬体系的重要组成部分，高薪只是短期内人才资源市场供求关系的体现，而福利则反映了企业对员工的长期承诺。完善的福利系统对吸引和保留员工非常重要，它也是公司人力资源系统是否健全的一个重要标志。众多在企业里追求长期发展的员工更认同福利而非高薪。留心观察一下，我们会发现，有一些公司的工资在同类性质的企业中虽然处于中等偏下的水平，但是由于其时时能为员工创造良好的福利仍然吸引了很多优秀人才。相反，一些薪资高而福利一般的企业，尽管初期靠高薪吸引了一些优秀人才，但由于福利水平不到位，这些优秀人才还是陆续选择了离开。

因此，作为一名领导者，你若想激发员工的工作热情，除了给员工提供一定的物质奖励、让奖金与业绩接轨、不时给员工一个意外惊喜之外，还要加大在福利方面的资金投入，充分发挥福利的激励功能。

大体来说，员工的福利项目可以分成两类：一类是强制性福利，企业必须按政府规定的标准执行，比如养老保险、失业保险、医疗保险、工伤保险、住房公积金等。另一类是企业自行设定的福利项目，常见的如人身意外保险、家庭财产保险、旅游、服装、误餐补助或免费工作餐、健康检查、俱乐部会费、提供住房或购房支持计划、提供公车或报销一定的交通费、特殊津贴、带薪假期等。

随着员工们对福利的需求日增，福利在整个报酬体系中的比重越来越大，甚至成为企业一项庞大的支出（在外企中能占到工资总额的30%以上）。但一个越来越突出的问题是：对员工而言，福利的激励性不大，有的员工甚至还不领情，福利计划无法发挥必要的成效——留住并激励员工。

企业从巨额的福利投资中得到很少甚至得不到回报，福利失去激励作用，原因何在呢？事实上，应当归责于我们的领导者没有深刻地认识福利的功能，没有下工夫去研究福利如何管理，或者没有随着环境形势的变化，及时地去改善我们在福利管理上存在的不合理的现象。

那么，领导者应该如何强化福利的激励作用呢？

1.以员工的贡献为基础

企业采取福利措施，目的是使员工的行为与企业的行为保持高度一致，有效地将广大员工团结在一起，齐心协力，实现企业利润最大化。福利从本质上讲又是一种补充性报酬，既然是报酬，应当以员工支付合理劳动为对价，以员工的贡献为基础。因此，领导者可以将福利设定不同的等级层次，规定什么样的福利属于保障性福利，是全体员工都应享有的；什么样的福利属于绩效性福利，只有工作绩效达到时才能享有，而且达到不同的绩效，享受不同的绩效福利。

2.对福利政策进行适当宣传

对于某些员工来说，福利似乎是看不见、摸不着或者想当然的东西，这种观念势必会削弱福利的激励效能。为此，企业应当采取恰当的宣传渠道，将企业的福利政策告诉所有员工。比如，把福利政策明明白白写进员工手册，让员工都清楚企业有什么福利、不同的福利对自己的要求是什么，明确自己应该朝什么方向去努力。这是企业应尽的义务，也是尊重员工知情权的需要。

3.适当采取自助式分配

由企业领导者为员工确定安排福利的传统时代已经过去了，不同的人有不同的需要，员工需要的是能够满足需要、适合他们自己的福利。因此，领导者在福利分配上应当充分尊重员工的需要，令员工发挥主动性，适当采取"自助餐"式的福利分配方式，最大程度地满足不同员工的差异性福利需要，如此激励效果才会显著。不过，这种方式需要企业有能力提供可选择的多样化方案，而且要本着"人无我有，人有我精"的原则，尽量设定出富有自己特色的福利，有特色才有吸引力。

4.适时增减福利项目

一般来说，企业绩效随着市场环境的变化会有起落，企业的福利一定要及时反映企业绩效的变化。企业绩效转好，应当适时地增加一些新的福利项目；企业绩效下降了，也要相应地暂时性裁减部分福利项目。通过员工福利变化，要让员工感知企业生存的变化，取得员工对企业的认同感，如此也就能够激发员工的主动性和积极性。

5.福利要公正兑现

这里所谓的公正兑现，一方面是指企业领导者要说到做到、言行一致，对员工作出的福利承诺在时机成熟时一定要兑现，否则就会失信于人，弄巧成拙；另一方面是指，给某些员工发放特别福利时要依据政策而言，要让其他员工心服口服，让他们了解该项福利确确实实是该人应当享有的。

第59招 让精英入股，使员工成为企业的主人

> 员工持股计划的奥妙就在于将员工的收益与其对企业的股权
> 投资相联系，使大家的行为与利益都高度统一在公司的经营目标
> 上，从而激发员工对公司的关切度和参与工作的热情。

微软公司于1975年创办之时，只有3名人员。如今，微软公司拥有3万名员工，市值达2000亿美元，名列全球第二。在当今这个跳槽普遍盛行的时代，为什么微软能够"生产"数以千计的百万富翁，且对公司忠心耿耿？原因只有一个，那就是微软利用股权策略网罗并留住了众多顶尖人才。

微软公司职员的主要经济来源并非薪水，股票升值是主要的收益补偿。公司故意把薪水压得比竞争对手还低，创立了一个"低工资高股份"的典范，微软公司雇员拥有股票的比率比其他任何上市公司都要高。一个员工工作18个月后，可以获得认股权中25%的股票，此后每6个月可以获得其中12.5%的股票，在10年内的任何时间兑现全部认购权，每两年还配发新的认购权。不仅如此，员工还可以用不超过10%的工资以8.5折的优惠价格购买公司股票，还可以通过贷款购买公司股票。

对于微软公司的每一个人来说，奋斗目标非常明确，就是在激烈的市场竞争中脱颖而出，让市场接受公司，让公司股票上市并且不断增值，最后员工持有的股票会自然增值，劳动就会得到充分补偿。这里的人，无论精力、才干还是热情，都是从未见过的，拼命工作蔚然成风，以致有时盖茨反过来要劝说人们悠着点劲儿。

在这些年里，微软公司通过股份参与的方式吸引和留住了众多有才能的员工，并且有效地激发了员工的工作积极性和创造性。微软不断成长为全球高科技巨人，被称为"迄今为止致力于 PC 软件开发的世界上最大、最富有的公司"，有超过 2000 名的员工凭借股票期权成为了百万富翁。

以调动人的积极性为主旨的激励政策，现在已经成为管理的基本途径和重要手段，员工持股计划正是这样一种新的激励方式。微软公司职员的主要经济来源并非薪水，股票升值才是主要的收益补偿。当微软公司股票价格持续上涨时，员工的个人财富就会水涨船高。正因为如此，在微软工作更富有挑战性，也更吸引人才。

员工持股计划是指企业员工通过投资购买、贷款购买或红利转让、无偿分配等方式认购本公司部分股权。实施员工持股计划的目的是通过让员工享有剩余利润的分配权，让员工拥有劳动者和所有者的双重身份，以激励员工为公司价值的提升多作贡献。这是一种特殊的报酬计划，是企业激励机制的一种形式。

为了方便理解，我们可以举一个简单的例子。例如，一位员工加入公司时被告知，在 5 年之内允许以每股 10 元人民币的价格购买公司的股票，即使那时公司的股票已经涨到了 20 元人民币或者更多。在兑现期权的同时，这位员工就可以获得收益，随后他可以操作自己的股票。

对此，有些人也许还不太理解，那么我们不妨再打一个形象的比喻：采取员工持股权计划，使公司和员工的关系就好比一艘行驶在茫茫大海上的小船，公司和员工就是船长和船员，那么，他们之间不论有多么深的矛盾和冲突，此刻他们唯一应该做的，就是齐心协力使小船安全抵达目的地。

在我国，劳动力的流动日益频繁，人力资源的配置存在着很大的自发性和无序性，而且劳动力技术水平越高，人才的流动性也越大，而购股选择权和其他建立在股份基础上的鼓励措施，使员工的长期利益与公司的长远发展紧密结合在一起，对于激励人才、留住人才是非常有效的，尤其是不安心工作的人才。

另一方面，社会的不断进步使人们的观念也不断转变，高薪不再是人才追求的唯一目标。公司通过员工持股可以构造出崭新的利益激励机制，真正实现员工当家做主。员工持股后也成为公司的主人，而不仅仅是打工者，他们会把公司当成自己的家，而不仅仅是打工挣钱的地方，员工感觉到是为自己在工作，是为自己的家添砖加瓦，公司内部的凝聚力无疑会得到极大的提高。

从产权主体多元化角度来说，持股员工作为股东享有经营决策的监督权，这种监督是从关心自身利益出发的，因而是自发的、持续的，不需外部激励的。在员工的监督下，管理层的决策将更加科学和准确，特别是随着董事会成分的变化，将使企业的产权更加明晰、权责更加清楚、政企得以分开、管理更加科学。

总之，员工持股计划是一种有效的激励计划，领导者可以借鉴微软的做法，让高级管理人员、业务和技术骨干等多持股，通过股权"锁死"他们，实现利益共享、效益共创、风险共担、责任共负，进而形成有效的激励机制，调动员工的积极性和主动性，增强企业的凝聚力和向心力。

第十章 ｜ 人性管理的 9 个关键

　　现在很多企业都在追求人性化管理，但大部分企业只是喊喊口号，而无实际行动。一个人性化管理的企业必定是一个懂得细节之道的企业，必定是懂得创造温馨环境的企业，必定是懂得向困难员工提供帮助的企业。

第60招　人情味是人与人之间真情的流露

　　　　所谓"人情味"，是人与人之间真挚情感的自然流露，把员工当成自己的家人一样，帮他们做事、关心他们的生活。因为感情是企业中最活跃、最具能动作用的因素。

　　员工是人，不是机器，他们的心灵需要得到关怀和慰藉。几乎所有的员工都喜欢人情味浓一点儿的领导，因为这样的公司能给他们带来精神上的满足。薪酬、待遇等可以说是硬性物质条件，而人情味却是软性的，在"柔性"管理之下，员工会如沐春风、意兴盎然，感受到一种家的温暖。

　　一则管理寓言颇有意味：狂风和微风打赌，看谁能把行人身上的大衣吹掉。狂风首先刮了一股刺骨的冷风，吹得行人瑟瑟发抖，于是大衣裹得更紧了；微风则徐徐吹动，行人觉得温暖而惬意，继而脱掉了大衣。最终，微风获得了胜利。

由此及彼，如果领导者"铁面无私"、"冷冰冰"，如果企业只是一味提高薪酬标准，而没有人情味，那么在这种刺骨的冷风下，员工只会"将大衣裹得更紧"。在他们看来，薪酬也只是自己应得的回报，公司对待自己与对待机器和原材料没有什么本质的差别，如此就没有工作热情而言。例如，有些员工得了一场大病，请了半个多月的病假在家养病，待他们恢复健康来办公室上班时，如果领导对他们的到来面无表情、麻木不仁，不加半句客套，没有一句问候的话语，员工哪里还有心情认真工作？

相反，多给员工一些关爱，营造充满人情味的环境，将企业文化渗入员工的心灵深处，这增进的不仅是员工对企业的归属感，还能营造一种宽松的发展环境。潜能的发挥要基于宽松的环境和舒畅的心情，如此，员工的潜能就能得到充分发挥，为企业创造持续性的经济效益，令企业迸发出旺盛的生机和活力。

正是出于这种原因，在一个有丰厚的经济利益和人情味的公司上班，是很多人对完美工作的定义，甚至有些人为了追求工作上的顺心会放弃更优厚的待遇。

邹明大学刚毕业时凭借优异的学习成绩，很轻松地应聘到一家广告公司做销售部经理助理。这家公司规模较大、资金充裕，有很大的发展潜力，邹明也感觉前途一片光明。然而，不到半年他就"跳槽"了，原来这里的领导一派官僚作风，经常叫邹明做这做那，就连泊车也不例外；而且，员工只要出现工作失误就会被罚款；更夸张的是，公司时常会一连三四天加班到夜里一点左右，而且没有加班费。思来想去，邹明决定向领导提出一点意见，结果是完全被驳了回来。

最后，邹明实在忍受不住，跳槽到一家科技公司做销售主管。这家公司虽然规模不大，工资不是太高，但是却给了邹明很大的触动，原因就是这家公司充满了人情味。整个公司就像一个大家庭一样，从老板到领导都没有架子，而且从不轻易让员工加班，加班时工资肯定也不会少。有一次，邹明因交通意外骨折了，领导居然还亲自买了营养品与水果来看望他，让他备受感动，油然而生一种幸福感。

经常被领导指挥着做这做那，只要出现工作失误就被罚款；动不动就连续加班三四天，而且没有加班费。试想一下，在这样一种缺少人情味的环境下工作，有谁还会死心塌地为公司打拼呢？恐怕只会敬而远之。

领导在对员工进行管理时多一些人情味，可以说是每个员工求之不得的。人情味浓的公司不仅讨员工的喜欢，而且从公司的自身发展来看，铺设领导与员工之间的"感情道路"也是营造向心力、活力和竞争力的需要，是促进领导掌控员工、抓住人心的有效手段之一。毕竟人心都是肉长的，你真心关爱员工，员工自然会真诚相报，为企业尽心尽力，甚至同企业患难与共。

用"爱的精神"对待自己的员工，在工作上给予支持、在生活中给予照顾、营造充满人情味的环境、不拘泥于死板的模式、为员工提供广阔的成长空间。在这样的氛围中，每个员工都会争先恐后贡献自己的才能，由此形成企业可持续发展的良性机制，这比一千个、一万个制度都要强一千倍、一万倍。

第 *61* 招　细节之处见真情，真情藏在细节中

> 领导者要想拉近与员工之间的距离，要想使员工真心地拥护你，心甘情愿地为你打拼，就必须让对方感受到你的真诚关爱、细心体贴。

绫罗图案繁花似锦，是一针针织就的。一些小事足可以折射出领导者品质的整体风貌，员工们会通过一些这样或那样的小事来衡量你、评判你。高明的领导者总是从点滴的小事做起，从细节入手一点一点赢得人心的。

许多事情看起来是员工的生活小事，但就是这些小事往往直接影响着员工的情绪。细小的问题得不到解决，员工就会心生怨气，久而久之积累得多了，就会形成对企业的不满甚至对立情绪，失去工作动力和劳动热情。

人们常说，员工的心是企业的根，是企业维持运行的最根本要素。领导者要温暖员工的心、拢住员工的心，进而稳住企业的根，就要从细微之处着眼、从点滴小事做起，办好员工关心的事情。一个小的细节能使员工感受到公司是重视他们的，感受到你是关心他们的，那么你的管理就成功了。

从小事和琐事做起，主动关心员工，一个关切的举动、几句动情的话语，看似再平常不过，却比高官厚禄的作用要大上好多倍，会让员工在不经意间感受到你的关怀，你将会发现，你将更容易获得员工的信赖和支持，与每一个员工建立起一种和谐融洽的关系，事半功倍。

以人为本、关爱员工，其实就是由一件件实实在在的事组成的。小事往往是成就大事的基石，这两者之间是相互联系、相互影响、相辅相成的。领

导者要善于处理好这两方面的关系，进而起到激励员工的作用。

关爱员工，不是恩赐，而是义务，善待员工就是善待企业。关爱员工不是说在嘴上，不是做做样子，而应该要真心实意、发自内心地去关心员工的切身利益，落实到员工最需要的地方，挠到他们的"痒处"才管用。

为此，领导者要随时关注员工的情绪变化和心理状态，从一些微妙的动作与表情中捕捉到员工的心理需要。尽量满足员工的合理要求，如果满足不了也应该讲明原因，这样即便你没有做出什么实际的行为，员工也会感受到公司的关爱和温暖。

总之，无论是大企业还是小公司，运作你的企业不要靠一个冰冷的制度框框，从关怀每一个员工做起，从每一个可以做好的细节做起，让你的员工充分体会到集体的温暖，也就激发了他们内心的认同感和参与感。

第62招　用领导的"诚心"换员工的"真心"

> 思想决定行动，精神决定肉体。只有用自己的"诚心"换取员工的"真心"，才能让员工为企业付出，为企业创造价值。

三国时期，孟获是当时南中地区的少数民族首领，深为当地土著和汉人所信服，一段时间曾带兵反叛蜀汉。诸葛亮一打听，知道孟获不但打仗骁勇，而且在南中地区各族群众中很有威望，便决心把孟获争取过来。他下了一道命令，只许活捉孟获，不能伤害他。

第一次交锋，诸葛亮运用计谋将孟获活捉。孟获心想，这回一定没有活路了，没想到进了大营，诸葛亮立刻叫人给他松了绑，好言好语劝说他归降。但是孟获不服气，说："我自己不小心，中了你的计，怎么能叫人心服？"诸葛亮也不勉强，陪着孟获一起骑着马在大营外兜了一圈，看看蜀军的营垒和阵容。

孟获傲慢地说："以前我没弄清楚你们的虚实，所以败了。现在我知道你们的阵势了，要打赢你们也不难。"诸葛亮爽朗地笑了起来，说："既然这样，您就回去好好准备一下再打吧。"孟获被释放以后，逃回自己的部落，重整旗鼓，又一次进攻蜀军。但是他本是一个有勇无谋的人，哪里是诸葛亮的对手，第二次又乖乖地被活捉了。诸葛亮劝他，见孟获还是不服，又放了他。

就这样又放又捉，一次又一次，诸葛亮一直把孟获捉了7次。到了孟获第七次被捉的时候，诸葛亮还要再放，孟获却不愿意走了："丞相，现在我打心底里敬服您，从今以后，我不敢再反了。"遂归顺蜀汉。

诸葛亮之所以能够成功地"收服"孟获，在于他使用了攻心战，"攻心为上"。"攻心为上"就是说做人的工作一定要做人心的工作，要使工作对象产生心的认同和认可。通过又放又捉，孟获看到了诸葛亮的谦逊、气度以及对部下的关怀，这样的领导，他自然愿意为之卖命，这就是攻心的结果。

《孙子兵法》中讲，攻城为下，攻心为上。也就是说，战争中用武力打败对方算下策，使用各种方法使内部不稳而获胜是中策，不用去打就能胜利的是上策。"攻心为上"是一切兵法的核心思想，也是一切管理工作的核心思想。聪明的领导者要善于用情感来征服和遥控自己的员工，通过征服员工的心来控制他们的身。

这一点并不难理解，在日常生活中，我们不难看到男女交往的一幕幕情景：当男人征服了一个女人的心后，她就会"全心全意地去爱他"，只要他能接受，她愿意终生依傍他也无怨无悔，这就是攻心的妙处。此理在管理领域也适用，只要你能够控制住员工的心，他们势必会为你赴汤蹈火。

领导者若想创出辉煌的业绩，赢得员工的拥护，就要关心员工、帮助员工。如果你能真心替员工着想，赢得他们的心，那么他们自然会替你着想，维护你、拥戴你，这样，你便可以取得无往而不利的可喜成就。

第63招　微笑让员工觉得有安全感

> 微笑是一种向人主动示好的表现，它能使人产生一种安全感、亲切感、愉快感，微笑也是一种掌控员工、抓住人心的"非常"手段。

虽然微笑不能代替有效的管理制度和方法，但微笑却有任何好制度、好方法都无法企及的大作用。微笑会如同阳光一样，能够给你的员工带来温暖，使他们对你产生谦和、平易近人的良好印象；能够缩短你与员工间的距离，让你们在心理上产生共鸣，如此激励的效果也就实现了。换位思考一下，假如让你作为员工，你是喜欢笑脸常开的领导？还是喜欢整天板着脸、面无表情的领导呢？

可以想象，如果企业领导整天板着一副严肃、生硬的面孔，员工们整天战战兢兢地在紧张的心理状态下工作，哪里还能积极、主动地发挥自己的本事？哪里还能保证做好工作？在这种情况下，无论企业的管理制度、管理方法多么完美无缺，也都难以创造出一个令人满意的业绩。

倘若是企业领导者时刻都在用微笑面对每个员工，就会在企业内创造出一个和谐融洽的气氛，驱散上下级之间、同事之间可能存在的阴霾。员工心情舒畅，不仅每个人尽心尽力、积极主动地工作，而且还相互支持、相互帮助，形成一个所向披靡的高效团队。这样的团队，就算遇到的困难再大，也是能够轻易克服的，这也就直接构成了企业的核心竞争力，能够有效地保证企业持续稳定发展。

美国钢铁和国民蒸馏器公司的子公司 RMI 坐落在俄亥俄州的奈尔斯。一段时间里，RMI 公司的工作效率低，生产率和利润率也上不去。后来，一个名叫大吉姆·丹尼尔的人出任公司总经理，他认为，重视员工、开发员工的潜力是振兴公司的根本，并且最终扭转了公司的困境。

大吉姆·丹尼尔没有什么特殊的管理办法，他只是在工厂里到处贴上了如下标语："如果你看到一个人没有笑容，请把你的笑容分给他。"这些标语下面都签有名字："大吉姆。"大吉姆·丹尼尔所做的还不只是这些，他还让公司设计人员制作了一个特殊的厂徽：一张笑脸。并将这张笑脸绘在公司办公用品上、工厂大门上、厂内板牌上，甚至在员工的安全帽上明确要求各级领导对员工们时刻保持微笑。于是，在 RMI 公司，人们常常可以看到大吉姆·丹尼尔满面春风地向人们征询意见，喊着员工的名字打招呼。即便是和工会主席列席会议的时候，大吉姆·丹尼尔也常常面带着笑容。

微笑不仅使 RMI 公司率先渡过了这个难关，不到 3 年的时间，RMI 公司没有增加 1 分钱的投资，生产率却惊人地提高了近 8%。而且，还带来了巨大的经济效益，资产总值达数十亿美元。后来，RMI 公司的厂徽，也就是"大吉姆"式的笑脸被美国人称为"俄亥俄的笑容"。《华尔街日报》称 RMI 为："它是纯威士忌酒——柔情的口号、感情的交流和充满微笑的混合物。"

看到了吗？这就是微笑的力量。既然如此，身为领导者的你为何不投大家之所好，充分利用微笑这一"武器"，帮助自己进行管理呢？

比起其他激励方法，微笑管理还是一个不需要增加投入的管理，它不需要任何人力、物力、财力的投入，需要的只是领导者轻轻地运动面部肌肉而已。也许，你会质疑，不就是对着人微笑吗？谁不会啊！其实不然。

微笑，不能理解成打哈哈的无原则的滥笑，也不能理解成笑里藏刀的笑面虎。无原则的打哈哈之笑，只会让你的员工觉得你毫无内涵、虚伪又做作，从而对你的印象大打折扣；笑面虎的笑是暗含恶意的笑，员工往往会认为这笑容下隐藏着不可告人的动机，是为了达到某种目的的虚伪之笑。

领导者所应推崇的微笑管理应该是真挚的、发自内心的，是自己乐观心态的真实体现，是发自内心地尊重、信任和关怀员工，还应把真诚乐观的情绪传染给身边的每一位员工，让他们时刻保持着愉悦的心态，这样才能抓住他们的心，让他们充分发挥自己的才能，为公司谋得最大的利益。

不过，发自内心的灿烂微笑也是可以修炼而成的，只要你愿意，随时都可以。比如，你可以穿一件自己喜欢的衣服，有意地自我打扮一番；多和自己说"今天我很开心"、"我的微笑很迷人"之类的话，不断对自己进行积极的自我暗示；想象一些比较开心的事情，像一部电视片一样对自己播放。

第 64 招 人人都平等，不要对下级摆架子

在企业当中，一些上级总是凭着地位高而对下级摆出架子，这样会让员工对上级产生负面评价，也会在心里对公司产生负面影响。

对员工摆架子，对企业带来的负面影响有很多，比如，领导者的形象会

在员工心中大打折扣，也会让企业上上下下不万众一心。如果企业领导者摆着架子，不肯放下，不仅不能留住员工的心，而且也会让员工无心工作。即使这样的领导者在其他方面的品质都十分优秀，但在员工面前却显得格格不入，没有支持者和追随者。

有一家大型企业，它的一位董事长讲述了他自己的一段经历。他说，在他年轻的时候，因为年轻气盛，处理事情的时候很是急躁冲动。在工作上也总是急于求成，因此事情常常被弄得很糟。最后，被总公司贬到分公司做经理去了。

到分公司上任的时候，因为不擅长喝酒和人际交往，所以在欢迎酒宴上，他被很多老职工认为这个新上任的经理很不近人情。这种错误认识让公司很多年轻的职员对他避之不及。到了分公司的最初一段时间，工作一直都没能开展起来。

这种情况大约持续了半年之久，转眼新年到了，分公司举行晚宴，每个人都要即兴表演一个小节目。轮到他的时候，他唱了一段家乡小曲，赢得了员工们的热烈掌声，这是连他自己都没能想到的事情。

在这之后，先前对他一见面就掉头走人的员工，和他的关系突然好了很多。这位年轻的经理经过认真的总结之后，从中汲取了不少教训。年后，他在分公司内专门组织了一个业余的家乡戏团，用来给员工们解闷之用。

从此以后，员工们对他的态度转变得更大了。员工们除了喜欢和他进行接触，而且还很喜欢跟他闲谈，他本人也从一个令人望而生畏的领导者变成了一个和蔼可亲的领导者。于是，在这个分公司当中，不管出现什么很难解决的事情，只要他出面，就可以很快地获得解决。由于这个分公司的员工们能上上下下团结在一起，成绩突飞猛进，他本人也经常受到总公司领导的表扬。又过了几年，因为他的领导能力极强，就提升他当了总公司的副董事长。

其实，企业的领导者只需要让员工明白自己的心思，让他们明白领导的做法有什么直接的目的。如果领导者在员工面前表现出"我是你的领导，你就得听我的"的那种架势，员工们就会疏远自己的领导，今后的工作就会很难继续下去，企业也将会遭受到更大的损失。

领导者和自己的员工之间一旦产生了很多难以逾越的鸿沟，上下级的合作就会更加困难。放下架子，做出平易近人的态度，这就使得企业领导者在员工面前树立起一份亲和力，手下的员工就更加心甘情愿地服从指挥。

总之，要想成为一个真正有经验、有修养的上司，就要平易近人地和员工平等相处。只有这样的企业领导才能赢得员工的真心拥护和爱戴，只有这样才能真正收获员工的心。领导者要想做到这一点，就应该注意以下几个问题。

第一，与员工统一战线

在企业当中，常常会出现类似于"领导嘴大，我们嘴小"、"胳膊拧不过大腿"的现象，这都是权力效应造成的消极情况，因为领导者往往觉得自己的权力大于员工，使得"真理面前人人平等"这句话成为一纸空文。真正有才能的企业领导者应该和员工站在同样的位子上，只有相互之间具有平等的人格关系，才能平等地进行商讨、争论。

第二，注意自身的生活习惯

相互平等的表现，除了说话的内容外，还要通过语气、语调、动作、表情等方面体现出来。所以，不要忽视生活习惯，实际上，这些都直接关系到下级能否和你接近。

第三，注重平等

领导者对人要随时随地地表现出随和、亲切的特点，不要随意地自抬身价，以示自己的权威，使得员工觉得自己总是高不可攀，这样一来，不但不能使人亲近，不能融洽员工关系，而领导者也会因为生活的孤寂而没有半分生机。同时，领导者和员工应该注重平等的原则，做到上下级之间人格平等。

领导者和员工之间的差别只是工作的分工不同，没有人格上的高低贵贱之分。然而，"地位效应"在有些人心里还根深蒂固地存在着。在这些人心中，地位越高的人越尊贵，地位低下的人就显得十分渺小。作为企业的领导者，应该时时刻刻都牢记，在人格上，所有的人都是平等的，这种平等不会因为人的地位而产生变化。

第四，尊重他人

人人都希望自己能够得到尊重，都希望获得平等关系上的交流。在责备自己员工的时候，千万不要用到一些会伤害员工自尊心的词汇。一旦用上伤害员工自尊的词，心胸狭隘的员工可能会一辈子都记得自己这次受到的侮辱。同时，责备时间的长短也应该懂得控制，当员工知道错了，并且有了后悔的意思时，就不要再多责备了。

何为"亲民"？目的就是为了消除隔阂。能"亲民"的领导者必定有过人之处，受到员工们的喜爱。所以，领导者必须学会放下架子，与员工平等相处。

第 65 招　记住员工的名字，让员工有"被尊重感"

记住员工的名字是对员工的尊重，会在员工的心里产生"领导记得我"、"领导认识我"的积极思想，表现出了领导对员工的关注，员工工作起来当然也会更加卖力。

每一个员工都希望领导重视自己，哪怕只是被领导记住名字，员工也会感到一种精神激励。这并不难理解，名字是一个人区别于另一个人的标志，准确无误地记住一个人的名字，含蓄地体现了你对他的尊重，并表达了你对他的注意，难怪美国成人教育家戴尔·卡耐基说："记住别人的姓名并轻易地呼出，你即对他人有了巧妙而有效的恭维。"

因此，领导者应该注意到这一个激励方法，要清楚地记清每一位员工的名字，交谈中尽可能地用到对方的名字，进而使员工对自己有平易近人的感受，提高员工对组织的认同感，促使员工心情愉快地投入到工作中去。

相信，许多人都会有过这样的经历：刚介绍的人一转眼就忘了对方叫什么名字了，等下回再见面时又不好意思再问对方叫什么。相反，如果有人第二次见到你时就能亲切地叫着你的名字向你问候，你会有什么感觉？一定会很高兴，觉得对方很重视你，你也自然就会对他产生好感。

明白了记住员工名字的重要性后，有些领导者还是不大注意记住员工的姓名，他们为自己找出了借口：平时的工作太忙了，实在没有这个时间和精力。可是，难道我们比比尔·盖茨还要忙、还要累吗？事实上，能不能记住员工的姓名，与忙不忙没有必然的联系，关键在于是否尊重自己的员工。

意大利人马洛卡是某跨国公司驻上海的总顾问，一年一度的公司年会在大厅里举行，张灯结彩，音符萦绕，隆重又热烈。上任不到半年的马洛卡在主席台上发完言后，举着盛满醇香红酒的玻璃杯，准备向在场的员工们敬酒。

大家看见总顾问驻足面前时，不约而同地都站立了起来，以示尊重。然而，这位年近五十的总顾问却用不太流利的汉语大声说道："尊敬的员工们，现在我提议，我站着，大家坐着，当我叫谁的名字时，再起来接受我的敬酒吧。"

大家都眨巴着疑惑的眼睛：这个来自异国他乡的总顾问，此时难道真能叫出每一位中国员工的名字？要知道，今天的公司年会共设有 50 桌，每桌 10

人，也就是说，500名员工的尊姓大名都要被他一一地叫出来。于是，大家恭敬不如从命，各自正襟危坐在椅子上，拭目以待着马洛卡叫出自己的名字。

只见举着酒杯的马洛卡每每走到一位员工面前，先是立刻非常准确地叫出这位员工的名字，接着再报出其工号，并会和这位员工轻轻地碰一下杯，道一声"辛苦了，公司不能没有您，谢谢您！"完毕了做一个"请坐"的绅士手势，然后再走至下一位员工。当他准确无误地叫出最后一位员工名字的时候，全体员工都不约而同地站了起来，使劲地鼓着掌，掌声经久不息。

会后有人这样问马洛卡：你的记性怎么会这么好？竟能记住全公司每一位员工的名字？而且是中文名字？马洛卡微笑着回答："我是公司的总顾问，每天要到各个车间里实施走动管理，我命令自己每天必须要记住3位员工的容貌和他的名字及工号，很高兴我做到了，我想要的效果也达到了。"

作为一名普通员工，谁不想自己在上级心目中占有一席之地，让领导者感知到自己的工作价值就和自己的名字一样，是独一无二的，也是难以替代的，这样工作起来才会有股劲头？因此，作为领导者必须要求自己具备这样的记忆力，能牢牢地记住每一位员工的名字，随时随地地叫出每一位员工的名字。

这里，教给你几个记忆人名的基本方法。

1.听清楚对方的名字

当第一次认识某一员工时，主动询问对方的名字，待对方介绍自己时要注意听并要确定清楚那个名字的发音；例如，林和凌、李和吕、黄和王、陈和曾等，如果听不清楚，可以再问对方一次。例如，是双木林吗？是木子李吗？是耳东陈吗？介绍之后要立刻重复这个姓名，交谈中尽可能地用到这个姓名，以便在头脑中扎下根来。

2.把名字变得幽默生动

如果某一员工的名字和某名人相似，便把那个人和名人联系一起。例如，柳得桦与刘德华、章雪佑和张学友；如果没有特别意义的名字，可以用谐音代替原来的名字，如有一个新员工叫"郭嘉强"，你就可以马上记住这个员工的名字：哦，他是"国家强"；还可以建立有意义的联想，如一个员工的名字叫"华多娇"，倒过来念"浇朵花"，这样马上就把这个员工的名字记住了。

3.利用名片和照片

你也许记性很好，在第一次见面后就记住了某一个员工的名字，但是别忘了立即把握"艾宾浩斯遗忘曲线"的规律强化记忆，要随时把这些人的姓名、职务等简要信息记录下来，根据对方容貌特征、着装特征等在脑海中短时间反复对照记忆，因为只有这样才能确定你能记住对方的名字。

无论你用什么方法去尝试记住员工们的名字，你所付出的努力都会令你记得更好。当你在公司内同员工们一起探讨工作，或者在公司外偶尔碰到他们时，第一时间喊出他们的名字，你就等着欣赏他们脸上惊喜的表情吧。

第66招　好领导准则：让员工工作和生活两不误

> 领导者必须有一颗关心、关爱员工生活的心，一方面让员工知道上级在关心他们，另一方面又可以从人性化关怀方面给员工提供一种非物质的激励。

企业的战略目标是否能够实现，员工的努力是重要的一点，只有解决了员工的后顾之忧，使其全身心投入工作才能产生好的业绩；另一方面，实现工作和生活的平衡对留住优秀人才也相当重要。

所谓"工作与生活的平衡"，主要是指员工如何进行工作和生活的时间分配问题，简单地说，就是在做好工作的同时也要兼顾自己的生活。工作和生活两不误，不能因为工作失去个人生活、家庭生活和个人爱好。

让员工工作和生活两不误，惠普一直强调这样一个理念，他们并不赞赏那种工作狂，更不希望把自己的员工变成工作狂。在这种理念的指导下，惠普为员工们提供了一个非常灵活、非常自主的工作环境。

在惠普，无论工作再忙，任务再重，领导都坚持不让员工们在周末加班，每天晚上7点就开始催员工下班，不要加班。他们的观点是，在休息时间因工作打扰到员工的生活是极失礼的。而且，他们还致力于给员工最大的自由和空间，尽可能地照顾到员工的生活，比如，某个员工特别希望去看一场电影，而这场电影上演时正是上班时间，那么领导会允许这位员工离开。如果不让他去，那他坐在办公室会因为惦记这件事而没有任何效率，让他去看了，他心情好了，再回来工作，效率一定很高。

惠普是一家靠创新制胜的高科技公司，而创新需要宽松的环境、愉悦的身心，惠普希望自己的员工是一群热爱生活的人，认为这样更有利于创新。事实证明，惠普的做法是正确的。工作和生活不存在冲突，没有了后顾之忧，员工们工作起来充满激情，而且精益求精，努力把工作做到完美。而且，这种方式赢得了员工的大力支持，使得惠普的员工流动率仅为8%，一度被评为了最佳雇主称号。

一个不容忽视的事实是，员工工作是为了享受生活，而不是为了工作而工作，他们需要更多的休闲娱乐时间，他们需要过得轻松自由一些。通过一定的积极措施，让员工工作和生活两不误，让员工感受到企业对自己的关爱，让员工觉得自己活得很有尊严，这也是一种尊重员工、重视员工的表现。

可以说，在未来 30 年内，哪些企业重视员工的生活，哪些企业能让员工"工作生活两不误"，这些企业就是"未来之星"，就是员工们最向往的优秀雇主，就是未来中国市场上最成功的企业。那些靠牺牲员工生活、博取企业利益的企业终将被淘汰，因此领导者必须要立刻行动起来。

为此，你最好掌握以下几个要点。

*1.*引导员工接受新观念

在企业内部可以举办一些讲座、沙龙等交流活动，循序渐进地启发、引导员工接受一些新的观点，如："工作和生活是一块硬币的两面，互为补充，互为因果。事业有成、家庭和睦，才是完美"；"工作和生活并不矛盾，工作是生活的一部分，要使生活与工作并行前进，才是真正的成功"……

*2.*培养员工的时效观念

作为领导者，你要告诫和监督员工在工作过程中是否投入，随时提醒他们要心无旁骛、全神贯注地工作，以提高工作效率，尽量在工作时间内把所安排的工作做好，赢得足够的生活时间。同时，也要告诉员工，上班时专时专用，休息时间只关注生活，该工作的时候好好工作，该休息的时候好好休息，如此工作起来就会高效很多。

*3.*提高员工的工作能力

有些员工之所以在工作时间内做不完工作，之后不得不加班加点地工作，进而影响到了生活，很有可能是他们的工作能力不足，在工作上遇到了不能解决的困难和问题。因此，领导者要注重提高员工的工作技能和素质，使之工作起来更为得心应手，从而减少工作时间完不成工作的压力。

此外，企业可以创造家庭成员参观公司或相互联谊等的机会，促使家庭成员和工作伙伴的相互理解与认识，也能够促进工作和生活的平衡。比如，摩托罗拉公司在公司里定期举办"家庭日",让员工和家属们欢聚一堂,这不仅丰富了员工的生活,减轻了员工的工作压力,让员工能以更加健康的身心投入工作中去,而且大大增强了员工的忠诚度、自豪感和公司的凝聚力。

总之,工作和生活就像人的左腿和右腿,是人生的两个基本支点。工作和生活的平衡已经成为企业管理学的主要内容。领导者只有帮助员工实现工作和生活的平衡,才能使他们两条腿协调迈步,陪着企业走得更稳更远。

第67招　提供好环境,给员工最贴心的工作氛围

> 员工若是在一个良好的环境中工作,干起活来自然就心情舒畅,而员工心情舒畅,工作效率就会提高,干出来的活也才可能漂亮,进而为公司带来更大更好的利益。

从心理学上讲,当工作环境不能让个体的期望得到实现时,个人就会产生挫折感和失落感,同时自尊心受到伤害,并且会在情感上远离组织,导致职业倦怠,甚至辞职。生活中我们都会有这样的感受:身在干净整洁的房间时,心情是愉悦的,但是身在杂乱无章的房间时却很容易暴躁、失落,等等。

关于优越的工作环境的重要性,可以听听员工们的真实看法:"这会使我的身心得到愉悦,提高工作效率"、"我会有一种归属感,人在最放松的时候总是能够迸发出许多灵感"、"我们在这里工作,我们有权要求企业在环境上作出一定的改善,这体现了公司对员工个人权利的尊重"……

惠普公司的创始人比尔·休利特说过:"所有员工都想把工作做好,如果提供给他们合适的工作环境,他们就会做好。"因此,重新塑造办公空间,留

住老员工、吸引新人才，以形成稳固的员工梯队，成为企业迫在眉睫的问题。努力为员工创造这种环境，这比整天口头喊着"努力"自然，是一种水到渠成的过程。

不过遗憾的是，许多领导者已经认识到了工作环境的重要性，但是对如何创造员工良好工作环境的量化标准却一无所知，下面我们就一起来看一下。

1.温度

关于温度，人体所需的高效和健康应该维持在37℃，些微的变化都会导致人体相当的不适，温度太高或者太低都会影响员工的心情，进而增加工作负担。办公室内最佳的空气温度为18℃~21℃。

2.相对湿度

室内湿度宜保持在40%~70%之间。高度潮湿（100%）会阻止汗的蒸发，人会变得乏力、昏昏沉沉，精力不集中，工作低效。低度潮湿（30%以下）造成空气干燥，使得皮肤组织干化，引发喉咙痛和感冒，使员工缺勤上升。要想员工高效工作，要想员工舒适工作，就应避免过湿或过干的情况。

举一个例子，惠普办公室的温度和湿度是按照一流的标准来设计的。公司所在大厦的物业管理部门每天都要两次派人来测温度和湿度，办法是这样的：测量人员拿着一张办公室的平面图，选取20个点进行测试，然后把每个点的温度和湿度记录下来，以保证在办公室内的每一个角落都符合人体健康标准。

3.噪声

过多的噪声会给人以生理上、心理上的不良影响，使人心情烦躁、降低注意力等，因此领导者要将相关的工作做好，不用金属桶，而用塑料桶；经常维修设备；走路轻、说话轻、操作轻的"三轻"工作要确实落到实处；使用多孔硬木板、软木、墙纸、地毯。总之在正常情况下要将分贝保持在40以下。

4.光线

阳光可以使人心情愉悦放松，光线有自然和人造两种。在办公室内，只要可能就应该使用自然光，不要用窗帘、百叶窗、植物和家具遮挡太多窗户区域，采光越接近自然，越容易调动人体基因，使其调整成最佳状态。这里就有一个度的问题，采光以自然柔和的阳光为宜，光线太强则会让人不舒服。

5.保持通风

封闭的写字楼里缺乏流动的新鲜空气，员工往往会头昏脑涨，很难发挥好的工作状态。因此，办公室还应尽可能创造条件保障适度的通风，可以用电子空气清新器帮助净化室内空气环境，也可以将窗户打开透气。

6.绿化

现在越来越多的办公场所都会摆放一些绿色植物，绿色植物不仅能缓解人们工作中的紧张情绪、使心情放松，更能提升公司的企业形象，使办公环境更加美化、舒适、充满生机和自然的气息，凸显气派和高档次感。

当然，员工的工作场所有足够的空间吗？会不会像挤在一个"沙丁鱼罐头"中工作？桌子的尺寸是否合适？椅子坐着舒适吗？工作设备如何？员工拥有最大化成就所需的各种办公设备吗？……这些也都是领导者需要多费心思的地方，可以根据实际情况作出相应的调整，这里就不一一详述了。

总之，在同等条件下，工作环境的优良程度决定了工作的效率和员工的身心舒适度。员工每天在企业工作至少 8 个小时，改善员工的工作环境可以说是企业关心员工的十分实惠、贴心的举动，领导者一定要将这一工作落实到实处、落实到细节。提高工作效率，创造新的成绩，就这么简单。

第68招　向遇到困难的员工伸出援助之手

人在困厄消沉中，有人向他们伸出温暖之手，可以使他们产生长久的感恩之情。因为最让人难忘的不是锦上添花，而是雪中送炭。

作为领导者，你总是要面对很多的员工，少则三五人，多则数百人。这些人虽然都是你的手下，但他们却也是一个个独立的人，他们也有自己的悲欢离合、喜怒哀乐，他们也会遇到过不去的坎。

领导者要给予员工无微不至的关怀，给予他们生活上的支持和帮助，这就意味着领导者要关心员工的疾苦，在自己的能力范围之内替他们排忧解难，这样才能解决员工的后顾之忧，使之集中精力、全力以赴地投入工作中去。危难时，你向员工伸出一只手，会比在他成功时你伸出两只手拍出的掌声更容易让他感动。

无论在什么公司或企业里，只有全体员工同心协力，才能保证公司获得最终的成功。而这首先就要求领导对员工们的心灵进行安抚，要多关心员工们的生活，对他们遇到的感情波折、事业挫折、病痛烦恼等做到及时疏导，帮助他们建立起良好、正常、健康的人际关系，进而赢得员工对公司的忠诚，使整个企业结成一个团体。这样的领导才是真正会抓住人心的领导。

摩托罗拉公司的总裁保罗·高尔文很重视自己的员工，对他们以诚相待，真心关怀，一旦员工遇到什么难题时，他都会第一时间伸出援助之手，他对员工的关怀早已扩展到了雇用关系之外。也正因为如此，才有许多人愿意一直追随他。

在听说员工的家人生病时，高尔文就会打电话询问："你真的能够解决吗？如果有问题的话，可以跟我说，我认识看这种病最好的医生。"有一次，有个在生产线上作业的年轻小伙子，他的父亲并不是摩托罗拉的员工，但是由于身患癌症，只能在家养病。高尔文了解到这个情况后，不仅给这名员工介绍了一个著名的专家，还让员工回家照看他的父亲，而他的工资还是全部照发。此外，高尔文还曾为一位员工的子女交纳上大学的费用，为一个员工的妻子交纳分娩费……

高尔文的关怀不只是出现在员工遇到巨大困难时，在平日里，若是员工们遇到小麻烦，都能够得到高尔文的帮助。在他们公司有位采购员，那年因为生意不景气便忍着牙病工作，高尔文在得知这个情况后，就劝他去看医生。采购员接受了手术，手术费却高达200美元，这在当时可是一笔相当大的金额，可是这位采购员从未见到过手术账单，他每次向高尔文询问时，得到的回答都是："你不用管，有我在。"

与其他的传奇富商相比，高尔文似乎更关心员工们的疾苦。他在自述中曾说道，他曾强烈地意识到：必须用真诚的感情说服员工，使他们认识到"一个公司只有在员工参与后，才能发挥效能，否则，只能是一潭死水"。高尔文取得的成功，就是他关心员工疾苦的结果，没有在困难时代倒下去，并且帮助公司屹立至今的员工们组成了这个集团忠诚的核心，同时也创造出了今天的辉煌。

如果你希望自己管理有方，就必须与员工建立良好的关系，而良好的关系又建立在互相关心、互相帮助的基础上。既善于利用员工的能力，又懂得关心员工的疾苦，替员工排忧解难，如此就激发了员工的工作积极性，你也就实现了管理有方。

为了确保效果，你应尽量做到以下几点。

1.要摸清员工的基本情况

领导者要时常与员工谈心，关心他们的生活状况，对生活较为困难的员工个人和其家庭情况要心中有数，要随时了解员工的情况，弄清员工后顾之忧的核心所在，以便及时伸出援手、对症下药。

2.在力所能及的范围内进行

领导者每天都有许多职内的责任，分担员工的困难要本着实际的原则，在力所能及的范围内进行，也就是要量力而行。千万不要开实现不了的"空头支票"，给予承诺却不予兑现的影响是糟糕的，因为它会向员工显示出你的无能，或者失信，没有人愿意跟随一个没有实力、不讲诚信的人。

总的来说，向员工伸出援助之手，实实在在地为他们排忧解难，需要把握好几个重要时机：家庭经济本来紧张，或收入突然减少，或一下子要支付一笔很大的开支而影响家庭经济平衡时，要帮助安排好其家属子女的生活，必要时要指派专人负责联系，不让员工牵挂；当员工生病时，要及时前往探望，要适当减轻其工作负荷，让员工能够及时得到治疗；当员工的家庭遭到不幸时，领导者还要代表组织予以救济，及时伸出援助之手，以缓解员工因不幸造成的损失。

第十一章 | 激发潜能的 9 个关键

管理者要以持续晋升的途径来激励员工。当员工发现你时刻都在为他的前途和未来着想时，就会加倍地努力工作，同时这也显示了你的领导才能，出色的人才自然就会聚集在你的周围。

第 69 招　为员工描绘未来的美好愿景

愿景能够给我们带来力量，激励我们去争取自己真正渴望的东西。正如已故的管理大师彼得·德鲁克所说："预见未来的最好方式就是在大脑中先创造一个未来。"

一个优秀的领导者一定是一个善于描绘未来的人，一定是一个善于用企业愿景激励员工的人。因此，领导者激励员工的一个重要方法就是在未来愿景上下工夫，能够将大家所期待的未来愿景着上绚丽的色彩，并用充满自信且热情洋溢的话语向员工描述企业广阔的发展空间。

当员工了解到企业的优势和发展目标及企业的美好前景后，他们在作决策的时候，脑子里会有明晰的最终结果，而且对下一步该做什么也将变得清晰了。在这种文化氛围下，员工就可以作出明智的选择，并且激发出工作热情和实现目标的强烈渴望，全力以赴地朝着愿景前进，最终达成目标。

关于愿景的重要性，《现代汉语大词典》第 5 版也给出了这样的解释："愿景，目前已经成为企业领导者所必需的一种职业期许，企业领导者具备了并树立自己的愿景，才能让员工更好地得到一种发展的设想与空间，才能更好地建立团队稳定性与战斗力，从一定程度上延长团队寿命！"

《领导力》一书里有一句类似的话："领导者就是贩卖希望的商人。只不过他们卖的不是一般的商品，而是希望！他们与员工的关系很明显：我把希望给你，你把支持给我。不管是国家领导人还是企业领导人，一个成功的团队领袖，首先就要是个伟大的造梦者，依靠梦想来引导大家前进。"

通俗地讲，一个普通的上班族，其最大愿望无非是追求物质上的满足，衣食住行的高档消费品、可靠的红利及带薪假期等就是他所期待的愿景。愿景是一个打工者奋斗的动力，是促使其努力工作的兴奋剂。一个成功的领导者要做到把未来的愿景说给员工听，让员工相信"跟着领导有饼吃"。

不可否认，愿景在本质上是一种看不见、摸不着的企业文化，但是一个强有力、形象生动的美好愿景对员工的激励作用不容低估。员工越了解公司未来的愿景，归属感越强，公司就越有向心力。

那么，领导者该如何向员工描绘愿景呢？

1.重视员工对愿景的看法

作为企业的领头人，领导者必须明确要把团队带到哪里去。不论你最初是如何起草愿景的，重要的是你先要得到员工对愿景的看法和相关信息，只有这样才能运用团队成员的知识和技巧，从而创造出真正激励人心的最佳愿景。

为此，你可以问员工以下几个问题："这个愿景令人感到激动和鼓舞吗？""这个愿景对你有指导意义吗？""你愿意为具有这样愿景的组织工作吗?""你能看到你与愿景的契合点吗?""这个愿景会帮助你确立工作的优先顺序吗?""我们还遗漏了什么?我们应该去掉什么?"……

2.愿景必须要明确具体

一场长跑,是需要一米米地往前跑的,而长跑运动中需要有分阶段的目标和供给。每一个愿景都是堪称伟大的,都不是一蹴而就的,正因为此,将愿景进行分解就更显其必要性。因此,领导者不但要为员工描绘美好的愿景,而且要保证愿景必须是明确的,要干什么、达到什么程度,都要清清楚楚。愿景必须是具体的,用什么办法去达到、什么时候达到,要明明白白。把愿景和实实在在的工作结合起来。员工知道自己在做什么,也知道为什么要这样做,他们自然就会毫无疑惑地追随。

3.领导者应身体力行

一个团队或一个部门犹如一艘航行于大海中的轮船,作为这艘船的领导者,应成为何种角色,是船长还是舵手,是摆在每一位领导者面前的问题。因此,为了共同愿景的实现,领导者必须身先士卒、身体力行,发挥"领头雁"的作用。而且,对于领导者来说,这个共同愿景也应该是你的个人愿景,而且领导者的个人愿景在共同愿景中占有很大的地位,这就更需要身体力行,进而激励员工行动了。

《圣经》里说,没有愿景,民就放肆。这句话的意思是说,如果没有希望和愿景,人心就散了,队伍就不好带了。企业的领导者就是要给员工描绘一幅美好愿景,让大家朝着这个方向迈进。如果你不能给员工带来希望和愿景,你就不是一个好的带队者,队伍迟早要垮,或者,你被人取代。

第70招 给员工一个适合的发展平台

> 企业作为一个社会责任的承担者，引导着自己的员工、推动着他们的职业生涯不断发展。而勤恳上进、胸有大志的员工，其实也是企业很需要的中流砥柱。

一粒树种要成长为一棵参天大树，适当的土壤和环境是起决定性作用的。对企业的员工来说，也是如此，当一个领导者把一个人才招募到公司时，就如同播下一粒树种，只有为他提供适当的平台，他才能发挥出全部的才能，为公司创造利润。但是不幸的是，许多领导者只知道一味地向员工要绩效。

例如，有些企业过分强调工作的效率，往往把员工在工作中需要做的总结知识的时间、改进或创新需要的思考和讨论时间等都忽略了。这些都是重要但不紧迫的事情，看起来短期影响不大，但很可能令那些勤恳上进、胸有大志的员工产生再干下去也没有发展前途的感觉，于是在失望中寻找新的企业。

因此，除了为员工提供升值和培训的机会外，领导者还要从长远着手培养员工，给员工提供一个良好的平台、一份长远发展的事业，提供可持续发展的机会和空间，这样会让员工感到选择公司不只是选择了一份工作，更是选择自己一生的事业，如此自然会全力以赴地投入工作。

可以说，谷歌取得的成功源于其创办人——当时还是学生的拉里·佩奇和谢尔盖·布林非凡的想象力。时至十几年后的今天，谷歌已然发展成为拥有2万名员工、市值高达200亿美元的全球搜索引擎霸主，其成功的秘诀还在于他们重视人才，努力给每一位人才提供发展事业的平台。

作为信息产业，创新是一种持续性的生产力。为了鼓励创新，谷歌鼓励员工在上班时间尝试不同的事情，员工可以利用20%的工作时间做自己工作以外的事情，这可以理解成一个星期一天或是每五个星期一个星期，拉里·佩奇认为"总结提炼、分享学习、使用和创新，需要给员工一些时间"。这一点很特别，公司很多产品就是在这20%的时间里开发出来的，比如谷歌新闻和谷歌电邮。

另外，谷歌还鼓励员工们通过自主创新发展自己的事业，这可以是内部创业，也可以是外部创业。员工在进行外部创业时，谷歌创业管理机构会根据投入的创业基金、创业者的智力和技术等划分股份，作为合资方入股新创立的企业。当然，新创立的企业一旦赢利就必须按照比例与谷歌分成，成果显著。

就这样，谷歌对每一位年轻人都充满了吸引力，谷歌优秀的计算机科学专家遍及世界各地，谷歌精彩的创新也来自四面八方。

员工能否忠诚于一个企业，他们又为什么要忠诚奉献，其中最关键的因素是，在他们的成长道路上，作为领导者是否能够对他们多多栽培。有多少企业愿意让一线工作人员，特别是骨干人员将10%~20%的时间花费在创新上或知识传承上呢？重视眼前利益而忽略长远利益，这就导致了留不住人才。

一个企业人何以拥有成功人生？这是一个目标管理的问题。企业在高速发展一段时间后就会发现，员工的专业能力稀释了，导致了质量问题、成本控制问题、客户满意度问题、员工流失率问题。这时候，企业就不得不调整目标，放慢发展速度，加强员工专业方面的训练，调整几年再重振旗鼓。也有些快速发展的企业，因为员工能力和创新跟不上竞争的要求，就倒下了。

鉴于此，领导者一定要及时了解员工对环境的需求和想法，尽力提供有利于其施展才能的环境，给予有能力的员工一定的发展空间，鼓励他们勇敢地创新、大胆地尝试、自由地发挥，让他们有充分的自由去做一些自己想做的事情，实践自己的一些想法，这对于企业只有益处没有害处。

当然，要给员工一个发展事业的平台，还要注意把员工放到合适的地方，我们在后面的章节中将对此详细阐述。

第 71 招　不断挑战极限，引爆员工的潜能

> 领导者需要循序渐进地给员工一些压力，让这些压力变成动力，这时，压力会像火山爆发一样喷发出无穷的能量，引爆员工的潜能。

自古以来就有这么一个传说：鲤鱼只要跳过龙门，就可以变成龙。鲤鱼的祖宗把跳龙门的事一代一代传下去，告诉自己的子孙，并且鼓励它们去跳龙门。这不仅是出于"望子成龙"的心理，而因为在鲤鱼家族里如果能有一条鲤鱼成了龙，岂不是全族的光荣？因此，世世代代，年年月月，鲤鱼们都去跳龙门。

可是，没有一条鲤鱼能跳过龙门。河里的乌龟劝告鲤鱼说："'鲤鱼跳龙门'，这是不切实际的痴心妄想。你们应有自知之明，何必去白花力气呀！"鲤鱼回答："不错，我们鲤鱼至今还没有能跳过龙门的，但因为这样高标准要求自己，锻炼了我们鲤鱼跳跃的本领，所以才能胜过河里所有的水族，登上跳高冠军的宝座。"

尽管没有鲤鱼能够跳过龙门，但是"跳过龙门就能成龙"这一目标一直激励着世世代代的鲤鱼们不断地跳龙门，正是这样一种高期望值的激励措施练就了鲤鱼们跳跃的本领与生存的才能。联系到企业管理，只有不断地提高要求，利用高期望的愿景激励机制，才能最大限度地引爆员工的潜能。

在实际工作中，不少领导者们会发现这样一个问题，有些员工原本是能力出众的，而且工作热情也很高，但是工作时间一长，尤其是有所成就之后，他们就会满足现状，不再积极进取，很多还沦为不起眼的人。面对这种员工，领导者应采取的激励办法正是不断地提高要求，发展员工的能力。

能力出众、斗志昂扬的员工更喜欢迎接挑战，如果领导者能不断地提出高标准的目标，为他们提供新的成功机会，他们的潜能就会不断地释放，进而作出更为优秀的表现。美国一位名为克雷格的管理顾问说："设立高期望值能为那些富有挑战精神的贤能之士提供更多机会，这是激励人才的关键。"

IT行业的元老级人物堪查尔斯·西蒙伊、史蒂夫·鲍尔默在微软的成长历程就是很好的例子。

1980年，西蒙伊加盟微软公司，之前他已经在IT行业取得了不俗的成绩，他原以为自己在微软的工作会很轻松，但是很快他就发现盖茨给他的工作多么富有挑战——进行电子表格程序、贸易图形显示程序和数据库应用程序软件的创作。微软提供的舞台让西蒙伊找到了挑战自我、挑战极限的快感，最终他凭借自己的努力完成了3个软件的创作。

微软从1981年开始开发Windows操作系统，当时已经是微软商务经理的鲍尔默挺身而出，承担起开发的责任。盖茨只说，如果视窗软件不能在1985年春前上柜台销售，他就要鲍尔默走人。在当时这个挑战性的工作几乎是一个不可能完成的任务，不过鲍尔默却体验到了挑战的快乐，最终他没负盖茨所望，1984年11月成功地把Windows3.0推向市场，不仅使自己声望大增，还赢得了总裁的位置。

对此，盖茨解释道："微软觉得，有一套严格的制度，你就会做一个很规矩的人，但你的潜力发挥到70%就被限制住了，微软要每个人都做到100%。特别是做软件，需要人的创造力，所以微软有一种激励的文化，如果你现在的情况能做到70%，那么公司给你资源，公司给你方向，公司给你鼓励让你去达到100%。"

当公司给员工的资源也够了，给的待遇也够了，给的奖励也够了，那么员工还追求什么呢？在微软，这个答案是唯一的，那就是对员工不断提出更高的要求，让他们开展挑战性的工作，为他们提供新的成功机会。

的确，一个真正吸引人的公司应该是一个能够让员工不断挑战自我的公司。喷泉的高度不会超过它的源头，思想高度决定人生高度。一个人只有不断地挑战，才能使自己的思想更积极、眼界更宽阔，进而激发内在的潜能转化为无限的成就，那么，未来的高度就有可能"会当凌绝顶，一览众山小"。

更为重要的是，这些被委以重任的员工在这种激励的鼓舞下，能够深刻地体会到领导层对他们的信任和期望，能够感受到自己晋升的可能，从而激发出强大的精神动力，不遗余力地投入工作，从而形成良好的企业文化氛围，人人都对自己抱有较高的期待，人人都渴望更大的成功，这对企业无疑是非常有利的。

因此，对于自己的员工，尤其是满足现状的员工，领导者要学会不断地提高要求，给他们提供新的成功机会。当然，这里需要掌握一定的度，过度的期望则会加重员工的心理负担，令人惶恐不安，有时还会产生反抗的心理。

第72招　优胜劣汰让企业充满活力

"适者生存"是自然界的生存法则，同样适用于企业员工生存、发展的金科玉律。竞争对个人和企业本身的确是惨烈的，但对于个人与企业的进化也是非常有利的。

为了增强企业的活力与竞争力，在公司内部的用人机制上，管理者需要遵循适者生存、不适者淘汰的原则，及时地裁减冗员，将那些不胜任工作的员工淘汰下去。这样一来，一方面减轻了企业的负担，另一方面也使留下来的精英时刻有一种危机感，也就是"今天工作不努力，明天努力找工作"的效果。

百事可乐公司是一个成功运用优胜劣汰用人法则的世界性大公司。该公司的产品行销全球，在国际市场上长盛不衰。该公司主管韦恩·卡洛韦被问及他的公司是如何取得这一切的时候，他肯定地回答：坚持优胜劣汰的用人法则。

卡洛韦对他的员工大多数都了如指掌，他亲自制定下属各类人员的能力标准，每年至少一次和他的下属共同评价他们的工作。如果某个下属不符合标准，也许会再给他一段时间以观后效；如果已达到标准，就会在第二年习惯性地提高要求。经过评估，公司的工作人员一共被分为4类，采取4种对待方式。第一类，最优秀者将得到晋升；第二类，可以晋升但目前尚不能安排；第三类，需要在现有的岗位上多工作一段时间，或者需要接受专门培训；第四类，最差者将被淘汰。

无独有偶，日本的松下公司每季度都要召开一次各部门经理参加的讨论会，以便了解彼此的经营成果。开会以前，公司领导会把所有部门按照完成任务的情况从高到低分别划分为 A、B、C、D4 个等级。开会时，由 A 级部门首先报告，然后依次是 B、C、D 级报告。这种做法就充分利用了人们的竞争心理，这样一来，所有人都会努力提高业绩，因为谁也不愿意排在最后。

中国家电第一品牌海尔集团也是一样，他们将优胜劣汰的自然法则作为激励法，而且还直接把企业变成了"赛场"，让每位员工参赛，提出"变相马为赛马"的用人理念。海尔的赛马规则包括 3 条原则：一是公平竞争，任人唯贤；二是适职适能，人尽其才；三是合理流动，动态管理。对人才的任免考核讲求公平、公正、公开，简称"三公"，绝不搞"暗箱操作"。在这里，只要进入公司的员工都可以参赛，所有的人都是赛手，所有的岗位都是赛场，人人都能升迁，而且向社会全面开放，不分年龄大小、身份贵贱、资历高低，只要有技能、活力、奉献精神和创新精神，这里就是人才驰骋的赛场。也就是说，只要员工工作绩效突出，又具备相应的素质能力结构，可以胜任较高的职位要求，那么员工个人就可以按照规定的步骤得到升迁和提升。

不过，凡事不能走极端，走极端必然走向反面。优胜劣汰制是以员工竞争为基础的，竞争进行过头了，也会走向反面，导致同事之间的关系紧张，企业处于一种人心惶惶的氛围，团队合作几乎没有，在员工心里上便成了一件十分有压力的事情。因此，管理者在使用前一定要慎而又慎，不妨使用"末位淘汰"制。

"末位淘汰"是指对某一范围内的工作人员实行位次管理，规定其在一定期限内，按特定的标准对该范围内的全部工作人员进行考核并据此排出位次，并将位次列在前面的大多数人予以肯定和留任，而将居于末位的一个或几个予以否定和降免职。淘汰末位者不是孤立的，而是保留比被淘汰者合适的、优秀的人员，同时让出位置给新的比被淘汰者合适的、优秀的人员。

当然，末位淘汰的目的并不在于员工的流失，而是给员工施以压力。在末位淘汰的压力下，员工为了免遭淘汰，继续从事原有的工作，得到原有的待遇，就会加倍努力，进而使员工之间产生强烈的竞争气氛。末位淘汰的另一优点就是可以直接单纯地优化队伍，不断地为企业补充新鲜血液，保持活力。

不过，管理者在进行末位管理时要注意保证公平性和合理性，否则不仅会失去人才，还会引起其他员工的恐慌，使他们得不到肯定且没有安全感，很容易引发一系列负面效应，甚至导致企业的不稳定。

总之，市场经济条件下，员工间竞争如同逆水行舟，不进则退。优胜劣汰、适者生存是激发员工竞争意识的一种策略，管理者在实践中必须结合自身的实际情况和管理需求来贯彻这一管理理念，使企业永远充满活力，进而处于不败境地。

第 73 招　设立"假想敌"激发员工的斗志

> 给员工设立"假想敌"，激发员工的斗志，"假想敌"一定要比员工本身要强，才能激发隐藏在员工内心的潜能。

每一个人都有被尊敬的需要和成长发展的期望，其潜在心理都希望自己"比别人站得更高"，或"比别人更重要"，从心理学上来说，这种潜在心理就是自我优越的欲望。即使一个人的竞争心很弱，也会有这种欲望。当这种自我优越的欲望出现了特定的竞争对象时，其超越意识就会更加鲜明。

一个有上进心的员工最怕的是没有对手，如果没有对手，他就容易看不清自己能力上的缺陷，就会失去进取的动力，也就无法激发其最大的潜能。很多员工能力出众、工作表现优秀，却常常抱怨工作没劲，其中缺乏竞争对手是主要原因之一。

所以，管理者要善于利用员工的这种心理，给团队的每一个人设立一个竞争的对象，让员工知道竞争对象的存在和超越对方的重要性，从而激发起他们争强好胜的竞争意识，并且体会到竞争带来的快乐。当员工们你争我抢、全力以赴地为公司作出贡献时，管理者的工作也就做到极致了。

那些聪明的管理者都深知这一点，所以他们会时常利用员工的这种自我优越的欲望，为其设立一个竞争的对象，让对方知道竞争对象的存在，进而轻易地激发起员工的工作热情，从而让他们主动展开竞争，工作效率自然就会提高。值得一提的是，这种方法不仅适合单个的个体，也同样适合团队。

下面的故事就是很好的例证。

琼斯先生是温哥华一家航运公司的总经理，他提拔了一位非常有能力、有潜质的人到一个生产落后的船厂担任厂长。可是半年过后，这个船厂的生产状况依然不能达到生产指标。为了激励工人们完成规定的生产指标，他曾用了加大奖金力度、优胜劣汰等多种激励方法，但怎么也不见效果。

这一天，琼斯先生站在办公室门前沉默着，这时恰逢换班时间，白班工人们已经陆陆续续走出车间，晚班工人们则准备交班。"给我一支粉笔，"琼斯先生说，然后他问旁边的一个白班工人，"你们今天完成了几个生产单位？""6个。"只见琼斯先生走到车间门前，在大门上写了一个大大的、醒目的"6"字，然后一言未发就走开了。

当夜班工人们进到车间看到这个"6"字时，就问白班工人是什么意思。白班工人回答："琼斯先生今天来这里视察，他问我们完成了几个单位的工作量，我们告诉他6个，他就在墙壁上写了这个6字。"

次日早晨，琼斯先生又走进了这个车间，夜班工人们已经将"6"字擦掉，换上了一个大大的"7"字。下一班白班工人看到了墙壁上的"7"字，"哼，夜班工人比白班工人好，是不是？好，给他们点儿颜色瞧瞧！"他们全力以赴地工作，下班前留下了一个神气活现的"8"字……就这样，该船厂的生产状况逐渐好起来了。

"哼，夜班工人比白班工人好，是不是？好，给他们点儿颜色瞧瞧！"琼斯先生利用工人们"好斗"的本性，不仅巧妙地解决了该厂完不成定额的难题，还使工人处于自动自发的工作状态，最终的受益者就不言自明了。

由此可见，当企业发展不尽如人意、员工们士气不振时，假如管理者能够给员工们设立一个"假想敌"，设立一个可以竞争的对象，那么就可以有效激发员工们的竞争意识，使他们的能力得到充分发挥，进而帮助企业扭转困境。

不过，培养"假想敌"是一柄双刃剑。如果员工们在竞争中打败对手取得胜利，固然会促使他们产生更强的工作积极性。但是，如果怎么追赶都不及"假想敌"，屡遭失败，反而会使员工的自信心受挫，导致工作积极性不增反降。

因此，管理者在给某些员工选择"假想敌"时，最好选择比他们成就或能力方面强一点点的人，双方实力不要相差太多，努力一点儿就能赶上，让员工能看到进步的希望，能体验成功的喜悦，他们自然就会在工作中全力以赴了。

第74招 员工危机感越强，企业发展越快

> 人都是有惰性的，在安逸的工作环境中，斗志就会被逐渐消磨，沦为自我设限、安于现状的人。

当一个员工的工作激情衰减到对企业的危机无动于衷时，这个企业也就同步衰败了，这也是许多优秀企业的短命根由。

其实，每个员工都是一块宝藏，蕴藏着巨大的潜力，但这种潜力的发挥和周围的环境是息息相关的，过于舒适或平静的环境并不利于潜力的发挥，反而是在环境比较恶劣或受到某种外在刺激的情况下，潜力才会像火山爆发一样，喷射出无穷的智慧能量来。所谓"生于忧患，死于安乐"，便是这个道理。

20世纪60年代，佳能公司采取多种经营方式打入计算器市场，公司研究出的键盘式计算器试销后获得成功，这使得员工们大松了一口气，甚至觉得高枕无忧了。但好景不长，没过多久，佳能在与"卡西欧"推出的小型计算器的竞争中连连失利，于是公司又研制新型计算器再次上市，但由于研制仓促，产品缺乏合理性，结果销路不畅，此时又正值第一次石油危机爆发，佳能出现巨额赤字，濒临倒闭。

挽救败局成为此时最为紧要的事，董事会最终决定，把企业遭遇的危机告诉全体员工，让他们知道企业处于危险的境地，唤起他们的危机感，振奋员工的士气以背水一战。于是，公司向全体员工发出危机警告。那些身心放

松的人、高枕无忧的人都重新变得紧张了起来，继而员工小组加强活动，新建议、新方案层出不穷。危机激发出了许多智慧，如何挽救佳能成为员工日常议论的话题，员工们充分发挥自己的主动性和积极性，结果佳能很快就走出了困境，重振雄风。

危机虽然可怕，但却是让员工展现自我、挖掘员工潜能的最有效的武器。商场上可能有积极进取的常胜将军，却不可能有故步自封、恃才傲物的常胜将军。面对现今激烈的市场竞争，面对残酷的淘汰机制，任何一位企业管理者和员工都应该持有一种危机感，持有一种忧患意识。

需要注意的是，身处逆境和困境，危机迫在眉睫，自然谁都会有危机感。可是，真正的危机感强调的其实是一种心理状态，其存在不一定是事实的逆境和困境。聪明的管理者要使员工在顺境下也保有危机感，保持忧患意识，始终坚持不懈地努力。所谓居安思危、未雨绸缪、有备无患就是这个道理。

一个富人说："21世纪，没有危机感是最大的危机。"日本日立公司主动制造危机事情，这是一项人事管理的权宜之计，它虽然节省不了什么经费开支，但可以使员工意识到自己手里捧的不是铁饭碗而是泥饭碗，稍不注意，饭碗就被砸了，而避免被自身的惰性俘虏，增强忧患意识及竞争力。

总之，在企业发展过程中，管理者如果能从改变员工的惰性这个角度入手，适时地制造一些危机，利用危机去攻击它、刺激它、克服它、战胜它，这对员工和企业的发展来说都不失为一件好事。

第 75 招　让员工分清正确的企业荣辱界限

知荣辱，是人性的标志，是人区别于动物、人之为人的重要标准。荣辱意识是使员工勇于竞争的基础条件之一。

刘铭是某文化公司的经理，他经常率领员工们阅读四书五经等："子曰：巧言、令色、足恭，左丘明耻之，丘亦耻之。匿怨而友其人，左丘明耻之，丘亦耻之。""仓廪实而知礼节，衣食足而知荣辱"……这些话大意是说做人不能说假话、做假事，要把荣辱放到与人格同等重要的位置。

对此，刘铭给出了自己的解释："在过去一段时间内，部门及职工急功近利思想严重，工作上只求形式，不讲内容；做事脱离实际，好摆花架子或只动动嘴皮，这给公司带来了不小的危害。公司要发展就要树立求真务实的工作作风，让员工们知道什么行为是值得提倡的、什么行为是应该杜绝的。"

果然，一段时间后，员工们深刻地认识到做事要从实际出发，实事求是、与时俱进、开拓创新。时刻以公司兴旺为荣，以公司衰败为耻。心往一处想，劲往一处使，最终推动着公司从一个胜利走向了另一个胜利。

就企业内部的员工而言，只有员工具有较强的荣辱意识，才能有赶超别人的愿望和冲动，管理者使用竞争激励的效果才好；相反，如果员工荣辱不分，或者荣辱意识不强，不分美丑黑白，觉得先进并不光荣，落后并不可耻，那么竞争激励就成了一句空话，企业就会是一潭死水。

我国战国末期的思想家荀子认为，不知荣辱乃不能成人。此后，古人又提出了不少有关荣辱的格言，如"宁可毁人，不可毁誉"、"宁可穷而有志，不可富而失节"、"立大志者，贫贱不能移，富贵不能淫，威武不能屈"，等等。这充分说明了古代的仁人志士将荣辱放到了与人格同样重要的地位。

从古至今，人们始终通过强烈的荣辱意识来维系基本的文化价值。莎士比亚说过："我的荣誉就是我的生命，二者互相结为一体；取走我的荣誉，我的生命也就不再存在。"在这里，生命与荣誉结为一体。孟子云："无羞恶之心，非人也。"朱熹解释道："耻者，吾所固有羞恶之心也。有之则进于圣贤，失之则入于禽兽，故所系甚大。"

问题的关键是，每个人的荣辱意识各不相同。有的人荣辱感非常强烈，而有的人荣辱意识则比较弱，甚至还有的人几乎不知荣辱。因此，要让竞争发挥出其应有的激励功能，管理者必须强化员工的荣辱意识。

我们知道，荣辱意识的前提是知荣辱，这就涉及了自尊心的问题。自尊心是人的重要精神支柱，是进取的重要动力，与人的荣辱意识有着密切联系。因此，强化荣辱意识，首先要激发员工的自尊心。

根据有关的分析，员工自尊心的表现程度大致分为 3 种类型。

1.自大型员工

对于自大型的员工来说，他们的荣辱感极强，甚至表现为受"荣"而不能受"辱"，并且他们的荣辱感往往带有强烈的忌妒色彩，不能正确地看待同事之间的竞争，这就要求管理者对他们加以正确引导，以防止极端情况的发生。

2.自勉型员工

对于自勉型的员工来说，其荣辱意识也比较强，大多能够正确地看待荣辱之事，而且他们一般能够自觉地督促自己近荣远辱，是非常适合开展竞争激烈法的群体，这时只需要管理者稍加引导就可以了。

3.自卑型员工

自卑型的员工，大多对自己没有信心，妄自菲薄、情绪低落，这样就不能深刻地体会荣辱的意义，进而影响到激励效果，对此，管理者必须通过教育、启发等各种办法来激发其自尊心，尤其是要引导其认识自身的能力和价值。

强化荣辱意识还必须明确荣辱的标准。究竟何为"荣"，何为"辱"，管理者应当让员工有一个明确的认识。在现实中，荣辱的区分确实存在问题。比如说，有的人把弄虚作假当成一种能力，而有的人则对此嗤之以鼻；有的人把直言直语看作是无能的表现，而有的人则认为这是忠诚老实的反映。所以，管理者应当让员工分清正确的荣辱界限，这样才能保证竞争机制的有效性和正确方向。

此外，强化荣辱意识还必须使其在工作过程中具体地表现出来。管理者可以在平时的工作中通过一些奖励先进者、批评落后者的活动，让员工们看到进者荣，退者辱；先者荣，后者辱；正者荣，邪者辱，这样他们的荣辱意识就能得到增强了，其进取之心也必然会得到增强。

第 *76* 招　"经营即教育"，加强对技能的培训

　　　　每位领导都希望能学习更多的技能，员工也不例外，他们总是期望和考虑公司给自己提供更多的学习机会和进步空间。

企业经营的目的是什么？相信绝大多数的领导者会给出这样的答案——"赚钱"，即让企业正常发展壮大，然后获利。这种说法并没有错，但是领导

者若一味地依照这一目标经营企业，那么是很难激发起员工的工作积极性的，也是很难留住人才的。

因此，领导者要想提高员工的竞争力，并将他们的力量有效地凝聚起来，要使他们更好地为企业服务，最好的办法是树立"经营即教育"的观念，对员工进行一定的教育和培训，支持员工提升自己的专业水平。培训能让员工觉得自己是有用之才，更是有效的沟通方法，能使得员工的行为模式、思维模式和老板的经营理念达成一致，进而实现员工利益和企业利益的统一。

"帮助别人发挥他的潜力，一方面是我们道义上的责任，另一方面对我们的业务也很有帮助。"强生威尔的CEO史代尔说，"人生应该有抱负，充满学习欲的人是欣欣向荣的，他们是快乐的人，他们也必定是好员工。充满学习欲的人有进取心、有想象力，一家公司如果有很多这种员工，这家公司一定不会打瞌睡。"海尔的张瑞敏曾对他的管理人员这样说过："员工刚进入公司素质不高，不是你们的错，但一段时间后，员工的素质还是不高，就肯定是你们的错。"可见，对员工的培训是多么重要。

有些领导者也不是没想过要对员工进行培训，但是培训就得有投入，他们会存在这样一种疑问：企业注重了培训，更多地投入培训管理，那么员工会不会"学有所成"之后离开自己的企业？如果员工离开的话，这岂不是给企业造成了浪费？这确实是一个比较矛盾的问题，但是我们应该看到，员工的专业技术水平提高了，才能够更好地为企业服务，为企业创造更多的价值。如果仅仅是怕他提高了能力之后跳槽，那说明这个企业自己就没有底气，自己的基础就差，在这种公司留下来也没意思。而且，这样做会造成恶性循环：员工愈是能力不足，这样的管理愈是失败。

基于此，如果你认为企业里的每个人都应该发挥他最大的潜力，来使企业繁荣发展，那么，适当的训练是绝对必要的。具体来说，就是为企业内部的员工提供各种大量、灵活的培训方式，增加员工的学习机会，让他们更有效地提高自身能力与素质，从而促进企业的快速发展。

一份工作除了能够养家糊口外，还能促进个人成长，这是让员工备受鼓舞，并且终生受益的，而且这对企业的可持续发展也是非常有利的。可见，企业培训是一项有意义而又实实在在的工作，对于激发员工的主人翁意识、培养企业的团队精神大有裨益，而这种团队精神正是企业的管理之魂。

利用员工培训来激励员工的积极性是员工激励最有效的手段之一。要想经营好企业就必须集合众智，使得每个员工都把自己当做企业的经营者，做好应做的工作，并在取得成功的过程中体现自身的价值，领导者必须要树立一种"经营即管理"的观念，在平时的工作中加强对员工的培训。

那么，领导者如何加强对员工的培训呢？以下 5 个原则是必须遵循的。

1.岗前培训至关重要

实践证明，开展培训的最佳时机应该是新员工进入企业之初，在激发新员工的工作热情的同时，还能加快员工进入工作状态的速度、增强新员工对企业的了解和认可，并且及早地设定自我目标。如果不能把握岗前培训的最佳时机，新员工就会对企业产生距离感，这对企业无疑是不利的。

在这里，最重要的是对企业文化的介绍，包括企业的经营理念、企业的发展历程和目标，通俗地讲，就是告诉新员工公司是什么样的一个企业、在同业之间的地位如何、最主要的竞争对手是谁、公司的发展目标和方向，等等，这些至关重要。

2.重视员工的培训请求

培训的目的是想让每一个参与培训的人员得到知识的补充和技能的提高，所以其主动性十分重要，因此主管者一定要对员工的培训请求十分重视，因为这是最好的培训时机，一旦员工发现自己在工作中存在不足并且亟待解决的时候，培训往往是他们首先作出的反应，抓住他们的需求，能起到事半功倍的作用。

比如，一些新员工急需的就是技能上的提高和公共知识的补充，但是对于老员工来说，这些已经对他们构不成任何吸引，他们自然不会重视培训的机会，进而使激励效果大打折扣。这个时候，领导者不妨先找到他们的问题，然后再刺激他们的需求，才能有效地制订出合理的培训方案，有的放矢。

3.要为员工拟订培训计划

毫无疑问，如果让员工自己凭感觉或者靠有限的经历去摸索提高自己的工作能力，效率低是肯定的，而且一旦他们被困难所阻，就会丧失信心，甚至对公司产生反感。即使能勉强应付，也会形成不少不良习惯，给以后的工作带来麻烦。如果领导者能够有预见性地为员工拟订培训计划，自然会起到事半功倍的效果。

4.培训形式多种多样

狭隘单一的职业培训会使员工产生厌烦甚至抵触情绪，因而培训的形式要全方位、多层次。事实上，培训的形式是多种多样的，简直是无处不在，贯穿在日常工作的每一个细节中，因此领导者不一定要选派员工出去参加固定的培训班，也不一定要请专家前来讲课。抽时间和员工坐在一起聊天，说说新近发生的事情，这种谈话都可以被视作一种培训。因此，不要吝啬你的语言和想法，哪怕它很不成熟，而在这个过程中对事件的不断完善则可被看作是对每个人最好的培训。

5.重视员工培训的导向性

给员工的培训以及帮助员工实现自己的目标，前提是把员工的个人发展目标和企业发展目标有机结合，让员工明白在努力为公司工作的时候也是在实现着自己的目标，从而激发其主人翁的意识。因此，领导者对员工的导向是非常重要的，通过各种培训潜移默化灌输给员工，员工就会朝着这个方向发展。

第 77 招 有效的晋升，让员工"把根留住"

晋升，既是一种对员工能力的肯定和赞许，又会给员工更大的发展空间。让出色的员工适时地得到提拔，从而忠心于所在企业。

在企业中，让员工原地踏步是不可取的，因为每个员工都很重视工作上的成就感和自己的发展空间，不给员工晋升的机会，这给员工的感觉是你不信任他、不放心他，怀疑他的能力，他肯定是不会尽心竭力去工作的，跳槽也就是自然而然的事情了。正如美国密歇根大学工商管理学院教授戴夫·沃尔克所说的："员工在一段时间内会关注薪水，但如果雇员对工作失去了兴趣，单单靠金钱是不能留住他们的。"

那么，我们怎么让员工一直对工作保持兴趣，选择留在公司呢？答案是制定有效的晋升制度。

不要怀疑这一点，在我们身边有这样一些人，他们辞掉收入较高的工作而跳槽到收入相对较低的企业工作。为此，有关研究人员曾针对 150 个高级职员的跳槽行为进行了调查，调查结果显示其中 41% 的人是因为晋升的机会有限，25% 的人是因为他们的业绩没有得到赏识，只有 15% 的人是因为钱的因素。

有专家研究发现，人才，特别是高级人才在看待一项工作时，最看重的是事业上的成就感，也就是自己是否有晋升的机会。行为科学家赫兹伯格的双因素理论也指出，工资、工作条件、工作环境等属于"保健"因素，不具有很强的激励作用，而工作成就、发展前途等因素才是真正的激励因素。

要真正留住人才，使人才有用武之地，就得靠晋升来激励员工。那么，领导者如何制订有效的晋升制度呢？概括起来，职位晋升有 4 种方法。

1.职位阶梯

职位阶梯是指一个职位序列列出了职位渐进的顺序，序列包括每个职位的头衔、薪水、所需能力，经验、培训等能够区分各个职位不同的方面。领导者以这些职位阶梯为指导水平或垂直地晋升员工。有了职位阶梯，员工的任职资历就将成为其是否被晋升的依据。

2.职位调整

职位调整的目的在于晋升那些职位发展空间非常有局限的一小部分员工。领导者会从他们中选择晋升候选人，而不会考虑其他资历更老的员工。如果这一小部分员工中没有合格的人选，并且该团体并没有达到其承诺的目标，那么领导者宁愿从外部招聘也不会晋升不属于这一部分的员工。

3.职位竞聘

职位竞聘是指允许当前所有的员工来申请晋升的机会。其好处在于增强了员工的动力，同时减少了由于领导者的偏爱而产生的不公平晋升的可能。然而，职位竞聘意味着大量的文字工作和过长的竞聘时间，领导者必须作出正确的判断，排除不合格的员工，而且必须对被淘汰的应征者作出合理解释。

4.职业通道

职业通道是指一个员工的职业发展计划。对企业来说，可以让企业更加了解员工的潜能；对员工来说，可以让员工更加专注于自身未来的发展方向并为之努力。这一职业发展计划要求员工、领导者共同参与制订。员工提出自身的兴趣与倾向，领导者对员工的工作表现进行评估，并且负责评估其未来的发展可能。

一般来说，资历和能力是领导者作出晋升决策的基本依据。资历可以从员工服务年限、所在部门以及工作岗位来衡量；能力可以从技能、知识、态度、行为、绩效表现、产出、才干等方面进行衡量，总之，能力衡量是一个复杂的过程。不同类型的企业以及同一企业中不同的等级所需的能力结构是不一样的。

除了衡量员工能力之外，在作出晋升决策之前，领导者还有必要首先评估新工作本身。明晰该工作目前和未来存在的问题，并设立短期目标；评估该工作所需的知识、技能和个人品质。最佳的候选人应该达到新职位的最低标准。基于这样的系统评估方法，领导者就能够找到最合适的任职者。

不过，晋升制度一定要讲究公正公平原则，让所有的员工都有平等的机会，绝对不能晋升不称职的员工。不公正、不公平的晋升会引起员工的抵触、猜疑和担心，使得企业的正常运作被打断，让企业的效率低下，从而影响到最终目标的实现。为此，不妨鼓励员工进行职位竞聘，所有员工都可以加入到晋升选择中去。这样，可以使员工得到很好的激励和回报，并实现企业绩效得到改进的目的。

总之，晋升机制是对企业领导者和员工的一种良好激励，实施得好，能形成良好的激励氛围，提升个人和团队的业绩，留住人才。领导者在平时的工作中要多多对员工进行晋升方面的帮助和培训，做到扶上马并送一程。

下 篇

不吼不骂做管理之沟通技巧篇

朱自清先生曾说过："人生不外言动，除了动就只有言，所谓人情世故，一半儿是在说话里。"对于现代管理者来说，语言表达能力的强弱对于推动工作、彰显个人魅力、完成任务等方面都有着极其重要的作用。只有与员工之间进行和谐、成功的口才沟通才能让领导者的话起到作用，才能让领导者的工作顺利进行。

第十二章 | 管理口才的7个技巧

"一句话能让人笑，一句话也能让人跳。"口才是一门技术，更是一门艺术。好的口才是在保证能有效沟通的基础上进行的。同时，各种口才的魅力也会影响着口才的发挥。

第 78 招　有效沟通是管理最基本的能力

英国管理学家威尔德说："领导者应该具有多种能力，但最基本的能力是有效沟通。"一个有经验、高效的领导者，一定是一位非常优秀的沟通者。

松下幸之助说："企业管理在过去是沟通，现在是沟通，未来还是沟通。"诚然，沟通让领导者与员工之间心无间隙，在工作中团结合作，成为最有活力的组织。人与人之间沟通的作用是显而易见的。沟通是一种交流，是一种表达，是一种相互倾诉，是一种相互交换意见的途径，从某种程度上讲也是在做思想工作，只要把思想工作做好了，那么其他的问题就可迎刃而解。

一天，美国知名主持人"林克莱特"访问一名小朋友，问他说："你长大后想要当什么呀？"小朋友天真的回答："我要当飞机的驾驶员！"林克莱特接着问："如果有一天，你的飞机飞到太平洋上空所有引擎都熄火了，你会怎么办？"小朋友想了说："我会先告诉坐在飞机上的人绑好安全带，然后我挂上我的降落伞跳出去。"当在现场的观众笑的东倒西歪时，林克莱特继续注视这孩子，想看他是不是自作聪明的家伙。没想到，接著孩子的两行热泪夺眶而出，林克莱特才发现，这孩子的悲悯之情。于是林克莱特继续问他说："为甚么要这么做？"小孩的答案透露出一个孩子真挚的想法："我要去拿燃料，我还要回来！"。

作为一名管理者，在管理的时候是否同你的下属进行了有效的沟通？在手下还没有来得及讲完自己的事情前，你是否就开始大加评论和指挥？对于领导者来说，沟通首先是一种态度，唯有领导者重视沟通，才会屈尊下驾，想方设法找到与员工之间良好的沟通方式，真诚而体贴地去跟员工交流，了解他们的思想，形成发展的合力。

其次，对于领导者来说，沟通也是双向的。沟通不仅是自上而下的，同时也是自下而上的，只有秉持着双向沟通的原则，沟通才会真正顺畅，进而才能赢得较好的效果。

最后，企业领导者应该在企业中建立良好的沟通文化，重视沟通。如果一个企业的领导者忽视了管理中的沟通，那么，下层的员工之间也会消极地对待沟通，长此以往就会形成一种"消极怠慢"的企业文化，致使员工对什么都提不起兴趣，既不去找领导沟通，也难以自我消除心中的不满情绪；而领导者自然也是如此，不会主动地发现问题和解决问题，这样的企业自然也就没有发展可言。

美国沃尔玛公司前总裁山姆·沃尔顿说过："如果你必须将沃尔玛的管理

体制浓缩成一种思想，那就是沟通，因为它是我们成功的真正关键之一。我们以许多种方式进行沟通，从星期六早晨的会议到极其简单的电话交谈，乃至卫星系统。在这样一家大公司实现良好沟通的必要性，是无论如何强调也不过分的。"

沟通是管理的重要一环。公司项目计划的制订缺少不了沟通，项目计划的执行缺少不了沟通，员工的选用与任命同样缺少不了沟通。有企业、有管理、有员工，就必然存在沟通，唯有沟通才能减少彼此之间的隔阂、淡化彼此之间的矛盾、消除彼此之间的误解、弱化彼此之间的冲突，使团队和企业的发展展现出更加良好的一面。

由此来说，在一个企业中，沟通是管理中的重要方面。如果领导者能将沟通工作做好，将会在无形之中帮助你处理好员工之间的关系，轻松达成工作目标。相反，如果领导者没有做好沟通工作，则可能导致管理出现混乱、生产率低下、员工纷纷跳槽，等等。因此，对于当今的领导者来说，要重视沟通，让沟通辅助你的工作，让沟通为你营造快乐。

第 79 招　幽默彰显出你自信的人生态度

一个人不仅要懂得运用幽默的话语来调侃对方，也需要能够怅然接受对方对自己的幽默调侃，如此，幽默才加深了彼此之间的友谊。

幽默反映了一个人对待生活的态度，也彰显了一个人的自信。只有对自己的未来充满自信和希望的人，他们的内心才会积存幽默的因子，才会发现生活中不经意间的小幽默，用幽默来填平生活留下的沟沟坎坎。而对那些每天眉头紧锁的人来说，他们总是生活在痛苦和绝望之中，快乐对他们来说只不过是来去匆匆的过客。这样的人，他们的谈吐又怎会彰显出幽默的味道呢？

幽默并不是某一个人的专利品，它是每个人都可以掌握的一种语言艺术。中国著名文学家林语堂曾说："幽默是由一个人旷达的心性中自然而然地流露出来的，其语言中丝毫没有酸腐偏激的意味；而油腔滑调和矫揉造作虽能令人一笑，但那只是肤浅的滑稽笑话而已。只有那些坦坦荡荡、朴实自然、合乎人情、合乎人性、机智通达的语言，才会虽无意幽默，却能幽默自现。"

在公司中，无论你是高层领导还是公司的首席执行官，如果懂得发挥幽默的力量，借助它来活跃一下紧张气氛，这将会让你获益匪浅，使你更加受员工欢迎。

在公司中，一些意想不到的事情经常会在员工身上发生，有的是因为自己失言失态，有的是因为某些事情超出了员工的预想，等等。总之，有些时候，一旦发生了让人猝不及防的情境，往往会使彼此之间狼狈不堪。但如果在这个时候，你能适时地幽默一下，那么，窘境就很容易摆脱了。

有一次，一个公司举行年度庆功会，一个员工由于刚刚进入公司不久，第一次参加这样大型的会议，心里有些紧张，在与领导碰杯时，由于过于紧张，结果用力过猛，竟将一杯酒泼到了领导的鞋上，新员工马上不好意思地道歉。

领导却用纸巾擦干净了鞋上的酒，笑着说："小伙子，你以为用酒就能将我的鞋擦得更亮一些吗？我可没听说过这个好方法呀！"在场的人都笑了，也给新员工解了围。

恩格斯说："幽默是一种集智慧、修养和品德于一体的方式。"的确，幽默是一种彰显说话者的风度、素养和魅力的举动，能在轻松活泼的氛围中巧妙化解尴尬，同时幽默也是一种深奥的说话艺术，不仅能带给身边的人快乐，而且也可以增添一个人的语言魅力，为谈话锦上添花。

幽默可以传达人与人之间真诚的友谊，是沟通心灵的桥梁，能拉近彼此之间的距离，抚平人内心的创伤，是与他人建立良好友谊的重要东西。尤其当领导要传达内心不满的情绪时，幽默的语言会让他人听起来顺耳很多。当领导想要把员工或者同级别同事的态度由否定转变到肯定时，幽默也是一种非常具有说服力的语言方式。当同事之间发生冲突的时候，幽默会让彼此之间紧张的关系得到化解，而且还能让领导的人格魅力提升很多。

在与同事的交往中，幽默、适当地开个小玩笑，可以缓解气氛、松弛神经，营造出一个轻松愉快的工作氛围，因而具有幽默感的领导往往更能在员工面前树立一个美好的形象，受到员工们的欢迎。

其实世界中处处充满幽默，关键是你要睁大眼睛去发现，竖起耳朵去倾听。在两家店铺前有这样两句幽默的广告语。一家经营瓷砖和地板的商铺门前写着："欢迎顾客踩在我们身上！"另一家花店门口写着："先生！挑选一些美丽的鲜花给自己心爱的女人吧，但同时别忘了你太太。"

幽默来源于两方面，一方面是你真诚的内心，另一方面是生活中的客观世界。如果你能用智慧把两个方面融合起来，并运用适当的技巧和创造性的新意去开发你的幽默基因时，你很快会意识到自己竟然已经置身于一个趣味洋溢的生活中了，而成功领导者的形象也就离你不远了。

第 80 招　含蓄的说话方式带有回旋的余地

　　　　含蓄的说话方式会让领导者与员工之间避开无谓的尴尬和伤害，甩开激化的矛盾。既可维护领导者的尊严，又能够在员工中树立良好的领导形象。

　　在人际交往中，想说什么就说什么固然不能说是一种不好的习惯，但是，在我们的身边有时难免会遇到不便直说、不能直说的事情。在面对这种事情的时候，如果直话直说，可能会不利于你与他人的友好关系，不仅会给自己带来不必要的麻烦，而且还容易伤害到对方。

　　为了防止不愉快的事情发生，说话还是要注意一点儿分寸，讲究一点儿技巧，可以说一些与事情相关的故事，委婉含蓄地代替直话直说。因为委婉含蓄的语言更容易被别人接受，更能表现出对别人的尊敬，达到有效交流、沟通思想的目的。

　　含蓄，是一种巧妙的语言表达方式，也是一种充满艺术性的说话技巧。在与他人交流的过程中，当你十分想表达自己内心的愿望却又难以开口之时，不妨使用含蓄的表达方法。它有时要比滔滔不绝更能达到你的目的，收到满意的效果。

　　含蓄是一种美德，无论在时装方面还是在影视剧中，抑或是在彼此的交谈中，含蓄都是一种彰显美与德的艺术。从某些方面来说，缺少了含蓄，也就缺少了美，更难以滋养出艺术之花。柳枝随风飘舞、炽热的阳光照耀在金色的海滩上，这是一种裸露而率直的美，但是，夕阳西下、烟雨弥漫却是一种含蓄的美。

通常情况下，含蓄能帮助我们解除尴尬。巧妙地说出含蓄的语言，乍看起来似乎如蜻蜓点水，但却从另一个层面指出了问题的关键点。丘吉尔说过的一句话最让人难忘："英国在许多战役中都是注定要被打败的，除了最后一仗。"这句含蓄的语言既表明了英国的力量，也彰显了含蓄的美德。

李婷毕业于北方一所知名院校人力资源管理专业，性格热情直率。四年的大学生活使她掌握了较强的人际沟通技能，她对自己的信心也很高，相信自己一定会有美好的未来。在这种愿景下，她应聘到了一家科技股份有限公司。这家公司的发展速度很快，规模也适中，只是在人力资源管理工作方面不是很成熟，还处在摸索阶段，因此，李婷觉得自己可以一显身手。根据公司目前的状况，李婷针对人力资源管理方面做了一个新的方案，递交给他的直接上级。"陈经理，我来公司有一段时间了，我针对公司人员管理方面存在的问题做了一个新的方案，请您过目。"陈经理接过李婷手中的方案，快速的浏览了一遍，心想，公司本是一个小型的家族企业，所有的重要管理职位都与老板有亲属关系，裙带关系很严重，人员管理方面本就棘手，但又不好挫伤小李的积极性，就亲和的说："小李啊，你作为一个刚刚毕业的大学生，就能这么深入的观察和分析，还能做出这么详细的方案，我很是对你刮目相看呐，但是呢，公司确实存在一些实际问题……"接下来，陈经理给李婷讲述了公司面临的诸多对人力资源管理不利的问题，告诉李婷这方面的工作要从长计议，不能着急。李婷心想，自己也才刚毕业，表现的机会有很多，只要上级看到自己的努力和上进就好，高兴的走出来陈经理的办公室。

作为领导者，当面说出员工的错误，只会让对方继续这种劣行，而含蓄地说出自己心中的想法，则更容易达到好的效果。比如，一位母亲为了让自己孩子的英语成绩得到提高，于是说道："宝贝，你真棒，这次你的各科成绩进步了很多，但是，如果你的英语成绩再高一点儿的话，就更好了。"

领导者只有学会运用含蓄式的表达方式，才能让员工赢得体面，这也是对他人的一种尊重。点破不说破，点到为止，最为巧妙，既能留下彼此回旋的余地，同时也会引发对方的深思。

培根说："交谈时的含蓄和得体比口若悬河更可贵。"诚然，含蓄是一种非常有韵味的语言风格，既能达到"曲径通幽"的玄妙，又能领略到"柳暗花明又一村"的美好结果，称得上是一种微妙的表达效果。

第81招 用真诚的语言温暖员工的心

> 心理学家惊奇地发现：能够打动人心的沟通，应该是发自内心的，要口到、眼到、心到、情到，这样才能让自己的语言如同春风、春雨，暖透人心。

国内著名主持人在谈到采访经验时说道："问话不仅要使人'懂'，还要使人'动'，使人心动，与你产生共鸣。"双方坦诚相见，抱着互利平等的心态，不要有居高临下的态势，不要给对方设置障碍、罗列难题，这样便能够获得对方的信任，使得大家能够在祥和的气氛下交流，一起探讨切磋。

真诚的语言无论对说者还是听者都十分重要。说话的魅力不在于语言表达得有多么流畅，而在于所表达出来的是否发自你的内心、是否是真诚的。古人云："功成理定何神速，速在推心置人腹。"说的也是这个道理。

在如今的社会中，竞争的压力让人情变得越来越冷漠，迫使人们戴上虚伪的面纱，这种生活是痛苦的，对生命而言也是一种摧残。所以，整个社会都在呼唤真诚，呼唤人与人之间真诚地协作，在工作中渴望真诚地切磋。

说话是一个信息传递的过程。正因为此，提高语言的表达能力，把话说好、说明白，不仅在于说话者能否准确、流畅地表达自己的思想，还在于你所表达的内容能否让对方感受到你的真诚、能够让听众产生共鸣。换句话说，把话说好，关键在于能够打动别人。因此，只有让自己的语言摆在真诚的台面上，袒露你的心灵，会聚你的真诚，让语言融入情感性，你说的话才能说服听众。

人与人之间，无论是什么关系，相互之间都应真诚相待。

那么，我们该如何获取别人对我们的真诚呢？答案就是：用真诚换取真诚。鲁迅曾经说过一篇关于领导力的一句话，很深刻，也很给力："只有真的声音，才能感动中国人和世界人；必须有真的声音，才能同世界人同在世界上生活。"

作为一名领导，更应该知晓真诚的分量，因为真诚是领导力的源泉。那么，身为领导要怎么做才算得上是真诚呢？下面有几点建议可供参考：

第一，用真诚去称赞别人。人是情感丰富的高级动物，情感又是人重要的组成部分，它是人对其他人是否符合自己交往标准的测量尺，这种内心的感受需要外界的物质刺激。有研究表明，包含情感的语言是唤起对方情感共鸣的有力武器。运用真情的语言，能够使双方关系融洽，形成一个良好的交际氛围；可以迅速地强化对方的感性认识，能够有效地推动人们某种行动的实施，这就是真诚赞美的作用。俄国文豪托尔斯泰说："真诚的称赞不但对人的感情，而且对人的理智也起着巨大作用。"

第二，做一个承担责任的领导。在公司内部，上下级的关系不仅需要真诚作为支撑，还需要更深一层的关系来支撑，就是付出与回报应该成正比。当员工为工作的艰辛付出了大量的心血和精力时，上司应该给予相应的鼓励与回报。当员工发现自己的付出与收获的利益成正比时，必定会加足干劲，也会增加对企业的忠诚度；如果付出了大量的心血却得不到上司的认可，必然会心生不满，从而会降低工作的积极性，甚至会感到没有目标和希望。所以，上司要想笼络住员工的心，不仅要保持真诚待人的态度，还应该学会适时地付出。

第三，一丝不苟，精益求精。领导者在各项工作中都应该做到一丝不苟、精益求精，用这种精神去激励公司的员工，让员工以自己为榜样，这样也能大大的提高自己在员工心目中的影响力。相反，领导的品格低劣、毫无原则或者原则轻易失守，那么，就算是再好的制度也会打折扣，进而导致问题一箩筐。

第四，内心真诚才是团队的成员愿意不离不弃的主要原因。企业成功绝对不是一个人努力的成果，而是一个团队奋斗的成果，那么，怎么样才能在企业最困难的时候还能让你的团队对企业不抛弃、不放弃呢？答案就是领导内心的真诚和领导坚定的理想。

第五，要有实际的行动。有一句话需要领导者铭记在心："说100遍不如行动一次。"如果领导一直在口头说："员工悲伤我也难过"、"我真的很珍惜你这个人才"、"我时刻准备为大家牺牲"，这些词语虽然华丽，但仅仅停留在嘴上是那么的空泛，会让员工感到领导很虚伪，所以，与其说这些华丽的词语，不如实际行动起来，让员工看到你的行动。

第82招　领导者说话一定要注意小节

> 领导者在说话时一定要注意小节，这样能够在员工中树立良好的领导形象，否则，它将影响领导者的形象，又会降低员工对领导者的敬畏。

生活中，在你与他人交谈的时候，应当注意说话的小节，不能认为大家都是熟悉的朋友了，就信口开河、随便乱说，或者当着这个朋友议论那个朋友的是是非非，评论他人、无事生非，这些都是忽略小节的表现，很多人正是因为这样而失去了很多的朋友。

所以，在与他人交往的过程中，说话之前都要考虑一下你要说的话是否合适，不要不经过大脑，想说什么就说什么。生活经验告诉我们：一定要管好自己的嘴巴，切忌放任不羁、忽略小节，否则就会祸从口出。

有人说"君子行大礼而不拘小节"，所以，很多领导者认为在工作中只要把握好大方向，即使有点儿小错误，也完全不必放在心上。然而，正是这些常常被领导们忽视的小节，让很多人在员工面前难以开展工作，更难以得到员工的认可，停止了自己的领导脚步。

虽然，在当今的社会中，有些人认为轻浮不是缺点，而是洒脱，放任不羁也不是缺点，而是一种个性展现。然而，正是这种认识上的错误，使很多人在人生中常常碰壁而不自知。

有的领导者在公司总是摆出一副高高在上的姿态，在公司与人见面从来不先打招呼，即便他人与他们打招呼，也总是连看都不看别人一眼，"嗯"

一声就过去了。这种人一旦取得了一点儿成绩，便更加目中无人，结果不但丧失了自己的领导威望，还使自己成了名副其实的孤家寡人。

所以，领导者不要小瞧了和他人沟通这一环节。虽然与人沟通最初是从打招呼开始的，但是要知道，人是有思想和感情的动物，要想让心与心之间有更深层次的交流，就不能忽略打招呼，这是你与他人由陌生到认识，再到熟悉、交流思想的基础，如果你连最基本的"早上好"、"明天见"、"下午好"等日常的招呼也不会，那么，你又怎能称得上是一个成功的领导者呢？所以，作为领导者一定要重视小节，尤其是说话小节。

星期六，公司聚餐，一位叫陈风的员工家里有事，恰巧没有参加。吃饭期间，一位同事说："陈风今天没来，真是太可惜了，这么多的美味，他是享受不到了。"另一位同事开玩笑似地说："陈风是好男人，好不容易休息一下，人家当然回家陪老婆了。"

部门的主管听到这句话后说："什么老婆老婆的，他还没结婚呢。"同事们都很好奇，说："可是，陈风说他已经有老婆了。"

部门主管说："他从年前的时候就吵嚷着过年回家结婚，结果回来之后就鸦雀无声了。这显然是没结成嘛，估计是女方家父母没同意，你看陈风长得也有点儿太对不起观众了。"

结果部门主管此话一出，刚刚热闹的吃饭场面顿时冷清下来了，大家淡淡地吃完饭就离开了。部门主管从卫生间走出来的时候，忽然听到两个员工说："还领导呢，怎么能这么说话？在背后揭员工的老底。"

此后，只要有部门主管在的时候，大家说话都很小心，生怕哪天也被他揭了老底。

在与他人交往的过程中，一个人的言行举止常常是其内心世界的反映，因此，领导者对于个人的言行举止必须十分注意，因为这些言行可能会影响你在员工心目中的印象，从而在一定程度上导致你的领导力降低。所以，领导者要时时反思自己的举止言行，虽然只是一些小节，但千里之堤，溃于蚁穴的道理也是需要牢记的。

作为领导，无论在任何环境中，你都是员工们关注的焦点人物，你的一言一行都可能成为人们议论和品评的话题。所以，领导的语言魅力在领导魅力中起着重要的作用。

作为领导者，当你在思考自己说话是否恰当之前，首先应该明白：你是什么样的领导者？以及你所领导的人又是怎样的？在不同的环境中为了让自己取得更大的成功，你就应该注意自己的说话方式。

领导会说话，可以在无形中增强其感召力、向心力和凝聚力。反之，领导说话不拘小节、信口开河，就会在员工中失去威望，并会降低自己的领导魅力。

第 83 招　话多不如话少，话少不如话好

如果你希望自己说的话能够让别人听进心里去，并产生好的效果，就不能唠唠叨叨，不厌其烦地重复，而应当在恰当的时候有重点地说出，将对方的逆反心理降到最低限度。

托尔斯泰说过："人的智慧越是深奥，其表达想法的语言就越简单。"所以，真正打动人心的语言不是长篇大论，是简单而有力度的语言。

第二次世界大战期间，希特勒强势进攻，而英国作战失利，节节败退，

导致军心动摇、士兵的士气低沉。当时的英国首相丘吉尔认为应当作一场鼓舞士兵士气的演讲，拯救自己的国家。

当天，丘吉尔拄着拐杖，慢步走向讲台，然后用眼睛横扫了一下整个军营，语气坚定地说："永不放弃！"

接着又扫视了整个军营，继续坚定地说："永不放弃！"整个军营安静极了，大家都用崇敬的目光看着自己国家的首相。

然后他又扫视了一次整个军营，大声地说："永不放弃，永不放弃，永不放弃，永不放弃！"全体士兵此刻无比兴奋，军营中响起了热烈的欢呼声。

此后英国击败了德国人的进攻。

这就是被后人称颂的英国首相丘吉尔的著名演讲，同时也是世界上最精短的演讲。

史书中记载，子禽问自己的老师墨子："老师，一个人话说多了有没有好处呢？"墨子回答："话说多了有什么好处呢？就像池塘里的青蛙整天呱呱叫，却从来没有人注意它。但是，公鸡在天亮时仅仅叫几声，而大家知道天就要亮了，该起床了，所以话不要多说，而要说在有用的地方。"

看到这里，你的感想如何呢？在这个效率至上的时代，不要总是用一些长篇大论来耗费彼此的时间、折磨别人的耳朵了，尤其是公司的领导，如果你能简短而有重点地表达自己的思想，员工会更愿意倾听，否则你说起话来滔滔不绝、引经据典，明明10分钟能说完的话，而你却啰啰唆唆地说了40分钟，甚至一个小时，也许你还意犹未尽，但员工已经厌烦至极了，甚至背地里还会说"就那么点儿事，几分钟就能说完，非啰啰唆唆磨叽这么久，真是浪费我们的时间"。

因此，作为领导者必须要经常训练自己优美而文雅、简短而精练的谈吐。如果你难以说出优美而精练的语言，这是很不幸的，因为这样的领导常常因说话而后悔、自责。所以，作为领导，在说话之前一定要先在头脑中过滤一遍自己将要阐述的内容，既要说得好又要说得少，这其中的艺术是不能不研究的。公司开会或者聚会的时候，领导要少说话，让员工多发表一些自己的演讲，若是到了必须说的时候，那么你必须要注意自己所说的内容、措辞、声音。无论是与员工探讨工作，或者与合作者洽谈生意、交际应酬，你说出的话一定要最大限度地达到不鸣则已，一鸣惊人的效果。也许有些领导难以达到这个境界，但要有朝着这个目标努力的意识。

作为领导，你希望自己的话能引起员工的重视吗？你希望自己说的话能够在合作者中引发深思吗？唯一的秘诀是少说话，让他人可以静静地思索，让自己的话更为精彩，这是一种领导的讲话艺术。这样的领导，因为他们虚心，所以为员工所喜欢；因为他们善于思虑，所以会成为受人敬仰的领导者。

第 84 招　急中生智，应急口才不可少

生活中，有时候每个人都会遇到一些突如其来的事情，让自己难以回答。这时，每个人的反应能力以及心理素质往往会帮助你做出有力的回击。

俗话说，一句话能使人跳，一句话也能使人笑。说话也是一门富有学问的艺术。尤其是当我们处于尴尬境地或者对方故意刁难的时候，不要对此置之不理，因为这样会有损自己的尊严，也不要和对方斤斤计较，这样会给人留下没有风度的印象，更不要自乱方寸，这样会有损自己的形象，要聪明而灵活地迅速找出回击的语言，得体而又不失面子地回击对方，化尴尬为潇洒，

化被动为主动，如此一来，不但没有激化矛盾，而且尴尬也会轻松化解掉，在人际交往中从容胜出。

在一个企业领导者聚集的舞会上，一位身高有些矮的企业领导者邀请一位身材高挑的女领导者跳舞。

那位女领导者上下打量了他一番，非常没有礼貌地说道："您的身高还没有我高呢，我从不与比我矮的男人跳舞。"

说出这样的话，显然让人有些难为情。但是，男领导者听后却没有生气，更没有指责那位女士，而是微微地一笑，说道："我真是武大郎开店找错了帮手。"

那位女领导者听后脸红了，很不自在地起身走开了。

故事中的那位男领导者巧妙地运用了自嘲的方式，保全了自己的面子，摆脱了窘境，并且很有礼貌地把尴尬还给了那个出言不逊的女领导者，这不失为是一种为自己化解尴尬氛围的好方法。这种方法没有伤害性，很安全，既能活跃谈话气氛，消除刚刚出现的难为情的场面，又能自找台阶，保住自己的面子；既彰显了自己富有人情味的一面，又能含沙射影，刺一刺那些自以为是的无礼之人。

世事纷乱，人心复杂，生活中，我们难免会遇到一些让自己下不了台的事，尤其是在企业中更是如此，也许有的人对你的职位虎视眈眈，也许有的人想故意刁难你、让你出丑，也许有的人性格比较自负，以自我自居……所以，领导者遇到下不了台的情况很多。因此，急中生智，应急的口才自然也就成了领导者必须掌握的一门说话艺术。

急中生智的语言虽然有些时候是把自身的缺点暴露出来，比如上面故事中的那位男领导者，但大家并不会因为其缺点而小看他，虽然他一时陷入了尴尬之中，但正是因为他急中生智的语言，敢于让别人指出自己的不足，反而可以巧妙地挽回了面子。

这种应急的口才虽然是对自己的贬低或嘲笑，但是，深入其本质，大家会发现，这是一种"醉翁之意不在酒"的说话艺术，言在此而意在彼。借此维护了自己的尊严，并且恰当地把尴尬丢给了"始作俑者"，何乐不为呢？

总之，当棘手的话题落到你的身上时，一定要保持一个平稳的心态、娱乐的心态，不能怒目而视、破口大骂，要知道这会有失你领导者的身份。要发挥自己的能力，灵活机智，在宽松和谐的交谈气氛中减轻对方的妒意、敌意，获得好名声，这不失为一种良好的修养、一种彰显魅力的交际方略，可以让员工们感受到你富有人情味的一面，帮助你建立起新的、光辉伟岸的领导形象。

第十三章　恰当批评的7个技巧

在工作中，员工犯错在所难免，如果管理者不知道采取怎样的方式批评下属，就会在很大程度上降低团队的工作效率，甚至影响员工的工作情绪，因此，掌握本章所提到的几种批评的艺术对管理者来说就至关重要了。

第85招　欲抑先扬，夹在大赞美中的小批评

在批评的时候先给予表扬，使员工内心感到温暖，这就是"欲抑先扬"教育方式的高超之处。

美国著名企业家玫琳·凯在《谈人的管理》一书中说："不要仅仅想着批评，要多想想赞美。我一直以来都严格遵守这个原则。无论你要批评对方什么，首先一定要找出对方的优点进行一番赞美，无论在批评前还是批评后，都必须这样做。这就是夹在大赞美中的小批评。"

人在受到批评之前，最担心的就是自己的颜面受损，作为领导，在批评前，如果你能将赞美夹杂在批评之中，先肯定对方，然后再适当地进行批评，

岂不是更好呢？

罗宾汉教授在《心的形成》一书中这样写道："如果有人直接指出我们的错误，我们会马上对他的批评产生反感，而且，此时我们还会更加坚信自己是正确的。如果有人想要将我们的这种信念彻底地消灭掉，我们反而会更加坚决地来维护它。"

罗宾汉教授说的正是人的一种本性之一。生活中，我们常常听到这样的话："这头'倔驴'，怎么说都不听话"、"这个员工对他批评了好多次了，就是改不了这个臭毛病。"然而，不知你是否想过，你在批评的时候是否先给予了对方一些赞美之词呢。

如果两者对比一下，你就会发现，"大棒式"的批评方式与先给个甜枣再打一巴掌的批评方式，结果是迥然不同的。无论在任何时候，当你在批评对方的时候，如果能够记得给对方一个甜枣吃，你才能称得上是真正有能力和有水平的领导者。

一名刚刚参军的小士兵写得一手漂亮的字，但就是"洒脱不拘"。每天早晨起床后，只有他不肯整理内务，班里经常因为他扣分。为此，班长批评了他好多次，但是，一点儿也不起作用，他依旧我行我素。

一天，指导员看到小战士正在认真地练字，特意走上前去说："字写得很漂亮嘛！"小战士一看是指导员在夸他，十分得意。指导员接着说道，"中国的汉字是最美的字体，它融合了美学和力学等因素。"然后，指导员又与他讲了很多关于汉字的事情。小战士没想到指导员对汉字这么有研究，十分佩服。

这时，指导员话锋一转说："正所谓，字如其人，但遗憾的是，你的字却不同于你的人。"指导员指着他的床铺，"你的字写得这么漂亮，但再看看你的床铺，邋邋遢遢，哪有你的字那么漂亮……汉字的每一笔都很重要，一旦哪一笔写得不好，就会影响到字的整体美。而一个集体也是如此，如果有一个人做不好，那么整个集体的荣誉是不是也会随之受到影响呢？"

小战士明白了指导员话里的意思，红着脸说："指导员，我知道错了，我保证以后一定好好整理内务，不影响集体荣誉。"

班长和指导员都是对小战士的错误进行过批评，对于班长的批评，小战士丝毫没有理会。但是，指导员的批评却使小战士马上意识到了自己的错误，决心改正错误。指导员采用的批评方式是先从小战士的得意之处入手赞扬，然后再指出他存在的问题，自然，这样就更容易被小战士接受了。

当今，人们都在提倡赏识教育，领导在批评员工的时候首先要营造一个轻松自由的氛围，在批评之前，要先让对方发现自己的优点也是被别人重视的。如果领导对员工给予过多的鼓励赞扬，他们的内心就会受到蒙蔽，难以发现自己的缺点；但如果总是批评，也会使员工丧失自信。只有两者相结合，你的批评和建议才能深入对方内心，才能达到目的。

第 86 招　迂回式的批评胜过劈头盖脸的说教

迂回战术式的批评方式是不直截了当地指出对方的错误，而是从侧面切入，委婉地指出自己所说话的真正含义，表面上没有说出自己的本意，而含义却潜藏其中。

从心理学角度来说，批评与被批评的过程，实际上是批评者与被批评者在思想、感情上认同与交流的过程。在批评过程中，批评者越是尊重对方、理解对方，那么，被批评者就越容易接受他的意见，而且一丝抱怨也没有。

当你批评他人的时候，充分尊重他人、懂得维护他人的自尊心、照顾到对方的颜面、话语温柔，不带有刻薄或者挖苦的口吻，不摆出一副高高在上的姿态，能够站在对方的角度为别人着想，不自以为是，那么，对方就会欣然接受你的批评，认识到自己的错误，积极地肯定你的建议。一个人在批评他人的时候越是能尊重、理解对方，他的批评也就越客观。所以，尊重、理解是批评他人的一把利剑，它能使忠言不逆耳、良药不苦口。

然而，有的领导却总是误解批评的含义，总是将批评转化成发泄自己内心不满情绪的味道。其实，批评是指出对方的错误，使对方能够更好地纠正错误、完善自己，如果你将批评转化为情绪的发泄，那么这种味道就变了，带有一种恶意。同样的道理，由于你批评对方的方式不同，被批评者在接受批评时自然也会产生两种截然不同的结果：一种是马上认识到对方是在替自己着想，是友善的批评；另一种则是内心反感、怒视对方，认为对方把自己当成了出气筒，发泄心中的不快，是恶意的批评。产生的结果不同，自然，对方接受的程度也会不同。

一天，马主任满脸怒气地走出办公室，快速地走到秘书小李跟前，"啪"地一声将一份报告摔在秘书小李的桌上，办公室里其他同事立刻被响起的声音惊动，齐刷刷地朝小李这边看。看着其他员工都有点儿震惊，马主任觉得正好可以借此机会对其他人也做一个警告，于是就大声训斥道："你看看你做的什么东西？都工作好几年了，写出来的是什么报告？空洞乏味，交给上级领导，领导会怎么想？肯定会认为我的手下员工办事不力，能力有问题，以后写东西的时候多思考思考，别天天得过且过的！"说完，转身就走了，小李被晾在那里，十分尴尬。

这作事情之后，马主任以为员工的工作效率会提高很多，但是，恰恰相反，从此之后，大家看到他都急忙躲避，他布置工作的时候，大家也总是以没有时间或者手头正忙着作为借口推辞。慢慢地，马主任意识到自己的做法是不明智的。

人人都爱面子，如果触及到了对方的尊严，那么你的批评不仅不会起到作用，反而会让人心生厌倦，事与愿违。

有时候，批评之所以不能达到目的，主要就是出于两个原因：一是批评者没有了解对方出现错误的原因，贸然批评对方，如此很容易让对方感到心里委屈；二是批评者不得其法，批评时带有威慑性，摆出一副高高在上的姿态，暗示对方做事"笨拙"，从而引起对方的反感。

在工作中，领导批评员工的时候，员工的第一反应就是保护好自己的尊严。此时，如果领导没有觉察出员工的这种心理，而是以权威者的姿态自居，对其横加指责，那么员工的自我尊严保护的倾向就会更强烈。这个时候，员工对你的批评毫不在意乃是最自然的反应。所以，在批评他人时，一定不要只顾着宣泄自己内心的不满，得理也要让人。如果不懂得批评的方法和艺术，结果只会适得其反。

所以，领导者不要拿着"批评"当利剑，不要发现员工出现了问题便怒气冲冲地直面批评，一定要首先弄清楚批评的原因，考虑到自己的利益的同时也要考虑一下员工的想法，要让对方感到你对他说的话是善意的劝导，而不是批评，这样对方就会心甘情愿地接受了。

第87招　对事不对人，批评也要讲原则

作为领导者，无论怎样心烦，都应该记住，训导只应该针对工作情况，而不是针对某一个人，要记住"对事不对人"的准则。

常言说："金无足赤，人无完人。"任何一个人都不是完美的、万能的，任何人都会不可避免地犯下一些错误。因此，当自己的员工做错事情的时候，作为领导者，不论怎样愤怒，都应该牢记"对事不对人"。

2005年的时候，一家网络公司迅速崛起，但是在发展的时候遇到了两个大问题。网络公司在面对流量用户的同时，还需要为其他网站提供服务。当时，该公司的负责人几乎天天打着服务器，面临的压力可想而知。

正在这个时候，销售部的工作人员又谈成了新的门户网站，但新门户希望能够使用自己网站的搜索引擎。负责人对此事十分头疼，他很清楚，这个服务器运行速度会跟不上，如果再新添服务的话，极有可能造成服务器的崩溃，虽然经过多番思索，但是负责人考虑后还是选择了合作。果然，就像他先前预料的一样，服务器十分不稳，最后只得紧急下线。

为此，负责人在不安当中过了好几天。他十分清楚，以领导的性子，是绝不允许他出现这样大的失误的。让他没有想到的是，领导并没有因为这个重大的失误而大发雷霆，在公司的例会上，他十分平静地对负责人说道："你的职责，是保证公司服务器的稳定，发生这件事情，你有很大的责任，需要好好地反省一下。"接着话锋一转，说道，"现在问题的关键，是怎样解决

这个问题，而不是追究责任的时候，大家赶紧讨论一下解决方法吧。"

随后，负责人在大会上说出了自己的解决方案，领导一边认真地听，一边赞许地点头，觉得他的解决方案很好，也很全面，很快地投入讨论当中。负责人见到这种情况，心中的压力便慢慢消散了。在大会之后，负责人见到领导，还是会觉得很不好意思，没想到领导就像忘记了这件事情一样，主动过来跟他说道："这个周末有空吗？"

看到领导脸上无尽的期盼神情，负责人乐了起来，说道："你是不是又想将大家聚在一块儿，出去玩玩？"负责人又恢复了以往的工作热情。

对于案例中的领导者，可以用"宽容"、"仁慈"来形容，在处理事情的时候，领导者没有一口咬着失误不放，或者是针对负责人犯下过失的行为进行严厉指责，他首先做的就是想着补救方案。领导者"对事不对人"的方法得到了员工尽心尽力地工作。

有时候，领导者可能真的压抑不住内心的火气，对着员工一顿发泄，但需要记住的是，火气应该朝着事情去发泄，而不是对着员工去发泄，不能因为员工的过失而扯上尊严、人格、个人行为等问题。"对人不对事"地责罚，最终会使上下级不同心，出现隔阂，为公司的发展埋下地雷。那么，上级应该怎样做到对事不对人呢？

第一，分清行为问题和自身问题

训导员工，应该指责员工的行为，而不是员工自身的问题。比如，一个员工在上班的时候常常迟到，那么只应该指责他的行为造成了问题，影响了整个企业的工作效率，而不应该只是指责这个人自身的问题，不该说出"不负责任"或者"自私自利"的话。领导者要处罚的话，也只能处罚他违反规章制度的行为。

第二，用沟通去化解，做到具体问题具体分析

"训导应该对事不对人"，这个道理说起来容易，真正实行起来可就难了。哲学里提到，所有的事物都是矛盾的，那么处理问题的时候就该做到具体问题具体分析，不能对自己的最终做法不负责任。企业领导要为自己说过的话、做过的事负责，不要等到事情过后才后悔，那样也于事无补。员工犯下错误，肯定是无心的，有谁希望自己的工作生涯上出现污点呢？企业领导应该把错误看作一种经验，所谓"吃一堑，长一智"，下回遇上类似的问题，员工们就能轻松解决了。

同时，也要用交流去化解彼此的矛盾，在训导过后，不能让员工内心产生隔阂，带着情绪做事，那样只会越做越糟，事倍功半。

第三，做到就事论事，不牵扯他人

领导者要懂得帮助员工提高自己的工作能力，改正错误的方式，做好思想工作，不应该因为员工一时的失误就去翻旧账。这种翻旧账的行为，只会伤到员工的自尊心，也是领导者的一大忌讳。同时，也要考虑到员工的自尊心，再怎么批评员工，都不要说到伤害他们自尊心的字眼。再次就是不要牵扯上他人。现代企业都是分为部门和小组办事，出现问题通常都是"连坐罪"，这对付出努力和艰辛的员工是不公平的，会对员工的积极性造成打击，影响日后办事效率。

第四，树立正确的价值观

每个人的价值观不同，企业领导者在训导员工时，一定要树立正确的价值观，表明训导的目的。如果员工真的无能，训导就可能起不了实质的作用。比如，一个员工因为忘记定好闹钟而迟到，企业领导者这个时候就可以进行训诫。但如果迟到的原因是因为上班路上地铁突然坏了，这个时候批评他是没有意义的。因为这种事情，不是一个人可以控制的。

第88招　掌握对方心理，说话要因人而异

> 说话需要因人而异，见什么人说什么话，如此，说出的话，对方才会欣然接受，你才有可能得到自己想要的结果，这也是批评或者给他人提出建议的一种技巧。

话就是说给对方听的，至于说得好不好、结果会怎样，不仅要看说出的话是否恰当，而且也要看是否把握住了对方的心理，做到因人而异。

心理学家认为，人的性格分为多种类型，但大体说来，可分为内向和外向两种。性格外向的人比较开朗、活泼、善于交流，对他人提出的批评或者意见也会毫无怨言地接受，不会因为一点儿小小的批评而耿耿于怀；而性格内向的人喜欢安静，处世会三思而后行，对事情比较敏感，尤其是受到他人批评时。

所以，当领导在批评员工的时候，一定要根据不同员工的类型采取不同的方法。对性格开朗的外向型员工可以直言说出，而对于性格内向、谨慎型员工就需要含蓄一些；对脾气火暴、做事匆忙的员工循循善诱；对犹豫不决、难以做出定论的员工要一针见血，等等。

王丽已经在公司工作一年了，但是，她的性格有些内向，不爱与其他同事交流，别人和她开个玩笑，她就会脸红。

公司就是一个需要员工们融合在一起的地方，虽然员工的工作做得很好，但也应当学会与其他人交流。

上级领导观察了王丽的情况后，找了一个恰当的时机单独与她谈话。

领导说："王丽，你是一个非常优秀的员工，工作做得很好，前几天你交上来的报告，我看了，做得非常棒。"王丽微微一笑，说了句："谢谢经理夸奖。"

接下来，经理又接着说："你看啊，王丽，你的工作这么出色，如果你能和其他人多交流一下意见、想法，是不是会更出色呢？"

从那以后，王丽把经理的话当成鼓励，与其他同事多多交流，很快便与同事们融洽相处。

在领导的工作中，批评与赞扬是相辅相成的，作为领导，想要很好地驾驭好批评这把利剑，就需要做到因人而异，要尽量减少批评所带来的负面影响，降低员工的抵触情绪，进而达到良好的批评效果。这需要领导者在批评员工的时候必须充分认识到员工的个性心理特征方面的不同，使你的批评方式与对方的个性心理特征相适应。

比如，遇到不爱说话的员工，你不能直接批评他："你应当学会与其他人交流，每天不说话，自己一个人闷头工作，能做出什么好成绩呢？"这样只会让害羞的员工更加害羞，更加不愿意和其他同事交流。相反，如果采取了上面故事中那位领导鼓励的说话方式，那么，这时，员工不但会按照你的建议去做，而且在以后的工作中还会做得更出色。

由于人与人之间经历、受教育程度、性格、环境等方面的不同，他们接受批评的程度也是有区别的，这就对领导们提出了一个需要注意的问题：运用批评方法要因人而异。唯有领导的批评能够"对号入座"，做到有的放矢，才会达到理想的效果，而不至于在上下级之间因批评而闹矛盾，甚至结下疙瘩。

第一，对于自尊心较强的员工，不要想着一蹴而就，而应当采取渐进式的批评方式。要由浅入深，一步一步走入对方的心里，不要一开始就和盘托出，这样容易让对方产生沉重感，难以达到预期的目的。

第二，对于社会阅历较浅、自我意识较强的年轻员工，应采用对比的方式，借助别人的经验委婉地指出他们的错误。

第三，对于脾气火暴的员工，要心平气和地与其讨论问题，使其感觉到你们之间是平等的，避免对方出现对抗或者抵触的情绪。

第四，对于性格内向，但思想比较成熟的员工，用提问的方式批评对方是一种不错的办法。运用此种方法，领导仅仅扮演提问者的形象，让被批评的员工自我作答，借此思索自己存在的问题。

第89招　不要在公众场合批评下属

> 没有谁愿意在众人面前丢脸，也没有谁希望自己成为众目睽睽之下的笑柄。如果你不分场合地批评对方，你说的话不仅不会让对方接受，反而会对你产生反感。

有位文学家在作品中曾写道："害人的舌头比魔鬼还要厉害，上帝意识到了这一点，用他那仁慈的心，特地在舌头外面筑起一排牙齿、两片嘴唇，目的就是让人们讲话要通过大脑，深思熟虑后再说，避免出口伤人。"

批评他人一定要注意场合，权衡利弊之后再说出。如果批评他人不注意场合，不注意方式方法，不考虑结果，往往会令对方厌恶、遭人嫌弃。

正所谓"言由心生"，一个人如何说话、说话的效果如何，完全由大脑支配而出，所以在掌握好说话的场合前一定要先掌控好自己的大脑。在说话之前一定要先经过大脑筛选，恶语中伤类的言辞一定不能说出口。

批评如同一把利剑，既可以拯救一个人，也可以杀害一个人。它是批评者站在一定的高度、一个公正的立场，通过一定的方式对他人或者一些事情进行论证的过程，它需要批评者具有严谨而有力的逻辑思维。每个人都希望自己在他人心目中是完美的，都不希望对方看到或者当面指出自己的缺点，所以，在你指出对方缺点的时候，如果想要取得良好的效果，就一定要在场合和方式上下工夫。

临近圣诞之际，一家公司提出要举办一次圣诞晚会。在那天的宴会上，公司邀请了很多有生意往来的合作伙伴，这也就给这次晚会增添了一些商业的味道。参加宴会的每一个员工，无论职位高低都穿上了十分得体的晚礼服。

突然，业务部的主管发现，他手下的一个员工居然穿着一件很普通的衣服进来了，他有些生气地走到这位职员面前说："你怎么穿这样的衣服来了？"虽然主管的声音不大，但依然有人听到了。

"之前准备好的晚礼服出门时不小心洒上了饮料，所以就……很抱歉。"

"那你就能穿这样的衣服来吗？你看看你自己，像什么样子！"主管不高兴地看着职员说道，"公司的脸面都让你丢尽了。"面对出言不给人留面子的主管，本来就感到很抱歉的职员此时更是无地自容。接着主管毫不客气地说道："别说了，要么你马上出去换一件回来，要么马上离开这里，不要继续留在这里丢人。"

听到这里，职员狼狈地离开了晚会。

人人都有自尊心，在公众场合毫不掩饰地批评他人，大多数人都难以接受。那位主管在众目睽睽之下直接批评自己的员工，这显然是一种不理智的做法，这不仅会引起员工的反感，其他人见此也不会对这位领导产生好感，毕竟当众批评员工的领导并非是一位懂得领导之道的领导者。所以，无论你的批评是正确的还是有些过激，都应当选择合适的场合。

批评不是领导者应当达到的目的，而打动员工，使员工能够发现自己的错误，让他发生改变，回到正确的轨道上，这才是领导者在批评他人时的真正目的。因此，在批评员工时，即便你的动机是好的，是苦口婆心的教育，也不要忽视了方式和场合的问题。

每个人都是有自尊的。在公众场合的时候，即便你的批评方式是温和的，也容易引起被批评者的不满，认为你没有尊重他，忽视了他的自尊，让他颜面扫地，无法在其他人面前立足。所以，批评一个出现错误的人时，一定要避免在公共场合进行批评，而是要选择单独谈话的方式。只要能让对方意识到自己的错误，这就是领导者最大的成功之一，没有必要非要当着他人的面公开批评某个人。适可而止、给对方留有余地的方式比较好，这会让员工对你心存感激。

批评是一门艺术，不当的批评会影响这门艺术，刺伤对方的尊严，而具有艺术感的批评则是一种奉献，能让对方心存感激，也是自己的一份财富。

第90招　采用"暗示法"，批评效果更佳

有的领导一旦发现员工出现问题，总是直言不讳，甚至当头棒喝，这样做往往会伤害员工的自尊心，还容易激起员工的怒气，顽强反抗。

《呻吟语》中说："指责他人之过，需要稍作保留。不要直接地攻讦，最

好采用委婉暗示的譬喻，使对方自然地领悟，切忌露骨直言。"诚然，其实生活中很多的话不需要特别直白地说出来，有时候采用暗示代替直言，既不会影响彼此之间的友谊，又能很好地传达自己的意思，堪称是一种不错的好方法。对员工的批评也是如此，即便员工犯了错误，也不需要那么直白、那么言辞激烈，要适当运用暗示这种批评的驾驭之术。就如同老牛拉车一样，强硬地驱赶是不行的，不妨转换一种方式，兜一个圈子，然后将其引上路，往往更能得到很好的效果。同样的道理，巧妙地暗示员工的错误，不仅不会使员工对你产生抵触情绪，而且还会欣然接受你的批评，并且迅速改正。

某公司招进来一个很有才华的大学生，由于工作业绩比较突出，这位大学生傲慢十足，结果时间一久，搞得人际关系十分紧张。领导觉察到这个情况之后，认为应该与这位大学生说一下这种情况。但是，如果直接找他谈这件事，性格高傲的大学生肯定觉得颜面缺失，怎么办呢？思前想后，领导想到了一个好办法。

一天中午吃饭，领导端着餐盘走到大学生的桌前与他一起吃饭。领导说："我朋友的一个公司里有一个年轻人工作能力非常棒，业绩突出，但就是有些傲慢，瞧不起人，身边的同事都对他有些看法。后来在一次民意测验中，他的分数最低，他得知结果后感到继续留在那里难以生存，想要调走，找我的朋友谈话，我的朋友很惋惜地对他说：'你本来是一个能力很突出，也很有发展的小伙子，就是因为太傲慢了，不善于交际，结果影响了自己的发展，太可惜了。'"讲完了这个故事，领导也吃完饭了，之后他又和大学生谈了一些工作上的事，帮大学生解决了一些工作上的难题。

大学生从此主动和同事打招呼，与同事一起共事，很快，他与同事之间的僵化关系改善了很多。

这位领导的批评可谓恰到好处，对于当今注重自尊的年轻人来说，他既没有伤害到年轻人的自尊，也给了年轻人一个下台阶的机会，还给年轻人做了一个善意的提醒，这就是一种不错的暗示批评艺术。

一个人犯了错误，这并不代表他是一个一无是处的人，就如同一个人什么错误都不会犯，但也不能说他万事都能做好的道理一样。因此，领导者一旦发现员工出现了问题，或者犯了错误，想要为他纠正错误，就必须要注意方式方法。

在工作中，最有效的办法之一就是采用暗示的方式去批评。因为当你采用这种方法去提醒员工的时候，就等于在给他一种心理暗示：你应该注意一点了，或者应当及时改正。这样对方就不会觉得有失面子，你的忠言也会更顺耳，对方也就更容易接受你的批评和建议。

人是一种十分看重自尊和荣誉的动物，生活中，很多人之所以不愿意接受对方的批评或者建议，主要就是因为他们担心会伤害到自己的自尊和荣誉。所以，在职场中，当领导想要指出员工的错误时，如果能够运用含蓄委婉的暗示方式去批评，反而更能达到使其改正错误的目的。

第91招　良药既可以爽口，忠言也可以顺耳

> 如果在现实生活中，你的批评既让人接受，又能让人听起来顺耳，这样批评的效果岂不是更好？

在工作中，每个人的能力都是不同的，不可能每一项工作都适应于每一个人，所以，犯错误也是不可避免的，自然，被批评也是不可避免的。但是，

在现实生活中，有的领导喜欢批评得尖锐一些、严厉一些，结果导致批评的效果适得其反。所以，在对他人进行批评时，也要懂得让忠言变得悦耳，这样才会起到更大的作用。

忠言"逆耳"或者"顺耳"，完全取决于领导是否掌握了批评的语言艺术与方式方法。换个角度说，"忠言逆耳"是出于诚意的批评，但为什么很多人常常将诚意的批评加入否定或者生硬的口气不可呢？如果能够在"忠言"中加入一些温和的口气、委婉的方式，不是会更让对方如沐春风、更容易让人接受，也更具说服力吗？

一次，有个战士在站岗的时候睡着了，一位指导员发现后，严厉斥责战士："我多次强调，站岗绝不能睡觉，你还是把我说过的话当作耳旁风，回去后写检查……"

战士感到很沮丧，心想，写就写，那我继续睡。

不一会儿，又过来一个指导员，他却和蔼地对战士说："你困了，是吧，你先去睡一会儿，我替你站一会儿。但是以后可不能这样了，战士站岗睡觉，如果在战争年代，这就非常严重了，由于你的疏忽，可能会导致一个连的士兵都会丢掉生命……"

战士听后承认了错误。

两位指导员在发现战士站岗睡觉，对其进行批评时虽然都是出于诚意，但一个忠言逆耳，另一个忠言顺耳。结果，战士因为第一位指导员的批评逆耳，产生了对立情绪。第二位指导员忠言顺耳，善于疏导，使战士承认了错误。

由此看来，"忠言顺耳"与"忠言逆耳"仅仅一字之差，批评的效果却发生了很大的变化。

生活中，我们常常会遇到这样的情况：当自己的亲朋好友陷入困境或者遇到不开心的事情时，你出于好心地劝导他们，却不被对方接受，"好心被当成了驴肝肺"，搞得双方都不愉快。还有一些人不经意间说出了批评之语，并强调说："我对事不对人，都是为你好。"但是如此做法并不能减轻批评之后对他人造成的伤害。还有一些人总是喜欢抬高自己，时不时摆出一个高高在上的姿态批评别人，好像只有这样才能显示出他们的权势，其结果往往是不但刺痛了对方，而且自己也受到伤害。

可以说，很多批评者都是出于好的心理去批评他人，很多被批评者也都知道忠言逆耳利于行，但这种方式却遭来很多人的反感，难以达到预期的效果。

为什么会如此呢？还需要从语言艺术方面做一下自我反思。

在现实生活中，人们更喜欢听顺耳的忠言。在指出他人错误时，如果能够掌握一些方法，采用一种恰当的方式委婉地启发对方，才会使"良药"喝起来带有一些甜味，让"忠言"听起来更悦耳。唯有如此，才能使自己的批评更利于对方接受。

领导们在批评员工时，要懂得唯有忠言方能顺耳，驾驭好语言的艺术、采用灵活的方式批评教育他人，如此才能真正解决好问题。有时领导们仅仅说出一番发自肺腑的"家常话"，就能使员工欣然接受，达到事半功倍的目的；而有时虽然领导者的期望值很高，但由于批评的方式方法不对，结果事与愿违、徒劳无功。

所以，领导在批评员工的时候不妨多一些顺耳的直言，委婉启发，多一些温情，少一些武断，那么批评的效果将会好得多。

第十四章 | 有效赞美的 8 个技巧

人都有渴望得到他人赞扬的天性，赞美既不需要花钱，又很省力，只要管理者发现员工的长处以及他们的闪光点时，策略性地运用这一手段，及时而准确地做出表扬，就可增强员工的荣誉感，激发员工的工作积极性，事半功倍自然不是难事。

第92招 多给员工一些真心的赞美

人人都爱听赞美的话，这是人的天性。如果在职场中，领导对每一位下级都能给予赞赏，夸奖他的优点，那么团队的凝聚力将会增加很多。

在我们身边，每个人都渴望能够听到周围人对自己的赞美声，无论是少不更事的孩子，还是年过花甲的老人，都希望自己的价值得到他人的认可，以满足自己的自尊心和荣誉感。虽然每个人都生活在一个有限的天地中，但大家却总是希望自己能成为这个有限天地中受人追捧的重要人物。对于别人的奉承，有时会让自己感到带有一些虚伪的成分，但却又渴望得到对方的赞美。

有位领导者曾说："人都是活在掌声中的，当部属被上司肯定，他才会更加卖力地工作。"当你对他人投以真诚的赞美时，你会发现对方内心的喜悦，并对你产生好感。所以，要想让他人听从你的指挥，为你效命，就一定要学会使用真诚的赞美。

史考伯是美国钢铁公司的总经理，他的年薪超过百万。曾经有记者采访他时问道："请问，您究竟有什么能力能让您的老板愿意一年用超过百万的薪水聘请您呢？"

史考伯微微一笑，回答说："关于钢铁，其实我并不在行，但我有一样本事，就是能让员工的工作积极性极大地调动起来。而调动员工积极性的最佳办法，就是多给予他们真诚的赞赏。"

其实，更简单地说，史考伯虽然不懂钢铁，但是，他却会赞美员工，正是凭着这种能力，他的年薪超过 100 万。更令人吃惊的是，即使到了生命的尽头，史考伯依然没有忘记赞美他人。他在自己的墓志铭上写道："这里躺着一个喜欢与那些比他更聪明的员工打交道的人。"

有位伟人说，心理上的亲和会让他人转变态度，更愿意接受你的意见。由此可知，领导在与员工共事的过程中，真诚的赞美同样是一种不可缺少的方式。

赞美他人是人际关系中的一种"润滑剂"，不需要花费高额的价位，只要你动动嘴，就能"于人于己都有利"，如此的美事又何乐而不为呢？

赞美也是一种博取员工好感的有效方式，也是促进员工继续努力工作的兴奋剂。所以，要想让员工听从于你，愿意接受你的建议，积极去做你布置的任务，那就从赞美开始吧。

赞美并非仅仅是员工做出了成绩时，你才给予赞美，其实，工作中的很多小事也是值得赞美的，只要你能做一个有心之人，就一定能发现赞美的内容，从小事中赞美对方，更容易收获友谊，产生神奇的效果。

但是，赞美他人也不只是动动嘴、说几句对方爱听的话就能顺理成章地达到目的，尤其是在赞美员工的时候，赞美一些小事情的时候需要把握好分寸。赞美别人虽然是件好事，但也要把握好尺寸，否则就会违背赞美的初衷，甚至还会适得其反。所以赞美员工一定要实事求是，不要无限夸大。

为了能让员工更加卖力地工作，请不要吝啬你的赞美，多给予你身边的人一些由衷的赞美吧。

第 93 招　赞扬是送给员工的"虚拟奖金"

一句恰当而贴切的赞美之语对员工来说是一种极大的鼓励，也是送给员工的"虚拟奖金"，这种奖金无须花费一分钱，却能让员工忘记曾经的辛劳，以昂扬的斗志奋战在工作中。

心理学家威廉·詹姆斯指出："人类的本性最希望得到的东西之一就是期望得到他人的赞美和尊重。期望得到赞美是每个人内心深处的一种最基本的愿望之一。每个人都希望自己的成绩或者优势得到别人的赞同，即便这种渴望在他人的眼中带有一些虚荣的成分。"诚然，人人都喜欢听赞美的话，对于员工来说更是如此。

但是，在当今处处充满竞争的社会中，一些领导者在追求高额利润的时候，却总是将员工视为一种赚钱的工具，喋喋不休地要求员工加班加点地工作，却忽视了给予员工一定的赞扬，结果使得员工产生抵触心理，加班加点地工作不仅没有提高工作效率，反而降低了工作效率。

对此，美国著名的管理学家托马斯·彼得斯呼吁说，领导者怎么可以一方面歧视和贬低员工，一方面又期望他们努力工作，提高产品的质量呢？当然，对于一个企业来说，这样的领导者是不称职的，自然，这样的企业也是难以长存的。

所以，智慧的领导者会一边让员工努力工作，一边想方设法地赞美员工。当员工的业绩出现提升时，领导者会及时地给予他们最渴望听到的赞扬之语。当员工听到领导者的赞扬时，他们会发现自己做出的努力得到了上级的认可，在这种不断地赞扬的工作环境中，员工们会以饱满的热情积极投入接下来的工作中。

当然，从领导来说，也许一些员工做出的成绩相对于整个公司的发展是微不足道的，但是，如果你能认识到赞扬的巨大威力，在他们取得一点点成绩时，大方地给予他们真诚的赞美，对他们来说，这无疑是一种难能可贵的激励。眼前的工作在得到赞扬之后会在他们心中发生奇妙的变化，他们会体验到自己的工作是有价值的、有意义的。在这种良好心态的驱使下，他们自然会做出更大的成绩。

但是，在赞美员工的时候一定要秉承真诚的原则，要发自内心地赞扬，不要带有虚伪恭维的味道，在管理中，这是一种很容易收获人心的"怀柔"策略。一旦你能够做好这一点，即便是那些自信心十足或难以管教的刺儿头员工也会发生变化，被你的怀柔策略"收服"，调整心态、积极工作，使公司的员工形成强大的合力。由此来说，赞扬是送给员工的"虚拟奖金"，无须投资金钱，但却回报超高的管理智慧。

玫琳·凯是美国玫琳·凯化妆品公司的创办人，她凭借自己的管理智慧创建出了令人称赞的领导之术。在工作中，她经常对员工说出赞扬之语，"好极了，非常棒"更是她经常对员工说出的简单赞扬。因为她知道，没有人不希望别人赞扬自己、肯定自己，所以，领导者也必须尽可能给他人以肯定。

当员工做出好的成绩时，玫琳·凯更是十分慷慨，送凯迪拉克豪华轿车、钻石等高价位奖品给做出突出成绩的员工。虽然这些奖励价值不菲，但她却认为普通的彩带才是最珍贵的奖品，一旦有员工做出成绩，她会将他们请到台上，让其他员工们为他们而欢呼、赞美，认可他们所取得的成绩，并为他们送上珍贵的彩带。

诚然，最具效力的一种激励员工的方式就是赞扬这种虚拟的奖金，它能够激发员工的动力，玫·琳凯将其称为"用赞美推动别人成功"原则。因为在多年的管理中，她总结出，想要激励员工的积极性，没有比赞扬更能激发员工斗志的东西了。因此，只要员工做出成绩，即便是微不足道的一点儿小成绩，玫琳·凯也会对他们进行赞扬。

当某个员工在企业中取得成绩时，一定不要忘了给予对方肯定的赞扬之语，因为这不仅是员工渴望得到的，而且也是领导者必须要做到的，如果将你与员工的位置调换，在你取得成绩的时候，你也同样希望能够得到领导的赞扬，这种赞扬不仅流于表面美丽动听的语言，而是在更深的层次上对员工作出贡献的一种肯定与认可。

著名的心理学家史金纳说，一个领导者想要对员工产生强大的诱导力，就必须在员工行为发生之后及时地对其进行赞扬。这是一个领导者管理员工的一项重要技能。

不仅如此，心理学家通过多年的研究发现：如果想要把一个人的能力最大限度地激发出来，最有效的办法就是给予他们赞扬。因为，是否能够赢得他人的赞扬以及获得赞扬的多少是衡量一个人价值的重要尺度，对于员工也是如此。

一个充满人性化的公司绝不能缺少赞美的声音，许多企业之所以会取得成功，很重要的一点就是经常赞美员工。正是因为这种赞美，促使员工更加认真而努力地工作，进而带动了企业的发展。

第94招　勿因小失大，从小事开始赞美员工

如果单纯就小事而论，小事的确没有相当重要的意义，但如果几件小事累积在一起，就可能产生出人意料的事。

你每天有没有看到周围的一些细微变化呢？你是否看到别人哪怕是一丁点儿的改变呢？千里之堤，溃于蚁穴，一滴水珠都可以拯救沙漠中的迷路者，可见小事不可小觑。要改善你的管理，就要于细微之处下工夫，学会从小事开始赞美员工。小事需要发掘、需要加工，如此才能产生神奇的效果。

很多管理者都精通赞美之词，但是大多数人却不愿从小事上去赞美员工，只是认为遇到大事、重要的事时，才有赞美的必要。在这种心理驱动下，很多管理者不能正视员工的小成绩，对员工的"善小"行为熟视无睹、视而不见，如此就怪不得这些员工心生怨气，"善小"之行越来越少，最终导致了管理的无章无序。

事实上，大千世界芸芸众生，每个人只不过是沧海一粟，在我们周围，伟人名人毕竟凤毛麟角，大部分人还是凡夫俗子，他们也不可能做出惊天动地的大事，而只会平平淡淡，无论多小的事情，只要发现员工做得好，立刻不失时机地给予赞美就行了。

小处可做大文章，从微不足道的小事入手，用心挖掘和赞美员工的"得意小作"，这是一种了不起的管理手段，因为这在员工看来是一种莫大的鼓舞，能有效调动他们的工作干劲和热情。其激励效果，可谓"星星之火，可以燎原"。

某天，刘经理换了一个新司机王师傅，这也是他第一次坐王师傅开的轿车。当时正值上下班高峰时间，路上交通拥挤，但王师傅开的车稳而不慢。

这时，刘经理开口说道："王师傅，你在这样的情况下还能开得这么快，真不简单，真有办法！"

虽然这只是一句小小的赞美之词，但是却使王师傅非常高兴。因为他确实驾驶技术高超，尤其对在繁华道路上如何行驶更有自己的独到之处，但是在刘经理坐他的车之前，从未有人这么夸过他。

这件事情过去十多年了，王师傅每当提及此事，仍是念念不忘，他常常高兴地对朋友讲："瞧，领导既关心我又赏识我，我开车开得好根本不是什么了不起的事，也被他大大夸奖了一番。跟着他干，气儿顺。"

看到了吧，刘经理只是夸赞了一下王师傅开车技术好，就让王师傅产生了"跟着他干，气儿顺"的感慨。上下级之间有这么好的看法，能有什么隔阂呢？能不团结一致、拧成一股绳把工作搞好吗？

另外，如果你发现员工在工作或者是穿戴之上有值得赞美的地方，最好也能立刻说出来。如果对方换了新领带，你可以说："这条领带你戴着蛮帅的，在哪儿买的？"他一定会愉快地接受你的赞美，对你产生好感。特别是女性员工，对自己的穿戴是十分注意的，一旦有人注意到了她服饰的变化，她一定会感到由衷的欣喜和鼓舞，这时你和员工之间的距离也会缩短不少。

总之，管理者要想学会赞美员工，提高自己的管理效率，就不仅要从看得见、说得出的大事上夸奖员工，而且还要从容易被人们忽视的小事上夸奖员工。善于发掘赞美的材料，看到小事背后的重大意义。

第95招　发现员工身上值得赞赏的优点

> 法国著名雕塑家罗丹曾说："生活中从不缺少美，而是缺少发现美的眼睛。"用心去发现，你会发现每个员工都有很多优点。

管理者的主要职责是鼓励每一位下属做好本职工作，让他们认识到自己是集体中的一员，始终体验着工作的愉悦感。但问题是多数管理者在观察员工的过程中，容易陷入过多注意其缺点、忽视其优点的误区。

未经雕琢的璞玉常藏于乱石之中，如果你不留心鉴别，它就永远埋藏于土层或山野中，人们很难发现其价值所在。赞美的前提是发现，没有发现就没有赞美。所以，我们不要总是盯着员工的缺点不放，要学着用欣赏的眼光看待员工。

事实上，每一个人都有他的优点，世界上虽没有十全十美的圣人，但也没有一无是处的人，何况是你经过若干招聘关口而请进来的员工？管理者只要诚心待人、用心寻找，就一定能发现员工值得赞美之处。

莱科因家庭条件不好，又不爱学习，只念了几年学便辍学了。但是辍学后他一直没有找到合适的工作，"你很不合格，走吧"、"对不起，我们不能聘用你"，这是他听到最多的话了。父亲只好联系了一个朋友，期望他能给儿子一份谋生的差事。

"你精通会计吗？"父亲的朋友问，莱科差涩地摇头；"你懂法律吗？"莱科还是不好意思地摇头；"那物理或者历史呢？"莱科窘迫地垂下头；"数学怎么样？"……对方接连地发问，让莱科满脸通红，他羞愧地说："我真惭愧，我一无所长，我知道您不会聘用我的。"说完，莱科准备离开。

父亲的朋友叫住了莱科，说道："小伙子，将你的住处留在这张纸上吧！"莱科羞愧地写下了自己的住址，急忙转身要走，却被一把拉住了："嘿，你的字写得很漂亮嘛，不如留下来帮我抄写文件吧。"

得到这样的称赞后，莱科自信了很多，他想："我能把字写漂亮，我就能把文件抄写得好看；我能把文件抄写得好看，我就能把文件写好……"从此，他开始认真地研究文件工作，不久就成为了一名优秀的文秘。

"你的字写得很不错。"这或许是很多人都不会关注的优点，也很少会有人以此为荣，莱科自己也忽视了。但是，父亲的朋友却以独特的眼光看到了这一点，并及时地提出了表扬。正是这一次赞美，让莱科摆脱了对自己"一无是处"的评价，他找到了自信，并开始了新的人生道路。

可见，赞扬可以改变一个人，可以有效地激励员工，赞扬是催人向上的最好动力。如果管理者拥有一双善于发现美的眼睛，及时送出对员工的赞赏之情，你所获得的不仅是良好的上下关系，更有员工的冲天干劲和丰厚的企业利润。

假如你一时没有看到员工身上值得称赞的地方，继续寻找，你会发现有一些日常行为是需要引起你注意的。不要以为按照上下班的行为是例行之事就不去赞美他们。的确，这些是员工应当做的，也是他们得到薪水的原因，但是如果我们偶尔夸一夸这些例行之事，他们就会更加认真负责。

即使员工没有做出任何成绩，时不时地为他们准时来上班而表示感谢，这非常重要。再譬如公司的簿记员、会计和稽查员，使部门的财务运行正常只是分内之事。假设这些例行之事并不像往常那样发生，公司也许会一片混乱。因此，尽管这些人的成绩并不总是引人注意，但他们的价值却值得时常称赞一下。

总之，要想做好一位管理者，就不应该吝惜对员工的赞美之词，更不要说员工没什么值得赞美的。多多留心，善于发现员工身上的闪光点，用心去发现员工的优点，并加以赞扬，激励员工为你工作就不是难事。

第96招 正能量：假定你的员工是最优秀的

> 如果你希望对方朝着怎样的方向发展，成为一个什么样的人，或者做出怎样的成就，你只需要称赞他现在就是这样的人，那么，你的梦想就不会偏离轨道。

在职场中，如果一名好员工在工作中不敬业，得过且过，不重视公司的利益和荣誉，作为领导者的你，应该如何去做呢？是解雇？还是给他减薪？还是对他大发雷霆、批评他的种种不当行为呢？其实这些都是不正确的解决方法，因为你这样的做法根本不能解决问题，相反，还可能把上下级之间的关系搞得很僵，甚至造成两败俱伤。

每个人的潜意识里都渴望得到他人的认可，尤其是得到比自己级别高的人的认可。其实，生活中，每个人都有他值得别人认可的地方，所以，领导如果能够假定对方就是如此好的员工、就是能够做出卓越成绩的员工，往往会成为你领导员工的法宝。

你懂得将员工定位成怎样优秀的人，这就说明你懂得如何称赞员工，你是一个谦虚的领导，是一个胸怀广阔的领导，是一个有见识的领导。职场中，也许没有多少领导喜欢与一个与自己唱反调的员工一起共事，因为这样的员工不容易管教，而且还会耽误工作的顺利进行，但是，面对这样的员工，如果你懂得称赞他，赞扬他将来会取得怎样的成绩，如此，这位和你唱反调的员工也会不一样了，他会感到有人认可他，自己的工作得到了肯定，会加倍努力地好好工作。

　　近两个月来，一家百货公司的化妆品专柜频繁地收到顾客的投诉，都指责该柜台的售货小姐服务态度太差。

　　看到信件后，经理想，如果直接批评售货小姐或者扣罚薪水抑或解雇，这都不是解决问题的长久之计，因为如此做法只会激起售货小姐的逆反心理，而且再招来一个售货员也难保不会出现这样的情况，只能是治标不治本。所以经理采用了一种与众不同的方式解决了这件事，而且效果很好。

　　经理没有批评那位对顾客态度不好的售货小姐，反而对她赞扬了一番，并说："近来很多顾客都点名夸赞你的服务态度很好、很亲切，推荐的商品也很适合他们，像你这样优秀的售货员很难遇到，以后他们还会经常来我们柜台购买产品，希望你今后继续努力。"

　　如此一说，这位售货小姐对待顾客的态度改变了很多，总是笑脸迎人，柜台的顾客越来越多，产品销售也越来越好。

　　对于每个人来说，如果你希望对方在某一方面做出改变，就应假定他已经具备了这种卓越的能力，并对此进行一番赞美。而最终的结果也会像你赞美的那样，他是不会让你失望的。

　　学会赞美他人，有时会对他人的一生发生影响。表扬的艺术、激励的火花，甚至能让一个人的生命发生神奇的改变。

一位哲人曾说过："如果对方没有某种德行，那么，你就假装他有吧！"因为表扬他具有了某种美好的德行，让他拥有一个好名声，能够使他找到人生努力的方向，即便他发现自己此刻还不具备这种好的德行，但他依然会重新调整自己，积极向上，不希望你对他的期望破灭。

佛语有云，若要佛法兴，除非僧赞僧。星云大师说，赞美如阳光，可以把温暖散播十方；赞美的语言像香水，小小一滴，就能弥漫四周。

假定对方就是如此优秀的人是一种激励、是一种肯定、是一种美好的语言、是一种动听的声音、是一种润滑剂……你会发现，原来员工真的如你赞美的那样优秀，自然工作也会顺畅很多。

第97招　背后表扬他人更显赞美的诚意

> 背后赞美他人更具有说服力，不仅能起到激励的作用，而且更会让被赞美者意识到你的这种赞美是诚挚的、发自肺腑的，所以更能增强赞美的效果。

人的一种天性就是喜欢听好话。当受到他人赞美时，更会使其自信心大增并深受鼓舞，对赞美自己的人产生亲切感，缩短了彼此之间的心理距离，为交际的成功打下了基础。

间接赞扬对方，远比直接赞扬别人说好话要好得多。比如，你见到一个朋友，对他说："半个月前，我看见了咱们的小学老师，老师还说很想你，夸奖了你好久。"如此一来，无论事情是否属实都不重要，但他对老师的感激肯定会大大增加，有时间的时候，一定会特意去看望老师。

　　在生活中，我们常常会看到这样的现象：当父母希望孩子好好读书的时候，如果每天因为此事而想方设法地教育孩子，往往难以取得效果；然而，如果孩子从其他人口中听到父母对自己的期望，以及父母在自己身上倾注的心血，那么这往往胜过当面的说教，会产生极大的动力，激发孩子学习的动力。又比如，一个和你很要好的朋友，当他从第三者口中得知你总是夸奖他时，他一定会和你的友谊更好，更愿意和你交心。

　　当着一个人的面赞扬对方时，如此做法，对方会以为你是在有意恭维他、讨好他。但是，当你在背后说他的好话时，被赞扬者得知后，更会感到你是真诚的，是真心地在夸奖他，如此，对方也会对你产生好感，并对你心存感激。

　　在工作场合中，领导不妨也采取同样的办法赞美员工，相信一定会收到不错的效果。

　　一天，一位上司与同级别人开会的时候，无意间说了几句自己评价员工小王的话："小王这个年轻人真不错，工作很认真，做事也很麻利，而且还善于与其他同事合作，能够拥有这样的好员工，真是让人高兴。"

　　这几句赞扬的话很快就传到了小王的耳朵里，小王心里不由得对上司感激很多。而上司的形象也在小王心中上升了，就连其他员工在传播这件事的时候也忍不住对这位上司夸赞一番："这真是位好领导，心胸开阔、品格高尚，实属难得。"

　　作为领导，多在第三者面前赞美另一个人，是加强你与对方关系的最有效的方法之一。假如有同事对你说："某某经常对我说，你的人品没的说！"相信你会对此感动良久。所以，作为领导的你，如果想要让员工感到愉悦，就更应该采取这种在背后说人好话、称赞他人的方法，因为这种赞美方式比起一位年轻的女士当面对你说"先生，我一直很崇拜你"更让人听起来顺耳，会被人认为是发自内心、不带私人动机的赞美，更容易让人相信它的真实性。

这种方式除了能给其他员工以榜样的激励作用外，还能使被赞扬者在听到其他同事"传播"过来的赞扬话后，更会认为这种赞扬是真诚的，从而在自信心得到满足的同时，自己的上进心也会上升很多。

赞美是每个人的一种心理需求，也是对他人尊敬的一种体现。恰当地表扬他人，会让对方心里舒服很多，同时也会加强你与他人之间的友好关系。但是，当你在夸奖别人的优点时，最好不要直接去赞美，采用间接的赞美方式，背后赞扬对方，会使你的赞美效果大增，更有说服力。

第 *98* 招　赞美要及时，效果更明显

在工作中，很多员工之所以干劲十足，就是因为领导们懂得及时地赞美员工，让员工能够从中燃起工作的激情。

赞美是对他人做出的某种行为而进行的一种反馈，而反馈只有及时才会发挥作用。工作或者学习中，一个人在考试结束之后，或者工作完成之后，总希望快一点儿看到考试结果或者自己的工作成果，等等，因为只有通过这种反馈信息，才能对自己以后的方向有更深一步的了解，从而做到扬长避短。所以，作为一个领导，要了解员工的这种心理，当他们做出成绩时，要及时说出赞扬的话，唯有如此，才能更好地激励他们的工作热情。

一家刚刚成立的公司初期在技术方面遇到了极大的困难，如果这种技术

困境难以突破，这将影响到企业继续发展的问题。

正当公司老总为此愁眉不展之时，一天，一位员工拿着他的设计方案高兴地走进老总办公室，并讲述了他的设计方案，老总马上意识到他的构思很有创意，对公司突破现今的困境有极大的帮助，于是想马上对其进行嘉奖。但他在办公室里找了好一会儿，也没有发现可以作为奖品的东西，最后，他在桌子上发现了一个 Zippo 打火机，然后快速地拿起 Zippo 打火机对他说："这是给你的奖励！"

打火机仅仅是一件非常普通的东西，但这却是当时老总在办公室中能够找到的唯一奖品，虽然很普通，但这却说明了那位员工的工作在第一时间得到了领导的认可，员工也会因此而深受感动。相反，假如这位老总看到员工的技术想法之后，说我现在也没有什么东西奖励给你，半个月之后再给你奖励，两种方式的奖励，哪一种对员工的激励作用更大呢？答案自然不言而喻。

一位成功人士曾经这样说过："在现实生活中，许多领导喜欢骂人或者训斥人，如果能改变一下方法，及时地赞美他人，反而会更加鼓舞员工的士气，更容易激发员工潜能。"因此，对于一名领导而言，要学会及时地赞美员工。不仅仅只是领导应该如此，每一个人均应如此，当你发现他人值得赞扬的事情时，一定要及时地给予称赞。

心理学家研究指出，现实生活中，没有哪一个人不渴望得到他人的赏识。而领导者如果能将这一心理效应运用到工作中，那么员工的积极性就能最大限度地得到提高，公司的效益也将会最大程度地提高。

奖励要及时，核心在于"快"，换句话说，就是要抓住奖励的时机，只有这样才能让你的员工第一时间认识到自己的成绩，同时对其他员工起到一个鞭策的作用，进而调动大家工作的积极性，提高工作效率。

如果有人反问：自己的奖励对员工没有起到任何作用，这是什么原因呢？

这一定是因为奖励没有第一时间让员工感受到。例如，在公司上半年的工作中，有一位员工超额完成了工作目标，按照公司的规定应该给予升职加薪，但是，一连几个月都没有让员工感受到奖励，职位没有任何变化，工资没有任何浮动，一切照旧，直到年底的时候才想起来给这位员工升职加薪，虽然公司实现了自己的承诺，但却是一份迟到的承诺，公司虽然也花了钱，但却不会起到太大的鼓励作用。

所以，鼓励一定要注意它的时效性，如果手下的员工表现的确很出色，就应该马上付诸奖励。如果领导者将这份奖励在年底才能发放的话，那么这种鼓励的作用将会大打折扣。

正如某著名集团总裁曾经说过："比如今天下午开会，那么中午的时候就一定要把奖金给大家发了，下午的会才会开得有效果。"的确如此，奖励是否及时，效果是有很大不同的。

有一项专门的调查显示，及时给予鼓励将会产生75%的积极效果，而迟到的鼓励产生的效果可能不足25%，甚至会让人气馁，从而降低工作的积极性。这就同赞美的效果是一样的，所以，作为一名优秀的领导者，在员工做出成绩的时候，一定要在第一时间给予赞扬。

第 99 招　恰当地赞美，满足员工心里的渴望

> 如果赞美不恰当，不仅起不到很好的效果，反而会让人生
> 厌。所以，在赞美他人的时候，恰如其分就显得格外重要。

恰如其分地赞美不仅能够让被称赞者听起来悦耳，而且还会让对方意识
到你是一个懂得发现他人优点的人。

在世界上，一片云是美的，一朵花也是美的，一棵平凡的小草是美的，
即便是一滴雨滴也是美的……世间的万物都会在无形之中为我们带来美的感
受，只要我们是一个善于发现的人，就会感悟到每一件事物值得赞美的地方，
让万物感受到我们对它们的欣赏，但很重要的一点就是，赞美需要恰当，如
若不然，就如同为他人选了一件不合适的衣服，不仅不会赢得对方的好感，
而且还会让对方有些不快。

然而，如果我们能够恰如其分地赞美对方，就如同送给了对方一块糖，
让他人吃在嘴里，甜在心里。这不仅是一种非常好的感化方法，也是维系良
好人际关系的关键。

恰如其分地赞美所创造的价值是不可思议的。对他人进行恰如其分的赞
美，犹如给饥渴的人送去了甘露，给炎热的人送去了冷饮，滋润对方的心灵。
当你恰如其分地赞美他人的时候，别人会对你由衷感激，你仿佛是一个伯乐，
能够慧眼识出千里马，为对方带来被肯定与愉悦的满足感，你也会因此而获
得他人的好感。此时，高兴的不仅仅是被赞扬的人，你也会因此而分享一份
喜悦。

所以，在人际交往中，如果你懂得恰如其分地赞扬他人，满足他人心里的渴求，那么，你将会成为一个受人欢迎、具有吸引力的人。

在一个企业中，领导对员工给予夸张或者脱离实际的赞美，容易使员工产生盲目陶醉、自以为是的心理，总是认为自己的能力是多么多么优秀，别人都赶不上自己，结果不求上进，影响了积极向上的进取心。不仅如此，这种浮夸的赞扬还会引起其他员工的不满，容易在员工中滋生出一种不切实际的虚浮风气，影响了员工孜孜不倦的奋斗精神，结果使得表扬的本质发生了扭曲。因此，赞扬员工的语言一定要恰如其分、实事求是，决不可有一分成绩而拔高成五分，甚至八分成绩，这将会降低领导者的威信。

经过了一个月的加班加点，一位员工终于攻克了技术难关，领导十分高兴，于是赞扬道："世上无难事，只怕有心人。这位员工的工作精神非常认真、务实，在我们公司中至今还没有几个人能攻克这种难关，他是公司的楷模，你们以后多向人家学习学习。你们看看人家，没事就研究，你们呢？没事就会闲聊，所以你们一直都做不出成绩。好好反思吧。"

其他员工听后，你看看我，我看看你，互相无奈地摇摇头。

这位领导说的赞扬之语，前半部分是真诚的，但后半部分就有些浮夸了，而且为了彰显对一个人的赞扬，将其他人的努力置之不顾，给人一种夸夸其谈的感觉，自然难以产生良好的效果。

列宁说："真理向前跨越一步就是谬误。"其实，赞美就是如此，恰如其分地赞美才会收到更好的效果。

赞美的话，一定要言之有物、切合实际，不可盲目地恭维，如果你认为只要赞美的话都会引发对方的好感，这就大错特错了，脱离实际、浮夸地赞美，只会让他人感到无地自容，而且还容易闹出是非，例如看到一位身材肥胖的女士却夸她漂亮的道理一样，她不仅不会高兴，反而会认为你在故意嘲笑她，对你发脾气。

人人都爱听赞美的话，但说的时候一定要谨慎，既不能乱说，也不能不分对象地随意使用、任意吹捧，唯有做好了这几点，才能打动他人、愉悦他人，引起别人的好感。

第十五章 | 调节矛盾的 7 个技巧

虽然在工作中，领导者具有指挥下属的权力，但下属并非愿意按你的意思工作，而且随着人们自我意识的提高，下属与下属之间也会产生矛盾。因此，如何借助各种方法促进团结、有效调节矛盾是现代管理者所面对的一个难题，本章从多方位告诉你，原来调解矛盾就是这么简单。

第100招　在别人的意见中看到自身错误

> 伤害是相互的，你伤害别人的同时，别人也在伤害你。同样，解决问题的最佳方式也是双方互换意见，在沟通中让问题得到最妥善的解决。

人与人相处的过程中，永远不可能平平静静，磕磕碰碰的矛盾，不论在什么时候都无法避免。对一个团体而言，人与人之间的冲突是造成团体当中紧张、动荡的重要原因之一。一个合格的企业领导者在这个时候就需要有能够处理矛盾的能力。身为企业的领导者，更应该善于利用冲突带来的有利因素，进而带动整个团体的工作积极性。

当企业当中发生了矛盾的时候，最好的解决方式应该是让每一个人都有宣泄不满情绪的机会，这样才可以避免积愤成怒，以此来缓和矛盾。

一间客厅在餐桌上摆放了一只大鱼缸，里面有一个假山，假山上长着翠绿的水草，随着水波，不断地抖动，假山下是水泵，夜以继日地喷吐水泡。在这个鱼缸当中养着一群五颜六色的观赏金鱼，这些鱼形态特异，十分吸引人的眼球。

这群金鱼，大部分的金鱼体形较小，有一条鱼眼睛上长着大水泡，个头也比一般的金鱼大上很多。每当主人给金鱼喂食时，这条"大水泡"金鱼最先抢到，它食量极大，经常将大部分的食物吞掉，小鱼们费尽力气，也只能抢到一点点的食物，它们因此只能饿着肚皮。但大水泡是它们当中体形最大的一条，尽管这些小鱼气得眼泡子都要翻开了，却只能是发发牢骚。见同伴们不能将它怎么样，大水泡就更加得意了。

这些小鱼们终于忍不住了，就去跟大水泡说："咱们好歹也是住在一起的同伴，做事不要太过分，不能太自私。"

"大水泡"大笑着说："你们要是有本事，大可以将所有的食物都抢走，没本事？那就饿肚子吧！"

小鱼们都十分气愤，为了改变这种状况，这些小鱼们便在私底下酝酿一个报复计划，在接下来的数日当中，它们时时刻刻关注着"大水泡"的一举一动，它们在抢食的时候，趁大水泡不注意，狠狠地咬了它一口。但是大水泡却毫发无损，只是留下一个印痕。大水泡就更加得意了，回过头来，带有几分轻蔑的意思，说道："抢不到食物，就来咬我？有用吗？还不是没用？"

小鱼们没有在意，游到其他地方去了。过了一段时间，小鱼们又游了回来，在大水泡身上的印痕上继续狠狠地咬它。大水泡一笑了之，不以为意。就这样，小鱼们每次都咬在大水泡身上的同一个地方。过了一段时间，小鱼们惊喜地发现，被它们咬过的地方变得软了，于是它们就借机警告大水泡："我们不是要伤害你，只是警告你，不要太贪婪。"

但是大水泡对小鱼们的警告依旧是置若罔闻，争抢食物依旧是我行我素。小鱼们见到这个样子忍无可忍，一起冲上去，将大水泡狠狠地咬了一顿，大水泡惨叫了一声之后，瘫倒下去了。

之后小鱼们就看到主人一脸的无奈，用渔网将奄奄一息的"大水泡"捞出鱼缸，丢到了垃圾桶里。从此，小鱼们再也不用挨饿了。

以上的故事，告诉了企业的领导者们，当团体当中出现了不可避免的冲突、纠纷时，需要能够及时地将纠纷的源头清除，以求化解矛盾。同时，这也告诫企业当中的每一位员工，看看自己是不是那些占了别人"口食"的"大水泡"，因为自己的霸道，断了别人的生存、发展之路。

那么，作为企业的领导者，应该怎样及时地化解矛盾呢？

第一，合理竞争

竞争是让企业员工活跃起来的最佳方式，同时可以让企业组织不断地获得进步。合理竞争，就要求各部门之间能够维持一种正常、平等的竞争关系，以求在最大限度上发挥组织的积极性和创造性，使得完成组织的整体目标。

合理竞争，就需要企业各部门不要相互拆台、互锁信息，等等，同时避开满足现状、不思进取等消极心态。对于企业的领导者，几乎每天都在面对着组织当中的冲突和矛盾。面对这些，绝不能采取回避或者视若无睹的做法。

第二，彼此谦让

在企业当中的各个部门，员工之间的矛盾是不可避免的，这个时候，企业的领导者就要及时地出现，充当"和事佬"的角色。这个时候，领导者可以通过自己的权威告诫大家"彼此谦让"，让双方各退一步，达成双方都可以接受的协议。这对双方而言是最合适的调解方式。在这当中，需要领导者能够不偏不倚，绝不能倚仗手中的职权偏袒某一方。

第三，把握好处理问题的时间

这是指领导者要能以锐利的眼光找到处理问题的最佳时机。这就要领导者能够懂得"欲擒故纵"的道理。先维持现状，进而找到处理问题的时间和方式，这是处理矛盾的最佳方式。因为，如果凭借手中的权力将自己的想法强加给员工，只会激化员工之间的矛盾。这样做，即使员工表面上接受调解，心中也会加深隔阂，损伤彼此之间的感情，进而产生更坏的情况。

另外，妥善地把握好调解的时机，可以让冲突双方有冷静下来的时间。所以，当员工之间产生矛盾的时候，明智的做法不是立马出面调解，而是装作置之不理，等时机成熟的时候再出面调解。

一个人不论他多么英明，他的意见也不可能永远正确，而意见的分歧极有可能是改正这些不足的最好方式，这就需要领导者能够及时和员工进行沟通，从分歧的意见当中听到对改正问题最有用的意见。

第 *101* 招　协调能力是领导力的重要表现

> 在一个企业中，当员工出现争强好胜的矛盾时，作为领导一定要做好协调，对导致出现这种状况的因素进行调解，降低双方之间的矛盾，转化人际矛盾与人际冲突。

协调能力是领导者应当掌握的一门艺术，这种能力从来都不是若有若无的，而是领导者必须具备的一种能力。因为员工之间的矛盾很难自己解决，回归和谐，既然产生了矛盾，如果领导者对此置之不理，那么，工作就容易受到影响，自然工作效率也会受到影响。

所以，协调是一种展现领导者能力与艺术的关键一环。它是领导者的一项工作内容之一，也是领导者采取的一些措施和方法，使自己管辖范围内的内部与外部环境融合、一致，实现高效工作的一种行为。

由此来说，协调的重要性不言而喻，对于一个企业而言，领导没有良好的协调能力，就没有成功的企业。加强领导的协调能力既可以使领导者本人工作起来更加顺畅，同时也可以提高员工的绩效，增强企业的凝聚力和竞争力。因此，每个领导都应当重点培养自己的协调能力。

中国有一句俗话叫"家和万事兴"，其实，这句话不仅适用于家庭方面，在企业中也同样适用，无论在哪一个企业中，矛盾都是存在的，领导者面对矛盾，绝对不能视而不见，一定要想方设法协调双方矛盾。

王总走过来对李强说："明天客户部要新来一位客户部主任，你们好好配合一下。"李强听后心不在焉地"嗯"了一声。

王总感觉到了李强心里的不痛快，说到底，李强也是跟着自己3年的老部下了，王总也想升他为客户部主任，但是，李强计划性不好，而且情绪也不是很好，坐这个位置并不适合，而新来的这位主任无论在计划还是在人品方面都很适合。

第二天，新主任来了，李强一看，这位新主任还比较年轻，看起来也就是30多岁，心想，这么年轻，资历也没我老，倒可安心很多。

然后，新主任开始给大家布置工作任务，他策划了一个销售计划，大家都觉得很不错，但是唯独李强唱反调地说道："现在这个时候，花那么大的力气做促销，有意义吗？"新主任阐述了一下自己的观点，大家也都点头表示赞同，但是，李强却依然说，"你刚来公司，对我们的产品有多少了解？"这一番话显然具有挑衅的味道。

从而，两人的战争就拉开了。

王总分别找他们两人谈话，提醒他们要多合作，不要激化矛盾，可李强就是不听，依旧和新来的主任对着干，新来的主任情绪很受影响，工作也难以进入状态，最后，两人形同路人。

王总夹在两人中间，感觉很为难。

在这个故事中，出现矛盾的双方是李强和新来的主任，范围比较狭小，此时，领导者应当运用管理之术妥善化解两人之间的矛盾冲突，而不能束手无策。领导者可以把他们两个人叫到一起，双方进行一次开诚布公的谈话，坦诚地说出自己对对方的看法，然后领导者在中间协调。如此，有利于问题的解决，而且双方也会感受到领导的一片苦心。

如果矛盾双方之间的关系已经到了水火不容的地步，此时，无论领导者说出怎样的肺腑之言都难以使两人和好，最明智的办法就是分开两人，让他们在无情绪的环境开始新的工作，降低他们相互干涉的限度。

如此说来，"家和万事兴"不仅适用于家庭方面，在企业方面也同样适用。那么，领导者应当采用怎样的手段来降低员工之间的矛盾呢？

首先，要让员工明白合作是领导者非常重视的方面。其实，在职场中，像以上两位员工之间的矛盾屡见不鲜，同事之间在一起的时候甚至要多于同家人在一起的时间，所以，领导者必须要让员工意识到"合作"才是取得成绩的条件之一，单打独斗是难以赢得发展的。

其次，立场要中立。在管理中，领导者一定要一碗水端平，不要重视一方而轻视另一方，让员工感受到自己客观中立的立场，员工才会信服你，你的调和才会有效。

最后，向矛盾双方阐明自己的意见。领导者可以找一个合适的机会与他们谈话，告诉他们，两人之间的矛盾已经使其他员工受到了影响，很多员工都认为现在的环境很乱、很压抑，如果他们不想让其他人受到连累，就要和平共处。

第102招　拒绝"小报告"，杜绝不正之风

在现实生活中，"小报告"是指一种有失原则的检举行为，有的是虚构内容，有的是动机不纯，这种行为本身就是不正确的。

从古至今，"小报告"之风一直盛行着，古时候人们称为"进谗"，与当今人们说的"小报告"的意思基本相同。这样的人为了达到自己不可告人的目的，往往将"小报告"打给那些有影响力的人物。而在一个公司中，"小报告"一般都是打给领导听的，如果领导是一个昏昏沉沉、是非不分的人，那么，冤假错案也就产生了，而小人的目的也就达到了，如果领导是一位刚正不阿、实事求是的人，那么，"小报告"也就无用武之地，公司自然一团和气。

据历史记载，女皇武则天自从徐敬业造反后，便疑心很重，总是认为天下人都想杀她。而且她又长期忙于国家政务，操行不正，知道群臣都对自己不满、不服，为了将这种风气威慑下去，于是武则天就想到了一种办法——打开告密的渠道。如果有告密的人，大肆奖赏，即便与事实不符，也不问罪。于是四方告密之风盛行起来，导致人人自危。

无论是在古代还是在当今，打"小报告"总是让人想到"黑暗"、"阴险"、"不道德"。这样的人总是"十分火热"地投身于四面八方的窥探活动

中，四处搜寻情报，将某些人作为锁定目标，然后将其的一举一动一一记录下来，到领导面前，用自己"精彩的演说"评价此人。

人本身就是一个矛盾体，而当人与其他人接触的时候，矛盾自然不可避免。作为领导者，在每天的忙碌中，一定要谨慎对待员工的"小报告"，切勿因此而使得公司出现一种不和谐的风气。

星期一早上开完会，小刘敲开了经理办公室的门，说要与他私下谈谈。

经理心想，他一定是遇到了什么麻烦，于是做好了倾听的准备。

小刘说，老胡太能欺负人了，就喜欢踩着别人向上爬。在工作中，他总是将重要信息收入囊中，不给其他同事共享，而且总是将别人工作中做出的业绩揽到自己的头上，为自己喝彩。经理认真地听着，没有发表任何意见。

小刘最后对经理说："经理，您必须对老胡的工作作风进行处理，而且一定要在最短的时间内处理，否则，结果将不堪设想。"

经理对小刘说："你先回去工作吧，这个情况我会处理的。"

小刘走后，经理陷入了沉思……他明白自己遇到问题了：显然，这两位员工之间已经产生了冲突，如果处理就必须让两个人都满意，否则只能进一步激化矛盾。

在一个企业中，员工之间的矛盾经常发生，而领导总是成为这些矛盾的裁决者。正所谓"清官难断家务事"，面对员工之间的矛盾，领导有时也很伤脑筋。如果你是故事中的经理，遇到这样的情况，你会如何处理呢？

第一，应当婉转地遏制这种背地里"打小报告"的行为，不能让这种风气蔓延。

第二，应当马上对"小报告"进行核实，不能轻易地做出处理。

第三，处理这类问题一定要有结果，不能不了了之或者有始无终，否则，如果这种"小报告"是虚构的，就容易助长这种人的气焰，而如果这种"小报告"是真实的，又会错失了对问题的及时处理，容易让员工对你产生质疑。

第四，应该想出一种好的方式，在公司中创造一种犯错后勇于认错的氛围，培养员工敢于担当的责任感，让员工自我反思、自我教育。

第五，建立信息反馈机制，而非员工告状的风气。如果员工出现了错误都去"打小报告"，这本身就是一种不健康的企业发展氛围。

虽然不能让"打小报告"之风盛行，但是也不要拒绝员工的这种行为，因为这也体现了员工对公司的关心，有些也能反映出公司的真实情况，所以，领导者要妥善对待。

第103招　善于调解矛盾，增强团队凝聚力

生活中，矛盾现象时常出现，一旦出现了矛盾就需要调解，而调解矛盾的方式则体现了调节者的智慧和影响力。

一个企业中，很难存在皆大欢喜的局面，冲突或者矛盾是家常便饭。即使大家在公司中有着一致的目标，但也并不意味着每个部门、每个员工之间的目标和利益是一致的，所以，矛盾和冲突在所难免。

员工之间的矛盾冲突是一种偶然现象，但却不利于团结，也带有一定的消极影响，产生的原因主要是因为某些员工在沟通或者自控能力、情绪、辨别是非方面存在一定的弱点导致的，如果这种矛盾冲突不能及时排解，就容易出现不良后果。

所以，作为一位成功的领导者必须运用你的智慧和影响力及时妥善地解

决这些冲突和矛盾，消除员工的不满情绪。这是稳定团队、增强团队凝聚力的保证。

福特汽车公司的一家分工厂因为管理不善，濒临倒闭，后来，总公司派去了一位新的领导者，他到任的第三天就发现了症结的所在，如此大的一个工厂里，一道道的流水线像屏障一般隔断了员工之间的交流，过去的领导为了挽救濒临倒闭的工厂，要求员工加班加点地工作而忽略了让大家一起谈心交流的环节，结果工人的热情度降低了，人际关系的冷漠让员工抱怨连连，员工中出现了混乱的局面，人们议论纷纷。

发现这一症结之后，新任领导马上采取措施：以后工厂所有员工的午餐都由工厂承担，希望大家每天中午的时候都能坐下来好好吃饭。这一决定出台后，员工马上意识到工厂到了生死存亡的时刻，应该好好地大干一番了。其实，这只是新任领导给员工们一个交流的机会，希望借此改变彼此之间的冷漠，拉近他们之间的距离。

有时候，中午聚餐的时候，新任经理还会亲自下厨为大家做饭、烤肉，果然，这种融洽的气氛收到了很好的效果，那段时间，员工们谈论最多的就是如何使工厂渡过难关，大家纷纷出主意，找出解决方案。

两个月之后，企业有了业绩，5个月后，企业居然开始扭亏为盈。

如今这个企业一直保持着这样的传统，中午的时候，大家一起聚餐，并由经理亲自下厨烤肉。

正确对待公司内部的员工与员工、员工与企业之间的矛盾，是领导者维系员工的良好心态、企业长足发展的关键点之一。因此，作为领导者必须从全局出发，认真对待企业中出现的冲突和矛盾，并妥善处理好这些问题。

如果领导者缺少直面矛盾和冲突的勇气，缺少化解冲突、解决矛盾的能力，就难以找到矛盾的症结，更难以做好部门的领导工作。那么，作为领导者应当如何做呢？

首先，搞清楚矛盾产生的原因。一个公司中出现的矛盾与冲突，有些时候是没有预兆的，更是超出领导想象的。此时，如果领导者贸然处理问题，就容易判断错误，甚至恶化矛盾。因为要在稳定大家情绪的基础上全面调查事情的原委、弄清楚事情的前因后果，分清是非，然后才能做好调解工作。

其次，加强领导与员工之间的交流。作为领导者要多与员工交流沟通，了解他们的思想，这样，才能很好地掌控员工，化解他们的负面情绪，避免他们出现过激行为，进而也就抑制了矛盾的产生。

最后，多给员工一些交流的机会。产生矛盾的原因是由于彼此之间存在误会，而沟通却能在一定程度上将误会解除，使员工们在心平气和的情绪中愉快地工作。

有人说，世界上没有两片完全相同的叶子，同样的道理，世界上也没有两个性格完全相同的人，所以，当领导发现矛盾之后，就需要直面冲突和矛盾。如果说矛盾是一种灾难，那么最好的办法不是解救，而是预防，只有将矛盾冲突化解在萌芽中，那么，你才能够成为员工佩服的好领导。

第 *104* 招　迂回前进，让矛盾在冲突中缓和

> 无论在任何场合还是任何时间，说话一定要婉转，好好包装
> 一下自己的语言，不能口无遮拦、直来直去。不懂得说话之道，
> 出言伤害他人，于己于人都没有什么好处。

人们常说"说话也是一种智慧"。同样的事情，有人口不择言、横冲直撞，而有的人却言语稳重、迂回前进，当然，其结果也是不同的。

语言就是一把锋利的刀，可以削东西也容易伤人，就看掌握它的人如何使用。孔子有言："己所不欲，勿施于人。"如果是自己都不愿意听的话，最好也不要说给他人听。说话讲求方式，把不好说的话转个弯说出来，这样才好听，才是真正有素养的说话人。

某地一个村的支部书记带领村里人修路，结果在放炮的时候炸毁了一家农户的昊树，这果树可是农户家赚钱的宝贝，农户非常生气地抓住支部书记的衣领要他赔。

支部书记说，秋后一定赔偿，但是，农户却不答应，农户一家大小一拥而上，把支部书记打了一顿，村里的党员和群众都怒了，要狠狠地整治打人的农户。

开全村大会的时候，打人的农户也知道今天要整治自己，已经做好了心理准备。然而，支部书记首先开口说话，他没有批评打他的人，而是做自我检讨："村里的老少爷们儿，我来村里的时间短，也年轻，很多事情还不懂，

需要大家多帮扶、指正。哪件事我做错了，哪个活我安排不对了，哪句话我说得不好了，大家别往心里去，我做检讨。"话说完了，却对被打的事情只字未提。

后来，打人的农户找到支部书记主动承认了错误，并说："你是领导，为了全村做得对，我就想着自己家，我错了，以后你咋说，我就咋干，再也不闹事了，全听你的。"

村支部书记上台讲话，没有指出农户打人的过错，而是做自我批评、自我检讨。本来自己处于被动的地位，结果此话一说反而将自己放到了主动地位上，反其道而行，一举夺得主动权，这是一种说话的智慧。

某位著名的大师说，在说话办事的时候，不懂得迂回前进，虽然本意是好的，但是往往因为说话太唐突、太直接了，总是难以达到目的。

有些话不可以直来直去地说，需要换一种方式转个弯去说，这是一种委婉的说话方式，也是人际交往中不可缺少的一种交流艺术，更是维系人与人之间和谐关系的重要手段。

通常的时候，人们一般都有这样的经历：如果你想要用拳头打倒对方，如果伸直了胳膊出击，一定会力量不足，相反，如果你先收回拳头，猛击对方，力道往往会更好。而说话的道理也在于此。

所以，当你遇到正面难以说服或者难以调和的矛盾时，不妨改变一下思路，避开正面出击，迂回前进，利用以退为进的策略，让矛盾在冲突中得到缓解，往往能够收到更好的效果。

第 *105* 招　妥善处理办公室谣言，向员工传递正确信息

生活中，谣言之所以能够迅速传播，就是因为很多人有着强烈的好奇心，他们以传播谣言为乐趣。很多时候，随着谣言的传播，事情的本质也就随之被改变了。

谣言如同一款游戏，A 拿出一个成语给 B 看，当 B 看了之后，然后将成语的意思描述给 C，C 又在自己想象的基础上描述给 D，D 再一次通过自己的想象，将成语的意思同 E 描述……以此类推，到 G 时，描述已经发生了极大的变化，已经脱离了成语的本质，甚至相去甚远。

谣言虽然传播很快，但很多内容是错误的，在谣言传播的过程中，无论从真实情况还是虚伪的捏造方面来说，谣言都离真相越来越远，反映的现实也越来越歪曲。

在一个企业中，谣言的传播将分散员工的注意力，松懈团队的凝聚力，是领导者需要抵制的问题。

小刘应聘到一家公司做秘书，刚刚来到公司，同事们都对小刘说："你的这位老总啊，不好伺候。"听了同事的劝告，小刘在工作方面总是小心翼翼，生怕出了问题惹上司生气。

由于小刘工作做得很好，而且也很勤奋，老总觉得她是一位得力的助手，对她很和蔼，经常表扬她工作做得好，一旦其他客户送来茶、咖啡之类的东西，他都会给小刘拿去很多。

　　小刘此刻正处于暗自高兴之时，却明显地感觉到同事们现在都不大喜欢和她一起说话了，即便走在对面也总是象征性地打声招呼就过去了。即便午饭的时候，小刘主动约他们一起吃饭，大家也总是找借口推辞掉，她不明白这是怎么回事。

　　一个偶然的时机，在去休息室冲咖啡的时候，刚刚走到门口，小刘就听到两个同事在说："听说咱们这儿刚来的那个姓刘的秘书和咱们老总搭上了，老总经常给她东西，什么咖啡啊、茶啊，从来都不给咱们。"另一个同事说："现在咱们得小心点儿了，她可是老总安排在咱们身边的眼线。"

　　此刻，小刘明白大家发生异常的原因了。于是，气愤的小刘将这些传闻对领导说了，而领导却说："清者自清，浊者自浊，何必为这点儿小事伤脑筋呢，慢慢地，大家觉得没意思了，这种谣言也就消失了。"

　　然而，小刘却总是对这件事情耿耿于怀。

　　在一些企业中，很多领导者都认为，员工传播谣言、散布小道消息是他们娱乐的一部分，不必放在心上，其实，不处理好谣言，任其发展传播，更容易伤害员工的士气。领导者应该做的是应对谣言，向员工传递正确的信息。

　　当然，无论是关于领导者本人还是公司的某一位员工或者是公司的谣言，都可能在毫无预期的情况下出现，但是，如果这种谣言指向了公司的某位员工时，此时，领导者也就遇到了麻烦。

　　办公室中的谣言是员工之间矛盾冲突产生的根源，尤其对于领导者而言，它更是一种祸根，由于大家都有对灾祸避而远之的心理，所以，很多人也就对谣言听之信之。

　　但是，谣言是无孔不入的，谣言所到之处，会对公司产生极大的不利影响，尤其是对被中伤的人来说更是一种精神上的伤害，它会影响办公室中本来和谐的气氛，降低员工的工作热情，而你辛苦很久建立起来的团队也会在谣言的传播中被破坏，所以，作为领导者必须消除谣言。

那么，领导者如何来消除谣言呢？

第一，了解谣言产生的原因。全面了解谣言产生的根源可以为领导者提供一个很好的依据。

第二，找出谣言的漏洞。这是彻底击毁谣言的关键点。

第三，找出谣言的散播者，但不要对其进行言辞激烈的批评，点到为止是一种不错的批评方法。

第四，为员工提供良好的工作环境。这有利于减少员工的矛盾冲突。

第 106 招　将冲突转化为企业发展的动力

在一个企业中，冲突容易使得企业产生不安或者不和谐的局面。但是，身为一名优秀的领导者，应该知道没有冲突，企业就没有活力，如同一潭死水，员工又怎会热情高涨地工作呢？

冲突在某种情况下可以变换为一种激励的因素。当企业中没有不同言论、不同见解时，虽然此时不会产生冲突，但员工们却可能缺少了自我分析与评价的能力，潜力难以得到发挥，长此以往，企业也将陷入"意见一致"的瘫痪中。

员工之间通过发表各自不同的言论，可以为企业提供一种积极献策的氛围，挖掘出员工的潜力，这种意见方面的冲突反而会刺激员工在工作中的兴趣与好奇心，在一定程度上反而形成了一种勇于交流、发表意见的局面，而从另一个侧面来说，这也提高了员工的紧迫感。

在通用公司的历史上，有两位不得不提的重要人物，由于他们对冲突和矛盾的看法不同，结果通用公司在他们的带领下出现了不同的局面。

一位是威廉·杜兰特，他喜欢独断专权，在重大决策方面总是喜欢让员工按照他指定的方式行动，他十分反感那些和他意见相悖的人，而且更是讨厌那些当众顶撞他的员工。

结果，在他的"英明"领导下，公司从不会发出反对声音，有的仅仅是"赞同"，结果 4 年之后，通用陷入了危机之中，杜兰特也不得不离开了公司。

另一位是被称为"组织天才"的艾尔弗雷德·斯隆，他是通用发展史上非常具有威望的领导者。

曾经，他是杜兰特的助手，然而在后来的工作中升任到杜兰特的职位。他十分清楚杜兰特存在的缺陷，并积极努力地修正这些错误。

在他的意识中，没有完全正确的人。每作一项决策，他都先听取其他员工的意见，鼓励争论和发表不同的观点。这种领导方略使他取得了极大的成功，称为通用史上的风云人物。

从这件事中，领导者应该认识到，不可以独断专行，要允许并鼓励不一致意见的出现。对当今的领导者来说，如果一个企业没有冲突，那么这个企业就难以有活力，作为领导者要鼓励员工发表意见，这是一种领导时尚。

当然，在当今的管理中，我们也提倡"合作"与"共识"，但是这并不等于压制其他员工的意见，而是鼓励大家在提出不同意见的时候最终找出一种合理而有效的办法，达成合作共识。不同意见越多，那么最后作出的决策就越高明。

被誉为"日本爱迪生"的盛田昭夫在担任副总裁时，曾与当时的董事长田岛发生了一次冲突。

田岛气愤难填地说："盛田，你我想法不同，我不喜欢留在一个一切都按照你的意见工作的公司里，我更不希望看到我们总是为此而发生争吵。"

而盛田却回答："田岛先生，如果我们的意见完全一致，那么，我们俩就没必要在同一家公司领两份薪水了，我们俩之间某一个人辞职，主要原因就是因为我们的意见不同，如此，公司出现错误的风险才会降低。"

对于领导者来说，不要总是被一时的"相同意见"遮住双眼，甚至还要有意制造一种"意见相同"的现象。任何一个人的想法都难以达到全面，也不可能总是正确。而出现了不同意见的冲突和矛盾也正是对自己做出修正的良好机会，如果你能协调合理，这种冲突将会为企业的发展创造一种良好的氛围。

第十六章 | 拒绝员工的 7 个技巧

受中庸思想影响的多数管理者，一旦要说出拒绝之语时往往总会产生一些心理障碍，不好意思或者不善于拒绝对方，违心地接受，结果活得很累，失去了自我。对于管理者来说，既能坚持原则，又能不伤和气地说出拒绝之语，是一门很大的学问。

第 107 招 侧面谢绝比直面回绝更礼貌

要拒绝、反对对方提出的某种问题或者要求的时候，你可以说一些原因作为借口，避免与对方直接对立，这是一种非常好的谢绝方式。

生活中，我们总是要与各种各样的人打交道，其中，有自己愿意的，也有自己不情愿的；有正确的，也有错误的；有自己乐于接受的，也有自己感到为难的；有积极的，也有消极的。那么，面对这些事情的时候，如何拒绝对方才会免除自己的尴尬呢？这成了我们日常生活的一个重要方面，对我们的生活也带来了很大的影响。

通常来说，拒绝别人的要求是一件颇有些困难的事情。日本的一位教授说："央求人固然是一件难事，而当别人央求你，你又不得不拒绝的时候，亦是叫人头痛万分的。原因是每一个人都有自尊心，都想得到别人的重视，同时我们也不想让别人不愉快，所以也就难以说出拒绝别人的话了。"

诚然，拒绝的确是一件难以脱口而出的举动，尤其是回绝对方，更是一件不礼貌的事情。然而，每个人都应当明确，当别人请求的事情违背你的意愿时，你必须拒绝对方，以免让自己左右为难，或者勉强答应了却心不甘、情不愿。可是，在回绝对方的时候，如果你不希望自己的拒绝令对方产生反感，伤害对方的面子，那么你可以采用一种巧妙的谢绝方式，这种拒绝的方式要比回绝好得多。

一次，一位美国记者问基辛格："我们有多少潜艇在配置分导式多弹头？有多少民兵在配置分导式多弹头？"

这是一个艰涩的问题，但是，如果直接回答说"不知道"，这显然是在撒谎。可是，如果说"无可奉告"这类带有保密性的语言，又会显得太俗套了，而且这种回答方式可能会引发记者的好奇心，继续穷追不舍。总之，对于这种国家机密就是不能实话实说。

结果，这个艰涩的问题并没有难倒基辛格，他从容地说道："我们有多少潜艇我知道，有多少民兵在配置分导式多弹头，我也知道，但是，我不知道这是不是保密的。"

那位记者一听，以为基辛格要作出回答，于是高兴地叫嚷道："不是保密的，不是保密的！"

接着，基辛格笑着反问道："不是保密的吗？那你来说说是多少？"

结果，基辛格用巧妙的反问方式立刻将尖锐的矛盾调转了，巧妙而又得体地制止了记者的继续追问。

当你在拒绝他人的时候，首先要想一想：你的直接拒绝会不会引起对方更加强烈的追根究底的意识？如果是这样，那么，你的回绝不仅是一种不礼貌的行为，而且还会使自己陷入更加尴尬的境地。这时，委婉地谢绝就显得很有必要。

作为企业的领导也应如此，当你遇到一些来自员工的不合理的请求时，此时若想轻松地把"不"字说出口，同时又不得罪员工，确实需要技巧。

一位知名的学者曾把一些祝寿纪念会和某些所谓的学术讨论会的邀请一概拒之门外，并毫不客气地一连说出7个"不"："不必花些不明不白的钱，找一些不三不四的人，说些不痛不痒的话。"这就是一种很好的回绝方式。既然自己不愿意继续如此，那么又何必为难自己做出虚伪的事情呢？由此来看，谢绝虽然是一种礼貌的说话方式，但也是需要掌握技巧的。

第一，要认真地倾听对方说话，找到他话语中的漏洞，但不要中途打断对方，也不要做出某种不耐烦的表情或者动作，一定要让他说完，并时不时提出一两个问题。正所谓"言多必失"，让对方畅所欲言正是你找到谢绝的最好时机。

第二，谢绝对方时，态度要从容，说话要稳妥。先把他的话概括为几点，然后问他是否是这个意思，再从他对的一面表示出自己的赞同，说一些赞扬的话，令对方欣喜过后，话锋一转，逐层回绝，把轻的谢绝之语放在前面说，把重的谢绝之语放在后面说，使对方无法辩驳。

第三，谢绝之后，虽然你的目的达到了，但是也要表现出谦和的态度，说一些其他的、可以活跃气氛的话，缓和刚刚的气氛。谢绝是一回事，而友谊又是另一回事。谢绝仅仅限于一件事，切不可牵涉到友谊，自然是一种很智慧的谢绝之法。

第 *108* 招　巧妙推辞比直接拒绝更有效

> 在拒绝别人的时候委婉地说一些巧妙的话，既能为自己开脱，又能给对方留足"面子"，使交际双方都免受尴尬之苦。

人与人之间避免不了帮忙，尤其是主动帮助他人更容易赢得对方的好感。但是，如果这种帮助违背自己的意愿，或者给自己造成了极大的压力，甚至产生烦躁的心理，这种帮助就是不必要的了。所以，如果你不好意思拒绝他人，就需要懂得推辞他人，这比直接地拒绝要委婉很多。

一家公司刚刚成立，公司内仅有四五个人，所以一直没有安装空调，领导本来打算再招进来一些员工之后再安装好这些设备。

星期一的早上开例会的时候，有的员工就提出："现在这天气太热了，公司应该安装好空调，否则大家都要中暑了。"显然，这位员工的话语中带有几分不满。

大家都看着公司的最高领导，看他如何说话。领导沉默了一会儿，说道："他说得很有道理，这段时间，大家的确都很辛苦，而且天气也很热，我十分体谅大家。首先我向各位员工表示感谢，感谢你们在这样的环境中依然兢兢业业地工作。空调的事情，我们已经在联系了，只是最近那边的安装人员出了一些问题，所以迟迟未来。这样吧，先给大家安装几台风扇，解解大家的暑气。"

在日常的交际活动中，身为领导，遇到这样的事情并不新鲜。在面对这些问题的时候，如果你不知所措，含糊其辞地答应下来，最后却没有落实，必然会引发员工的不满，可是，如果你直接拒绝员工的要求，说："不行，绝对不行。"这么强硬的态度可能会导致你和员工的关系紧张，如果遇到小心眼的员工还会记恨你，在以后的工作中处处和你作对。

也许有人会说，可以把这项事情转嫁到其他领导身上，推托说："这件事不要直接和我提，某某是专门负责这一方面的领导，你去找某某吧。"虽然这样的推辞的确将自己撇开了，可是，你有没有想过，如果这位同事把你的话说给那位领导听了，那位领导又会对你产生怎样的想法呢？

这种推辞方法似乎并不是最明智的方式，那么，作为领导，究竟该如何婉转而又有效地推辞来自同级别领导或者员工的一些要求呢？

第一，态度温和而坚定。这就如同给小孩喂药一样，是苦药，孩子会摇头晃脑，就是不愿意吃，而带有甜味的药，孩子却会高高兴兴地吃下去，此时，你也可以减轻了很多不必要的麻烦。同样，委婉地推辞要比直接拒绝更让人容易接受。

第二，缓和对方对拒绝的抗拒情绪。你可以先肯定一下对方，对他的努力表示赞赏，洗耳恭听对方的心声，对自己难以做到的深表歉意，这些都是拒绝之前需要仔细考虑的，而且也是缓解对方情绪的不错良药。上面故事中的那位领导使用的就是这种办法。

第三，降低对方对你的期望。无论员工还是同级别的领导，只要他们来求你帮忙，都是相信你有能力帮助他们，对你抱有期望。通常来说，别人带着希望来了，你怎能直接将他人拒之门外呢？可是，帮助了他们，可能会给自己带来麻烦，此时，你可以这样做，先说一些自己的不足，将对方对自己的期望值适当降低一些，然后再说一说自己的难处，如此，对方也就不好意思继续请你帮忙了。

拒绝他人的请求，很容易引起对方的不快，但是作为领导，不可能有求必应，有些事情必须加以拒绝。那么，怎样才能尽量地把这种因拒绝而可能引起的不快控制在最低限度之内呢？这就需要我们在拒绝别人的时候委婉地说一些巧妙的话，既能为自己开脱，也不会让别人难堪，又能给对方留足"面子"，使交际双方都免受尴尬之苦。从这里来说，推辞也是领导者需要具备的一种能力。

第 *109* 招　拒绝时要做到"散买卖不散交情"

> 如果你明确直言地拒绝会让对方产生反感，认为你这个人不太好相处，而此刻不妨采用一些巧妙委婉的拒绝方式，既表达了自己的愿望，又免除了对方的不快。

如果你掌握了拒绝的艺术，就自然能够做到拒绝之后"散买卖不散交情"，减少一些不必要的心理紧张与压力，同时也不至于将自己陷入一种被动的情境之中，使生活更轻松、更和谐。

生活中，每个人都被他人拒绝过，然而，当时你是马上释然了呢，还是觉得很难为情呢？这主要看拒绝之人的方式如何。企业中，作为领导，对员工的拒绝是否能够使之很快释然，也是一种艺术。如果你是一位懂得拒绝之术的领导，你就不会轻易拒绝别人；即使要拒绝员工，也要懂得"拒绝的策略"，如果你凭借自己的权力，一再对员工进行刁难，说这也不行，那也不行，那么，员工自然会认为你是一个顽固而没有人情味的领导。只要能够换位思考一下，自然不难理解其中的含义。

历史上有很多领导人深谙拒绝之道，在说"不"的同时，还能给足对方面子。19世纪的英国首相狄斯累利就是一例。

一位军官十分渴望拥有男爵的称号，所以，他总是请求狄斯累利对他进行加封。可是狄斯累利虽然知道他的能力很强，但是他却不够被加封为男爵的条件，所以无法满足他的要求，但是，如果直接说出真实情况，就等于得罪了他，唯有想出一种万全之策，做到既不得罪他，又能把拒绝之语说出，方能达到效果。

终于，狄斯累利把这位军官请到办公室，说："亲爱的朋友，很抱歉，男爵的封号我不能赐封给您，可是，我可以给您一件比男爵更好的东西。我会通报所有的人，我曾多次要求册封你为男爵，但是，你总是极力拒绝。"

说话时要掌握方式，特别是在拒绝他人的时候，更须注意说话的方式方法，既要表达出自己的拒绝之意，又要将拒绝之语说得委婉动听，让别人体会到你的难处，并心甘情愿接受你的拒绝。

可是，过于生硬的拒绝之语容易伤害到对方的自尊心，影响到彼此之间的感情，而过于柔弱的语言往往又显得很无力，使别人产生某种联想，都难以达到买卖不成仁义在的境界。所以，在拒绝他人的时候要掌握好度，刚中带柔，柔中又夹杂着合理的因素，如此才能将彼此之间的尴尬降低到最低点，达到既不伤害彼此之间的友情，又能得到他人谅解的目的。

由此来说，拒绝他人是我们在生活中需要格外重视的一个方面，因为拒绝他人既是展现自身形象的好时机，也是处理好与他人关系的好时机，如若不然，不仅伤害了彼此之间的关系或者友情，甚至会得罪人，日后的工作自然难以开展下去。

第110招   正话反说，掌握说话的主动权

> 语言是很丰富的，一个词语可能涵盖很多意思，你发现自己
> 说错话的时候，可以利用"正话反说"的艺术，使你的语言另有
> 一番情趣。

当你想要拒绝别人时，往往需要使用比较委婉、温和的方式表达你的拒绝意思。必要时，还要向对方详细解释你的拒绝理由。然而，虽然你已经使用了很婉转的方式，但却总是在心理上感觉有些过不去，担心会伤害到对方。怎么办呢？正话反说就是一种给对方留面子的委婉拒绝之术。

一位漂亮的女士参加同学聚会的时候穿了一件抹胸的粉色小礼服，同学们看见后都夸赞漂亮极了。

但有一位说话比较耿直的同学却说："穿这种礼服老多了。"可是，话刚刚出口，她马上意识到自己说错话了，于是镇定地补上一句说，"不信，你们去看看，今年这种款式特别流行，大街上穿这种礼服的人老多了，特别漂亮，都快成一道靓丽的风景线了。"

果然，听了这句话后，女士刚刚有些生气的面容马上绽放出灿烂的笑容。

故事中的这位女性聪明机智地把人显得"老多了"的意思巧妙地转换成穿这件礼服的人有很多，既挽回了自己语言上的失误，同时也间接称赞了对方很懂得引领时尚，可谓聪明机智。

每个人都不希望自己的愿望遭到拒绝，对方一个果断而绝情的"不"字，更让人内心备感失落。所以，拒绝的语言要注意分寸。

在日常生活中，要想拒绝别人，其实并不是一件很难的事情。学会"正话反说"的实质就是学会转换一种说话方式，自如地表达否定。例如，一位员工向身为领导的你借钱买东西，但是他经常是有借无还。此时，你可以说："很抱歉，我没零钱。"但是在使用这种方法拒绝别人时，不仅需要能说出口，还需要在自己拒绝的语言中多加入一些感情，再加入一些手势，等等。

学会正话反说地拒绝别人，就等于你已经掌握了话语的主动权，你学会了说话，你自然会更加轻松自如，既不必担心对方提出不合理的要求，又不害怕与人争辩，你的语言很自如，完全可以驾驭妥当。这种拒绝方式能够使你不再感到为难，不再为不知如何说话而思前想后，更能让员工意识到你的权力，真正理解并尊重你。

第111招　倾听员工的请求，不要立刻拒绝

> 倾听是一种交际的互动，告诉人们要用心倾听别人讲话。这不仅是一种礼貌，更是一种使沟通得以顺畅进行的良好方式。

任何人都希望能够赢得他人的认可，如果你想赢得他人的赞同或喜欢，说话之前最好先倾听，这样不仅可以避免说错话的现象，而且还是一种能够得到他人认可的良好方式。

有人说"沉默可使傻子成为聪明人"。学会在沟通中倾听对方，你就是聪明之人。比如，作为一名领导者，在与员工沟通前，只有先倾听，才能帮助

你很好地掌握员工内心的想法、了解员工存在的问题以及他们的需求。

所以，如果你想成为一名优秀的领导者，就应当学会倾听员工的心声，这是每位领导者的重要工作内容之一。而想要做到这一点并不难，只要领导者懂得静静地倾听员工的谈话就可以了。在办公室里倾听、在工作间倾听、在就餐时倾听、在工作车间里倾听，随时随地都要懂得倾听。

当然，也有一部分领导者自以为是地认为，自己是领导，员工们就必须听从他们的意见、服从他们的决定。某些领导者还常常说出这样愚蠢的话："我说的话，你们必须执行，不要总是唧唧歪歪地发表那些你们自以为很高明的见解。"对于这样的领导者，也许没有员工愿意和他们接触，自然他们也难以得到员工的尊敬。

有人说，上帝之所以在创造人类的时候给了两只耳朵一张嘴，就是要人们少说多听的。如果你总是不停地说话，自然，你学到的东西也是少得可怜。由此来说，一位领导者想要让自己的"王国"更加强大，先听听员工都在说什么，多听听他们的意见和建议，多思考一番，这对你的管理工作是非常有意义的。

小李："赵经理，很抱歉，您交给我的任务，已经过去两天了，但是我依然没有头绪，我觉得也许在这方面我的能力欠缺一些，您看能不能将这项工作交给其他人来做呢？"

赵经理："没有头绪，是吗？那你说说这项工作难在哪里呢？"

小李滔滔不绝地和赵经理讲述了一番，赵经理听后笑了，说道："正因为这项工作有难度，所以我才交给了你，凭借你的能力完全可以做好这件事，如果连你都做不好，那我看我们这个部门就找不出其他人来做了。继续做吧，如果你转换一下切入角度，先思考结果，是不是会更好一些呢？"

小李："啊！我知道了，知道该怎么做了，那我回去再继续做吧！"

　　当你的员工向你提出一些你不愿意接受的想法时，其实，他们心中往往也会有一些担忧，担心你不会批准他们的请求，担心你会批评他们的能力不行。因此，当员工提出要求的时候，不要马上回绝，要先倾听他们的诉说，设身处地地站在他们的角度去思考，这样才能使自己知道怎样去点拨他们，给他们信心。

　　倾听员工，首先会让员工感受到你对他们的重视，其次，你可以很明确地知道员工在哪些方面能力有些欠缺，能够更多地去了解他们的情况，所以，当你委婉地表达出自己的拒绝之意时，也可以降低对他们产生的伤害，同时，也可适当点拨他们，如此，他们会感激你，能够在你的点拨之下找到更恰当的解决问题的方式，从而达到事半功倍的效果，这对领导者本人来说也是非常有帮助的。

第*112*招　得体地拒绝下属的不合理请求

　　如果正面拒绝员工，换来的往往是员工的伤心与工作中的不配合。这时，不妨试一试委婉的拒绝，让员工把拒绝当成鼓舞的力量。

　　在某些场合，直接拒绝会损伤自己的颜面，如果你能运用一些比较得体的拒绝方式引水东渡，避重就轻，让对方无言以对，放弃这种艰涩问题的追问，往往是一种不错的拒绝方式。

　　一般来说，当公司领导遇到这样的问题都比较着急，一方面不能不为下属解决问题，另一方面又不能草草地拒绝他说："对不起，我现在没时间。"这样容易挫伤员工的工作热情，也会降低对自己的信任值。而相对来说，比较委婉地拒绝下属不合时宜的或不合情理的要求，不仅能够为领导者节约时间，还能为下属保住面子，以免损伤员工的自尊心。

张文华是某市一家大型物流公司的总经理，有一天，当他正欲外出开会的时候，在公司的走廊中与下属小赵不期而遇。小赵正在对工作岗位的调动有些不满，便停下了脚步："张总，我来公司也有五六年了吧，也是看着咱们公司在一点点发展壮大起来的，我原本在操作部干得好好的，现在说调动就调动，又让我去业务部，张总，你看这个问题咱们怎么解决，你现在可得给我一个答复啊……"

张经理认真地听完小赵的抱怨后，笑着说："小赵啊，你来公司这几年帮公司作了很大的贡献，我都一直记在心里，可是你一直都在操作部做事，工作性质太稳定了，这样日后怎么能经历大风大浪呢！其实，这次把你调到业务部是我的建议，我是希望你能尽快地成长起来，成为多方面人才，将来成为公司的栋梁之才。"

小赵听后，抱怨之情立刻消失无影了，转而来之的是喜悦与感动。

作为领导，当下属对你提出升职、加薪、换岗位等要求时，不要直接指出员工的不足、没有好好努力工作或者没有为公司作出贡献，或者工作不敬业等，如此一说，自然会激起员工强烈的反对，甚至还会离开公司，领导应当做的是得体地为员工指出他们在哪些方面需要继续努力，给他们指出一条可以提升自己的路线。如此，虽然你拒绝了下属的升职与加薪的要求，但是下属依然不会因此而颜面扫地，而是会照着你指出的路线努力前进。

作为企业的领导，拒绝下属的要求时一定要少用生硬的语言或者硬板的口吻，把拒绝的话说得温柔一点儿，让下属明白其中的道理，和和气气地解决问题。在拒绝的艺术中，这是一种很好的方法。所以，领导在拒绝下属时，需要注意以下几点。

第一，照顾到下属的感受。虽然领导拒绝下属的不合理要求很容易，只需张口说一声"不"字就好，但是，如果忽略了下属的感受，这就很难赢得下属的尊重，反而会让下属记恨你，甚至背叛你。

第二，方法巧妙，语言和善。领导拒绝下属的方式需灵活多变，抓住下属的心理，蜻蜓点水般就深入浅出地拒绝了对方。语言和善，可以消除下属的敌意。

第三，态度要真诚。拒绝下属的要求时，不要说出带有挖苦意味的尖酸语言，或者表现出一副轻视的神态，因为你的这种举动很容易伤害到对方。

第四，给出合理性建议。当领导婉转地拒绝了下属的不合理要求的时候，可以针对情况给出一些建议，帮助其找到解决办法，如此，虽然你拒绝了下属的要求，但是下属却会因为你的帮助而感激你。

第 113 招　如何巧妙地拒绝朋友的请求

在生活中，某些人为了不驳对方的面子，尤其是好友的颜面，总是将真实情况掩盖而"虚伪"地做出不合实际的事情，结果事情的真相被揭穿之后，彼此的颜面都没有了。

有些时候对待朋友需要说一些奉承话，需要做出一些小小的违心的事情，但是切不可让这些小小的违心的事情影响到你们之间今后的友谊，如此，就得不偿失了。

比如，对于朋友提出的要求，你是不是必须都要答应呢？并非如此，因为有些事情超出了你的能力，受各种条件的限制，你难以帮助其达成目的。所以，此时如果办不成，你就要老老实实地说自己不行。相反，如果你脸皮有些薄，而且又不好意思拒绝朋友而说些虚伪的大话，结果影响到了自己，这是于事无补的。

大家都知道，朋友之间最讲求的一点就是言而有信、说到做到。明知自己难以办成，却拍着胸脯承诺下来，最后不仅落下一个说大话的头衔，还可能耽误朋友的事情。因为，如果你难以办成，朋友可以再找其他人去办，但是你答应了，结果没办成，这样既耽误了朋友办事的时间，也会伤了彼此的情义。这样做就不可取了。所以，对待朋友提出的要求，如果自己难以办到，一定要果断拒绝。

刘先生在一家电器厂工作了5年，如今他已经由普通员工升职为领导了。

一天，他的一位朋友知道他升职之后，来厂里买东西，但朋友将店里陈列的所有样品都看过了，一直摇头表示不满意。最后，朋友对刘先生说："老刘，你现在都当官了，是领导了，不如带我去你们的仓库看看吧，或许那里有我满意的东西呢？"

此人是刘先生多年的老朋友了，朋友提出，他不好当面拒绝，但带朋友进仓库，这也很容易泄露公司的机密，迟疑了一会儿，他笑着说道："前几天，我刚刚就此事提出规定，严禁任何人私自带人进入仓库，今天我带你进去，这以后让我怎么管理员工啊。"

尽管刘先生的朋友心中有些不高兴，但也没有继续说什么。

在工作中，尤其是在工作中夹杂了朋友这层关系时，往往是比较伤脑筋的事情。比如一个朋友非要借助你的关系帮他安排一个人进入公司，如果答应了，往往会引起其他员工的不服，如果拒绝了他，又容易伤害朋友之间的友情。或者有的朋友强行要求你利用公司的人脉网帮他干一点儿私活，还承诺给你报酬……

遇到这些问题，你该怎么办？要记住，你是人，而不是神，你不能呼风唤雨，难以办到的事，就必须要拒绝。

生活中，很多人都有过这样的体验：朋友提出要求，出于面子，不好意思拒绝而勉强同意，结果做出违背自己意愿的事。

当你勉强答应了朋友的请求，却做出违背自己心意的事情，这是非常苦恼的，虽然不情愿做，但已经答应了朋友，又有什么选择呢？只好继续做下去。事后，往往后悔"当初干吗答应啊？把自己搞得这么累，真是自讨苦吃！"

为什么在生活中，朋友提出请求时，很多人即便不情愿，也不会拒绝呢？就是因为顾及到朋友的情面。

其实，拒绝并不意味没照顾及朋友的面子，也不是多么困难的事情，而是你可以轻易说出口的。如果你的朋友因为你的拒绝而不再理睬你，此时，你可以向他说出你的难言之隐，他自然也一定会谅解你的。

如果你不懂得将"不"字说出口，只是一味地接受，虽然他人赞扬你是一个乐于助人的好人，但是，此后，你就更加被动了，更难以拒绝他人提出的要求，因为在朋友提出请求之前，他已经知道你不会拒绝的，这种定论是不容推翻的，否则你昔日的好印象全湮灭了。

拒绝了朋友并不代表你不重视友情，也不代表你很冷血，而是一种对自己和他人的善待，否则，把自己的心情搞得一团糟，那样受累的还是你自己。

心理学家通过研究指出，难以说"不"是一种心理脆弱的表现，也是不成熟的表现。这样的人在说"不"的时候存在心理障碍，所以总是委屈自己，成全别人。那么，这样的人要怎么做才好呢？

第一，调整心态。生活中有很多人不好意思拒绝朋友，主要源于自身的性格与心态。他们总是认为这次拒绝了朋友，下次自己有事求人的时候就难以开口了。而且，他们太过于将别人对自己的评价放在心上，不希望破坏自己在朋友心中的好印象。而事实上，真正的友情不会因为你的拒绝而失去。所以，调整好心态，该说"不"时就说"不"。

第二，掌握拒绝的艺术。在拒绝朋友之后说出你的理由以及你的难处和苦衷，并表示你的歉意。

第三，干脆明了，别犹豫不决或者找理由搪塞。这样容易让对方觉得你还想帮助他，对你抱有一线希望，反而误事。简言之，果断拒绝才不会引起不必要的误解。

第四，说话的语气要委婉。委婉的说话方式可以缓和对方的抗拒感，让人乐于接受。

第十七章 ｜ 主持会议的 7 个技巧

对每一位管理者来说，应当不断提高自己主持会议的语言艺术，在会议中能够应付自如，并通过自己的语言魅力控制会议程序以及会议的方向，使会议取得成功。

第114招　会议要会而有议，议而有决

> 企业开会的目的是帮助员工解决问题的，如果把开会当成例行公事，不如不开。还有很多人把开会当成"批斗会"，这样更不可取。

一家企业组织一场会议，讨论"效率低下的原因及如何改善"。会议刚开始，老总就说："最近我发现我们企业的效率不高，大家就此事谈谈自己的看法吧！"

于是，其中一位参会者说："在我看来，不能及时汇报工作是效率不高的重要原因。就拿我自己来说，根本不知道该何时向李主任汇报工作，而且主任也从来没有让我汇报工作。"

听他这么一说，李主任不乐意了，于是说："你向我汇报了几次工作，

我觉得没任何问题，而且你每次汇报的工作也都差不多，既然这样，你还不如把精力投入工作中呢。"

"那我应该什么时候向你汇报呢？"那位参会者说。

李主任回答说："你觉得什么时候有必要，就什么时候汇报吧！"

此时，汇报工作的讨论就告一段落，而老总也适时地总结了一下说："很好，这个问题解决了，关键是工作一定要积极主动，对效率低下的原因及如何改善再讨论一下。"

老总话音刚落，另一名参会者说："依我看，效率低下的原因是员工的工作积极性不高。就拿我们部门来说，如果能够把销售提成再提高一点，就可以有效地促进大家的工作积极性，这样效率自然就高了。"

"好，既然这样，那把你们部门的提成再提高3%，大家务必要把业务给搞上去。那大家还有什么问题吗？如果没有就散会吧！"

其实，像上文中的会议在很多企业是常有的事，这种会议很少能发现问题，即使发现了问题，也很少能解决问题。这种会议就像是一种形式，只是做做"面子"工程。

在许多的会议中，我们常见的一些现象是：参会者觉得会议的议题和自己没什么关系，因为与己无关，就很难做到全神贯注地去倾听，这样的会议就相当于浪费时间。会议没有明确的议程，与会人想到什么谈什么；或是有议程却不懂得遵守，海阔天空地乱谈一番，却忽略了其他议题的与会人员。另外，会议不遵守时间、无限延长也是一种常见的现象，其实作为管理者，你应该明白，即便你的讲话还没有结束，你也应该按照常规休息，如果无限延长会议时间，很容易引起与会者的抵触心理，这样的会议就没什么效率可言。

开会的目的是为了解决问题，那么会议就要会而要议，议而要决。成功的会议在管理上还起着协调成员思想的作用。如果一个团体经常不组织开会，或者无法组织团员开会，那么这个团队之间的凝聚力就会减弱。因此，在优秀的管理者手中，会议是一面强化管理的旗帜，通过会议可以明确前进的方向。如何把会开好，提高会议的效率，可以从以下几点出发。

第一，会议时间的安排

（1）时间不宜过长

一个人聚精会神地投入工作的时间是有限的，因此，开会的时间也不宜安排得过长，否则会让与会者"身心疲惫"，从而影响会议效率。当然，太短的话也不利于大家充分沟通并达成最佳结论。

（2）会议尽量不安排在午餐或者下班前

人在饥饿的时候是很难集中精力工作的，因此，尽量避免在午餐时间加班开会，更不能在下班前开会，因为根据人的心理，员工在下班前的情绪是最为不稳定的，而且此时开会更容易招致大家的厌恶，何况下班后大家都归心似箭，无法集中精力参加会议，更不要说发表意见解决问题了。

（3）准时召开会议

会议延迟召开是对时间和成本的一种巨大浪费，而杜绝会议延迟召开的办法是：给会议迟到者适当的惩罚，时间一到即召开会议。

第二，会议准备材料的安排

（1）提前将会议的相关材料分发给与会者

为节省会议时间、提高会议效率，会议负责人或会议主持人在开会前应将会议的相关材料分发给与会者，以便与会者有时间在会前阅读和消化这些材料并形成自己初步的意见和结论。这样，在进行正式会议讨论时，大家就能快速、完整地将事先准备好的意见和建议阐述出来，从而加快会议的进程，提高会议的效率。

（2）会议议题不要安排过多

目标太多，就等于没有目标。会议也是如此，每一次会议不必安排过多的议题，如果议题过多，大家讨论时的注意力很可能会分散，这样一来，达成结论就要慢许多，另外，议题过多，势必会拉长开会时间，而会议时间过长也会影响会议效率。因此，一般以一到两个议题为宜，尽量不要超过 3 个议题。

(3) 做好充分的会前准备

不打没把握的仗，会议前如果没有准备，那就可能会由于情况考虑不周、材料准备不够等导致会议拖延或会议无法达到所期望的效果。因此，在会议开始前，对会议内容及材料做一番准备，则在很大程度上提高会议的效率。

第三，对于与会者的要求

(1) 不邀请与会议无关的人与会

邀请与会议无关的人参加会议是一种极大的浪费，也是没有任何意义的做法。因此，作为管理者，在主持或者召开会议时，一定要事先确定好哪些人需要且必须参加会议，而那些参加也可不参加也可的人员，尽量不要邀请他们与会。

(2) 尽量避免讨论与会议议题无关的内容

每次会议都有其议题，管理者在开会时应注意控制并限制讨论本次会议没有计划的问题。否则一旦放开，则很难收回，而最后的结果则是该讨论的问题没有讨论到，导致会议不得不拖延。

第 *115* 招 　营造好会议气氛是管理者的能力

> 会议气氛的控制是主持会议的重要内容，在一个良好、热烈的氛围中召开的会议，会充分调动大家的积极性，激发员工的主人翁精神，增强责任心。

其实，作为一个管理者，主持好会议是一种能力的体现。会议在优秀的管理者手中就好比是一个喊话器、一种兴奋剂，可以在士气低落的时候提高士气，在骄气上扬的时候帮员工们恢复冷静，而他则是坐观大势，随势而为，统率三军，征战"会"场。当然，一个优秀的管理者也必须是一个演讲高手，会议就是他的舞台，而他则是这个舞台的核心，掌控着全局。

在一次公司开会分析招标未成功的会议现场，"此次招标未能成功，责任完全在于李安，明知道自己是此次招标的讲解人，他倒好，一个电话'吱'一声，人就跑得没影了，留下我们在那里大眼瞪小眼。"张伟瞪了一眼李安，很是气愤地说。

尽管李安知道自己这次确实有一定的责任，可是被张伟这样训着，心里也不是滋味，于是开口道："是，临时溜跑是我的不对，可那也不是有原因吗？再说了，我临走前不是有跟你们打招呼吗？你们随便哪个人根据资料把产品说明一下不就行了吗？这个案子是大家跟我一起跟进的，这倒好，我一不在，你们就不知道怎么说了？"

"哎，你这倒还有理了……"

"好了，这个事情已成定局，现在我们所要讨论的不是谁的责任，而是要想着如何挽回这个损失。"主管王进的一句话给即将加剧的争吵画上了一个句号，而大家也开始着手讨论下一步该如何做。

一场精彩成功的会议，会议的控制是非常重要的。主持人要让所有人都发挥自己的主观意见，积极表态，但在气氛陷入僵局或冷场的时候进行适时的调节，甚至通过讲一个幽默的小故事活跃一下会议气氛，或者唱首歌激发一下士气……以避免把会议搞得没有一点儿生机。另外，还要控制好会议时间、会议进程等，这些，都要求会议主持人始终保持冷静、清醒的头脑，做到讨论时要放得开，但不能偏离主题太远。总之，会议主持人是会议进程的动力和向导，要想会议精彩、焕发活力，就必须掌握因势利导、处理难题的艺术。一般而言，难题有解决争端、控制感情、传递信息。为此，主持人可按以下步骤展开会议主持。

第一，使会议进入程序

良好的开始是成功的一半，会议开头至关重要，想把握成功的机会，要遵守如下规则。

1.准时开会。准时开会是主持人的责任和魄力之所在，如果因为某个人迟到或其他原因而推迟会议，就需要你改进，做到准时开会。

2.直截了当地宣布会议的目的。尽管会议开始前，会议文件或通知已经到了与会者手中，但你仍有必要再强调一下会议目的。因为口头说明有助于为与会者明确地限定讨论的问题，而且能够消除在会议开始时人们思绪的混乱状态，集中大家的注意力。

3.要讲积极、有信心的话。你的话语要表明会议定能成功；指出议题的重要性；指出达成的决议将对人们所产生的影响；充分估量会议的价值，给与会者设一个目标。

4.潜心用词，妙趣横生。直接而有活力的开场白往往能使会议变得有气氛和节奏，同时也能给你的思想穿上明快、动人的服装。

5.要简洁。开场白要简洁，一般限制在一分钟左右，因为讲长话会磨钝"会锋"，还会分散与会者的注意力，引偏目标。

第二，推进会议

主持人应起到指挥员或向导的作用。当与会者之间怒火迸发时，你可以通过一些总结性的话语，或者是巧妙地转移话题来消除即将爆发的"灾情"。同时，主持人也是一个采购员，可容纳百家之言，并从中鉴别出有价值的意见，进一步完善。总之，在整个会议进行的过程中，他既像法官一样评判正反，又会像调解员一样，使整个会议在一种和谐、积极的氛围中开展。

第三，结束会议

结束会议前要制定或引出决议，在这个时刻，若没有主持人的有力领导，那么所有的努力都会在最后关头功亏一篑。因此，在闭会阶段，要懂得充分发挥主持人的权威，要向与会者报告已得出的结论、尚存的分歧以及会后要采取的行动。对此，要记住以下 3 个要点：

1.通报取得的成果。简明扼要地列出已经达成的协议，把它向与会者公开。

2.指出分歧。我们不能指望在一次会议上就把所有的问题都解决，也不能指望会议会在全体与会者意见一致的情况下结束。因此，要用明确的语言指出分歧，估价它的影响并说明是多数人还是少数人的意见。

3.明确今后的行动方法。指出哪些事情会在会后得到落实、相关的负责人是谁，并且对与会者的帮助表示感谢，然后把会议决定的事项打印成文件，分别分发给与会者和与此有关的人。

第 *116* 招　即席讲话最能考验讲话人的心理素质

> 即席讲话考验的是领导者的心理素质、表达水平、应变能力、文化修养等综合素质。

善于即席讲话，是每个领导者都必须具备的一项基本功，因为领导参加一些礼仪活动、外出参观学习、下基层检查工作、向领导汇报情况、接待来访等活动是常有的事，而且这些活动中也难免需要即席讲话。或许，即席讲话因其突然性、临时性和不确定而让不少人畏之如虎，其实，即席讲话作为领导工作中时常使用的一种讲话形式，也有一定的技巧和规律可循。只要我们保持心态的平和，善于思考，相信一定会顺利完成讲话，并赢得众人的认同。

作为一个领导者，时常会遇到一些特殊情况需要做即席讲话。没有现成的稿子，也来不及认真准备，全靠现场思考主题、组织语言和临场发挥。

不管是哪种情况，哪一类型的即席讲话，领导者都应本着让听众听懂、听清楚、被接受、被感动的原则，选择话题、组织语言。而要做到这一点，领导者应注意以下几点。

第一，简洁。即席讲话力求简洁明了。一句话能表达清楚的问题，就不要说两句话，更不能婆婆妈妈，添油加醋。因为讲话简洁，不仅方便听众理解，也方便自己减少负担、减轻压力。

第二，通俗。即席讲话要尽可能地使用口语化的词语，尽可能避免在大众场合用专业术语，千万别为了显示自己的学问深奥而用一些晦涩之词。

第三，适当运用对偶排比句，能使听众印象深刻，便于记忆。即席讲话时，运用对偶排比句，不仅有利于听众记忆，听起来也有耳目一新的感觉，关键是自己说起来也朗朗上口。

第四，适当运用幽默和名言隽语。幽默和名言隽语在即席讲话中的运用就像炒菜加作料一样，作用很大，但不可多用乱用。要根据不同对象、不同场合合理运用，否则就会贻笑大方。

另外，即席讲话还要紧扣主题、选好切入点。明确自己的态度和观点、选择恰当的话题，那么即席讲话也就成功了一半。而作为管理者，在选择合适的话题时，以下几个原则可供借鉴。

第一，话题取熟。即席讲话最怕的就是说到一半没话说，或说不下去，但如果懂得借用可以生发新意的事物，且围绕自己熟悉和体会深刻的话题讲话，就能够有效地消除紧张情绪，打开思路，应付自如。

第二，话题惊众。讲话是为了让人听，而一个人讲得如何、水平高低，关键是要看听众的反应。因此，选择话题首先要考虑听众对此是否有兴趣、是否愿意听。也就是说，即席讲话要尽可能地选择那些与听众关系密切、能给听众以启发的内容作为话题。

第三，话题独妙。即席讲话讲得好不好、有没有水平、所讲内容有没有新意、有没有独到之处也很关键。如果你所讲的都是一些老生常谈、众所周知的事，那么听众就很容易感到厌烦。因此，要在仔细观察现场、感受气氛、知己知彼的基础上确定一个好的话题。

第四，题契语境。即席讲话所选的话题还要根据所听的对象、所处的场合及在现场的具体环境中找触发点，发表自己的感想和议论，然后再一步步展开演讲的主题，这样才显得随和、亲切，没有生硬之感，也容易被听众所接受。

第*117*招　冷静处理突发事件，避免会场变战场

> 冷静地处理会场的突发事件，让会议能继续进行。不能让一个问题的爆发影响了整个会议的进程。

会上出现吵架的情况应该不是什么新鲜事，就算是在国际议会上，也会出现一些因意见相左而发生大吵，甚至大打出手的事情。而在企业会议上出现吵架之类的突发事件也是司空见惯。但突发事件的发生及处理不当会直接影响到会议的顺利进行，影响会议的效果，甚至还会把矛盾的双方公诸于众，对一个企业的发展带来较多的负面影响。因此，作为一个管理者，应做好在会议上面对突发事件的心理准备，冷静地对待会议上的突发事件，然后做出最为妥当的处理。

某公司召开月底工作汇报大会，会议刚开始，管理者张伟就此次会议的主题说明了一下，然后让与会者分别汇报这个月的工作情况。

等到小李汇报去省政府听取报告的工作时，与小李同一办公室的老周有些不服了，他打断了小李的汇报，当面质问道："小李，你与我同在一个办公室，而且负责的都是相同的工作，平时工作我都会与你交流沟通，可是为何这次去省政府听报告的事你没跟我说一声？"

听老周这样说，小李也不服气地说："我跟你在同一个办公室是没错，负责的工作也相同，可这并不代表我什么事都得向你汇报……"

就这样，小李和老周在会议上吵了起来。

担任会议主持人的王主任看两人吵得越来越凶，于是适时地插话说："老周，听报告没有通知你，这不是小李的责任，是我没有要他通知你。我想你们负责的都是同样的工作，如果两人都不在岗位，那么遇到问题就无法处理。再加上你经验比小李多，若出现什么紧急情况都能妥善地处理，所以我就让小李一个人去听报告了。你如果有意见就跟我提吧，不要责怪小李了。"

老周听了王主任的话，感到刚才的自己有些太冲动了，于是主动向小李致歉，矛盾解决了，会议也开始顺利地进行着。

尽管会议的管理者为会议的顺利召开做了认真的准备，但计划永远赶不上变化，在会议进行的过程中往往还会出现一些意想不到的局面和情况。比如有时候，员工可能会借会议提出一些较尖锐的问题，或者提出一次本不属于此次会议的问题，故意出难题为难管理者，为了避免难堪，你可以明确地告诉他，这个问题不属于本次会议的议题，等到下来或者会后再来讨论解决。总之，不管遇到了何种突发事件，管理者一定要保持头脑冷静和清醒，通过自己的应变能力处理那些突发事件。下面是一些常见的突发事件及处理方法，可供管理者借鉴。

第一，开局冷场。在会议开场时，无人发言或与会者无任何反应，陷入冷场时，管理者应分清原因，分别采取相应的对策措施。

一是若与会者没有任何思想准备，一时难以发言，尤其是事先没有打招呼，一般情况下，临时召开会议就容易出现冷场，此时，作为管理者，你可以鼓励大家先谈不成熟的意见，然后在讨论中补充完善，这可使大家先做短暂的准备，然后发言。

二是与会者对所讨论的议题不理解、不明白而感到无从开口时，管理者应详细地、明确地交代议题，对与会者进行耐心的启发。

三是当会议议题直接涉及和关系多数与会者的利益时，因大家心有顾虑而容易造成冷场，对此，管理者应事先启发与其利益关系不太大的，或者是先让大家公认比较正直、公道的人发言，然后再逐步深入，取得最后的胜利。

四是会议议题有一定的难度和复杂性，与会者一时无法提出明确的意见而出现冷场，这时管理者就要起带头作用，可以由浅入深，启发大家开动脑筋，逐步接触问题的实质，也可以选择分析能力强、比较敏锐的与会者率先发言，借此来打开突破口，再引导大家讨论发言。

第二，气氛沉闷。气氛沉闷是会议中经常出现的现象。作为管理者，让会议陷入沉默和冷场，将是一个失败和不合格的管理者。因此，当会议气氛出现沉闷的时候，管理者应积极思考沉默的原因，然后有针对性地采取对策。一般，会议中的沉默通常有以下几种情况。

一是害羞、胆小的沉默者。有些与会者胆小，让他们在众人面前讲话时，他们就会舌头发紧、全身发抖。对于这类与会者，管理者不应问一些使人难以回答的问题而使这种人感到难为情，而是要问一些你认为他们能够回答的问题，帮助他们克服发言时的不安心理。

二是出于某种顾虑而沉默不语。尽管有些与会者对议题有较好的意见和看法，却因为某种顾虑而沉默不语。对于这种情况，管理者应想办法打消这些人的顾虑，支持他们发言。

三是清高的沉默。若与会人员清高闭守、不肯多言而保持沉默，管理者就应该多给他们一些鼓励和尊重，因为这一类人往往阅历较深、比较严谨、有自己的见解。他们一方面想表现自己，另一方面又摆出一副清高不凡的架子。而管理者的鼓励和尊重可以让他们感受到自己的重要。

四是无所谓的沉默。当会议议题与部分人关系不大时，有人会认为议题与己无关，于是便抱着无所谓的态度而不愿开动脑筋思考。此时，管理者应采取恰当的方法把他们引导到会议议题上来，促使其思考问题。

五是对立的沉默。这类人要么是对议题有不同意见不想说，要么是对主持人有意见不愿说，反正就是不把自己的意见表达出来。对此，管理者应抛开个人恩怨，主动引导他们发言，然后再通过亲切的感情和语气使他们改变态度，并对他们的发言持重视态度，鼓励他们讲出自己的真实看法，对不正确的意见也不要介意。

第三，离题万里。离题现象在会议中时常出现。这种现象的出现很容易使会议脱离轨道，进程很慢。作为管理者，你必须试着把会议引上正轨。但值得注意的是，离题的时候也不可强扭，因为强扭会挫伤积极性，从而导致开成一个无效会议。因此，出现会议离题的问题时，管理者可采用以下方法。

一是接过讨论的某句话，顺势引回到正题上来。你可以说："你的见解的确很独到，可是这与我们今天的议题没有任何联系。"这样做可以帮助他人意识到离题的问题，也促使他们回到讨论的议题上。

二是联系议论的某一层意思，提出新的话题引入正题中。

三是用一句风趣的话截住议论而引入正题。

离题是很多与会者犯的错误，但管理者绝对不能因此事而粗暴地对待对方，而应尽可能地采用不影响情绪和气氛的方式，用礼貌的形式提醒发言者。或者，如果可能的话，逐步把较远的讨论与眼前的问题结合起来，逐渐把大家引回到轨道上来。如果还不行，就总结一下到目前为止已经说过的内容。这就会调整其方向，把注意力集中到主要议题上来。

第四，窃窃私语。当一个人开始与左右的人窃窃私语，干扰了会议时，最好的办法应该是尽可能地不理睬他。如果对方的交谈达到必须要加以制止时，管理者可以通过直接提问来试着打断交谈者。或者，也可以停止发言，等他们安静下来再继续。

第 *118* 招　掌握讲话准则，让会场发言更出色

在开会的过程中，领导者要做好会场引导和提示的作用，为整场会议的顺利进行做好支撑。掌握讲话准则，能让领导者的会场发言更出色。

相信对于一个管理者而言，最糟糕的事莫过于在会议上所讲的话还没说出口，就已经被下属们所推测到。这就好比是你拿着一份陈旧的稿子，在众人的面前依样画葫芦而已。其实对于一个管理者而言，念稿子无异于一场灾难，它会让你在下属心目中的地位一落千丈，他们会觉得你是一个没有任何领导能力的人，而你所说的话对他们也起不了任何效用。因此，一定要把握好会议上发言的时机，让其成为你提升威信的一个机会。

开会最主要的目的是解决问题，而管理者在会议中的讲话目的是为了给大家一个引导和提示，最后再在争议中择优而定。而管理者要想使自己在会议上的讲话达到预期的效果，就必须遵守一些讲话逻辑。

第一，发音清晰，语调多变。管理者在会议上讲话，就要做到让自己所说的每个字、每句话都传到与会者的耳朵里。这就要求管理者在讲话时声音洪亮，当然这不仅是指音量，还包括说话应该有力度、吐字清晰、节奏感强，可以使与会者在你的声音中感受到自信及奋斗的力量。试想一下，如果管理者讲话有气无力、语调平铺直叙，那么会议的气氛有什么活力可言？如果管理者通过语调的变故能表达出丰富的思想情感和观点，就可以使自己和与会者在思想情感上产生一种共鸣，使自己的讲话有较强的感染力、震撼力。

第二，突出议题，明确宗旨。在会议中，管理者只有启发和引导大家，始终遵循会议既定的议题去进行充分讨论，才能使会议达到预想的目的。而这就要求管理者表述会议目的时做到表述清楚、有条有理，能够把会议的目的、要求、内容等信息清晰明确地传达给与会者，并且做到层次清晰、逻辑严密、表达准确、中心突出。如果管理者的表达逻辑混乱、主次不分，那么与会者听到耳朵里也不知你所言为何物。

第三，掌握时机，言之有度。管理者作为整个会议的引导者，须随时把握、驾驭好会议之舟，否则很容易造成冷场或者使会议很难顺利开展下去。如在会议上，当大家的意见比较集中，领导者却不能及时地给予总结意见，推动会议转入另一项议题，就很容易出现冷场，使大家变得无话可说。因此，在整个会议中，管理者一定要懂得把握会议进程，掌握与会人员的心理变化，适时地抓住机会，对会议进行引导。另外，会议中，管理者还要注意把握说话的尺度和分寸，做到根据问题的性质、程度，选择适宜的分寸去谈论问题。

第四，实事求是，踏实务实。管理者召开会议要讲话，要作报告，要向与会者传达相关信息。而其中既有一个文风问题，也有一个会风问题。从文风上讲，管理者应当坚持实事求是的原则，敢于坚持真理、修正错误，不能养成说假话、套话、大话、空话的习惯。从会风上讲，应以事实为准，避免会议报喜不报忧、报功不报过、指远不指近、责人不责己，否则开会就失去了意义。

第五，因会制宜，调动情绪。管理者讲话的目的在于吸引听众，调动与会者的积极性，使他们更好地接受上级思想和会议精神。因此，针对不同的会议，把与会者的情绪调动起来、刺激听众的兴奋点和吸引其注意力，是领导者在主持会议过程中充分发挥语言艺术的一个重要课题。而这要求管理者不能千篇一律，而要根据会议的不同类型、不同要求做到因会制宜，有针对性，根据场合赋予语言不同的感情色彩。

第六，有头有尾，善于总结。会议在行将结束之际，领导者对会议做一个简明扼要的总结、归纳会议的讨论成果，将相关信息、讨论情况以及达成的共识进行概括性的说明是十分有必要的。而且这对后面工作的开展有积极的作用。但需要注意的是，会议总结应力求客观、符合实际，不要言过其实、随意夸大。另外，对会议的总结，在看到成绩的同时也要及时、客观地指出所存在的问题和不足，提出今后需要努力的方面。

第 *119* 招　成功的会议未必是出彩的会议

成功人士未必需要拥有迷人的外表，只需要有内涵，同样，一场成功的会议未必需要激烈的辩论，只需要能解决工作中的种种问题。

一场无聊、无趣又乏味的会议很容易让与会者裹足不前，也很难调动与会者的积极性。于是，许多管理者不满足于只将会议顺利地进行完，而是想通过一些手段使会议有超出预期的效果，也就是想让会议出彩。可是会议不同于演讲，更不同于闲聊，它的真谛在于传达精神、展开讨论。因此，想要在会议上出彩，是一种不切实际的想法，对于一场会议而言，按部就班、踏踏实实地进行，就已经是很成功的了。

A 公司的工作效率极高，这使 B 公司的管理者羡慕不已，于是 B 公司的管理者想向 A 公司的管理者请教一二。这天，B 公司管理者对 A 公司管理者说："在业界内，你公司的实力和优势是有目共睹的，我想知道对于拥有上千名员工的公司，你是如何做到让大家步调一众一心的？我想即使是拥有三军统帅之名的大将之才也无法做到如你这般。"

"你过奖了，我并没有做什么，只是在每次的会议上把所面临的问题及后面的工作做了明确的指示而已。"A 公司的管理者回答说。

听了 A 公司管理者的答案，B 公司管理者觉得他们的会议一定有什么过人之处，于是要求现场观摩一下，而 A 公司管理者也答应了 B 公司管理者的请求。可是让 B 公司管理者意外的是，整场会议并没有什么特殊之处，还是按照一般的程序。对此，B 公司管理者提出了自己的疑问："你们的会议并没有什么过人之处，不是吗？"

听到 B 公司管理者的话，A 公司管理者笑了笑说道："的确，我们的会议并没有什么不同，可是，为什么一定要有不同呢？我们只需要通过会议了解问题，并且解决问题，向员工们传达工作精神不就足够了吗？"

会议是一个互通信息、协调关系的场所，管理者可以以它为媒介，向与会者部署工作、展示领导的决策与意图，同时达到增强团队的凝聚力、鼓舞士气、调动下属积极性的目的。而想要充分发挥会议的功能以达到预期的目的，管理者应注意做好以下几点。

第一，充分准备。研究工作、部署任务、交流思想是开会的目的，且有着明确的针对性。因此，在召开会议之前，管理者应事先做好充分的准备，尤其是对会议的主题应该经过长时间的细细推敲，议题一旦确定便不再做出更改。只有做好充分准备，才能使会议的进程顺畅。

第二，解决问题。会议是制订工作目标、完成工作计划的一种活动方式。因此，会议都有其特定的议题，而且具有针对性。解决问题是每个会议的目标，不解决问题的会议就没有召开价值可言。可是要想问题得到妥善的解决也并非一件易事，许多会议必须经过许多方面的共同努力才能成功解决问题。

通过对会议各方提出的意见进行集体讨论，最后形成一个令各方都能接受的最佳方案。召开任何会议，都要始终按照既定的日程与议题进行讨论。与会者围绕议题进行讨论，最后达成协议，实现共同的目标，这才是完整的会议构成。所以，管理者应时刻牢记会议目标，积极寻找解决问题的手段，要抱着不达目的不罢休的精神来组织会议。

第三，重视效率。提高会议的效率，最大限度地发挥会议的积极作用，是一个非常重要的问题。开会是需要时间的，所以必须精打细算，充分利用好会议中的每一分、每一秒。从经济学的角度说，一切节约归根到底都是时间的节约。所以，管理者要时刻提醒自己，时间是宝贵的，与会者的注意力也是有限的，因此，会议的效率一定要提高。

第120招　任何会议都要画上圆满的句号

很多企业在开会的时候，会因为会议中的矛盾、冲突等原因造成会议中断，不了了之。作为一名合格的领导者，有能力让会议开起来，就要有能力让会议圆满结束。

做事要善始善终，开会也一样，会议既然有了开头，也就应该有一个圆满的结尾。这要求管理者在会议即将结束的时候将此次会议召开的有关情况及所取得的成果进行简明扼要、全面客观的总结和归纳，对那些无法在会议中解决和不能确定的问题要作出解释说明，给会议画上一个完满的句号。

一个优秀的管理者能把会议的有关情况总结得很精练、很概括、很有高度，让人一听就明白。而有的管理者则不善于总结，对会议的精华把握不准，要么是重复别人的话语，要么是讲些不着边际的话，让人听起来既没有深度，更没有高度，当然，这样的会议总结也是失败的。而好的会议总结可以帮助与会者加深对会议精神的理解和把握，有利于会议的贯彻落实。因此，作为管理者，要学会给会议做一个完美的总结。尽管会议总结没有一个固定的模式，但也有一个大体的形式供管理者参考。

第一，基本情况。会议的进程和与会者的表现是整个会议的基本情况。会议进程主要是对会议进行的几个重要环节的综述和分析、对每个环节的实施情况做出准确的评估。另外，与会者在会议期间的表现如何，也要列举一些典型的事例来进行评述。

第二，主要收获。主要收获是会议总结的重点，主要讲经过大家的共同努力，会议统一了哪些思想、提高了哪些认识、研究和解决了哪些问题。最后再高屋建瓴地概括归纳出几条，让人听了觉得条理清晰，而且便于记忆。谈收获要紧扣会议主题，突出与反映存在的问题，切实符合会议的实际情况。须注意的是，每条收获都应用具体的事例加以说明，要注意引用与会者的发言，特别是一些好的意见、建议及具体的措施和打算，给人以具体生动的感觉。

第三，今后的工作意见。今后的工作意见主要是根据会议总的精神，结合工作实际，提出实施会议主题的意见，也就是对会议中所研究问题的传达学习、贯彻落实提出具体要求，对会议确定的目标、任务、政策措施进行详细的分解，并且落实到有关责任单位和责任人。

了解了会议总结包括的三大方面，那么如何总结才得法呢？管理者可采用如下方法。

第一，简单概括法。简单概括地回顾叙述会议中办了哪些事、达成了哪些共识、哪些问题得到了妥善的解决，加深与会者的印象。比如："通过这次会议，我们传达学习了某某文件，研究讨论了某某决定，某某领导作了重要讲话，对下一步的工作也作出了具体的安排和部署。一是……二是……三是……这些意见完全符合我们的实际，对于促进我们今后的工作具有重要意义，希望大家认真抓好落实，切实抓出成效。对贯彻好这次会议精神，我再提几点意见……"

第二，归纳法。在简要回顾整个会议的基础上，对整个会议进行高度的归纳和概括。如，"我们这次会议开展得很成功，概括起来有以下几大特点……通过这次会议，我们形成了以下几个方面的共识……解决了几个方面的问题，并且形成了一致意见，拿出了具体的对策措施，下一步关键是抓好落实。"

第三，鼓动法。对会议不作全面总结的情况下，要用鼓舞人心的话作总结，对大家提出新的希望和要求，号召大家为实现某个目标或完成某项任务而努力工作。对会议的总结是详细还是简要，需要根据会议的要求、会议气氛、与会人员、时间安排等情况而定。可以根据上述介绍的一般结构和方法进行调整、完善，灵活掌握。